utb 4742

Eine Arbeitsgemeinschaft der Verlage

Böhlau Verlag · Wien · Köln · Weimar
Verlag Barbara Budrich · Opladen · Toronto
facultas · Wien
Wilhelm Fink · Paderborn
A. Francke Verlag · Tübingen
Haupt Verlag · Bern
Verlag Julius Klinkhardt · Bad Heilbrunn
Mohr Siebeck · Tübingen
Ernst Reinhardt Verlag · München · Basel
Ferdinand Schöningh · Paderborn
Eugen Ulmer Verlag · Stuttgart
UVK Verlagsgesellschaft · Konstanz, mit UVK/Lucius · München
Vandenhoeck & Ruprecht · Göttingen · Bristol
Waxmann · Münster · New York

Viviane Scherenberg

Präventionsmarketing

Ziel- und Risikogruppen gewinnen
und motivieren

UVK Verlagsgesellschaft mbH · Konstanz
mit UVK/Lucius · München

Prof. Dr. Viviane Scherenberg
MPH lehrt Prävention und Gesundheitsförderung an der APOLLON Hochschule der Gesundheitswirtschaft.

Online-Angebote oder elektronische Ausgaben sind erhältlich
unter www.utb-shop.de.

Bibliografische Information der Deutschen Bibliothek
Die Deutsche Bibliothek verzeichnet diese Publikation in der Deutschen
Nationalbibliografie; detaillierte bibliografische Daten sind im Internet
über <http://dnb.ddb.de> abrufbar.

© UVK Verlagsgesellschaft mbH, Konstanz und München 2017

Lektorat: Rainer Berger
Einbandgestaltung: Atelier Reichert, Stuttgart
Einbandmotiv: © Syda Productions · fotolia.com
Druck und Bindung: Pustet, Regensburg

UVK Verlagsgesellschaft mbH
Schützenstr. 24 · 78462 Konstanz
Tel. 07531-9053-0 · Fax 07531-9053-98
www.uvk.de

UTB-Nr. 4742
ISBN 978-3-8252-4742-3

Vorwort

Präventionsmarketing ist eine sehr neue Disziplin. Demgegenüber blickt Marketing und Werbung auf eine lange Geschichte zurück. Hannes Buchli beschreibt in seinem Buch „6.000 Jahre Werbung: Altertum und Mittelalter" bereits 1962 Werbung als *„eine Beeinflussung des Menschen, die ihn veranlasst, etwas freiwillig zu tun"* (vgl. Buchli 1962: 41). Hierbei ist die Freiwilligkeit hervorzuheben, die Ausdruck dafür ist, dass Werbung Kunst der Überzeugung darstellt und Zwang als Gegenstück verstanden werden kann (vgl. Buchli 1962: 49). Kommerzielles Marketing weckt die Sehnsucht auf und nach Produkten und Dienstleistungen, indem positive Emotionen und Motive angesprochen und in uns geweckt werden. Prävention fokussierte sich hingegen lange Zeit auf die Weckung negativer Emotionen, um gesundheitsbewusste Verhaltensweisen bei Menschen zu stimulieren. Die Darstellung drohender Konsequenzen mithilfe von Angstappellen, eine vermutete Defizitorientierung sowie der Fokus auf vermeintliche Fehler, Versäumnisse, Mängel, Unzulänglichkeiten und Versagen stand und steht teils immer noch in der Aufmerksamkeit des Präventionsgeschehens.

Ohne Zweifel können und sollten die Gesundheitswissenschaften von den Erkenntnissen des kommerziellen Marketings lernen. Intention des Buches ist es daher, aufzuzeigen, wie Risikozielgruppen mithilfe strategischer und operativer Marketingansätze erreicht werden können und welche unterschiedlichen Möglichkeiten der Qualitätssicherung hierbei zur Verfügung stehen.

Darauf hinzuweisen ist, dass Präventionsinterventionen – angefangen von Präventionskursen, Präventionsreisen, Aufklärungskampagnen, Online-Coaching bis zu Gesundheits-Apps – für die unterschiedlichsten gesundheitlichen Handlungsfelder samt der jeweiligen Bedürfnis- und Motivlagen der Zielgruppe enorm vielschichtig, höchst komplex und die spezifischen Ausgangslagen sehr heterogen sind. Das Buch dient daher dazu, anhand einer Vielzahl von Praxisbeispielen Einblicke zu gewähren und Möglichkeiten aufzuzeigen, da Projekte im Bereich des Präventionsmarketings immer individuell auf die jeweiligen präventiven Herausforderungen und Belange der Zielgruppe differenziert konzipiert werden müssen.

Ein besonderes Anliegen der Autorin ist es, auf die vielfältigen sozialen, ethischen und gesetzlichen Besonderheiten dieser höchst sensiblen Marketingdisziplin hinzuweisen, die bei präventiv agierenden Institutionen mit einem hohen Verantwortungsbewusstsein einhergehen sollten. Das Buch richtet sich damit sowohl an Studierende aus den Bereichen Gesundheitswissenschaften und Marketing als auch an interessierte PraktikerInnen.

An dieser Stelle ein ganz herzliches Dankeschön an zahlreiche KollegInnen aus Forschung und Praxis. Sie tragen mit ihren Erfahrungen und ihrem außerordentlichen Engagement zum Wohle der Gesundheit – insbesondere für schwer erreichbare und vulnerable Gruppen – dazu bei, dass dieses Buch mit zahlreichen nützlichen und praxisrelevanten Verweisen auf Plattformen, Checklisten, Leitlinien etc. gespickt ist.

Bremen, Juni 2017
Prof. Dr. Viviane Scherenberg MPH

Inhalt

Abkürzungsverzeichnis

ADM | Arbeitskreis Deutscher Markt und Sozialforschungsinstitute

AIDA | Attention, Interest, Desire, Action

AOK | Allgemeine Ortskrankenkasse

ARD | Arbeitsgemeinschaft der öffentlich-rechtlichen Rundfunkanstalten der Bundesrepublik Deutschland

ASI | Arbeitsgemeinschaft Sozialwissenschaftlicher Institute

ASIDAS | Attention, Search, Interest, Desire, Action, Share

AWMF | Arbeitsgemeinschaft der Wissenschaftlichen Medizinischen Fachgesellschaften e.V.

BBG | Behindertengleichstellungsgesetz

BDGS | Bundesdatenschutzgesetz

BGBl | Bundesgesetzblatt

BKK | Betriebskrankenkasse

BMG | Bundesmeldegesetz

BMWi | Bundesministerium für Wirtschaft und Energie

BoD | Burden of Disease

BVM | Berufsverband Deutscher Markt- und Sozialforscher

BZgA | Bundeszentrale für gesundheitliche Aufklärung

CEM | Customer-Experience-Management

CRM | Customer-Realtionsship-Management

DAK | Deutsche Angestellten Krankenkasse

DEAS | Deutscher Alterssurvey

DEGS | Deutsche Erwachsenen-Gesundheits-Survey

denic | Regristireungsstelle für deutsche Domains

DGOF | Deutsche Gesellschaft für Online-Forschung e.V.

DIN | Deutsche Industrienorm

DISCERN | Qualitätskriterien für Patienteninformationen

DMP | Disease Management Programm

DPMA | Deutsches Patent- und Markenamt

EFSA | Europäische Behörde für Lebensmittelsicherheit

ESOMAR | European Society for Opinion and Marketing Research

FAMOS | Fragebogen zur Analyse Motivationaler Schemata

GBE | Gesundheitsberichterstattung

GbR | Datenbank der Werbung

GEDA | Gesundheit in Deutschland aktuell

GeschmMG | Geschmacksmustergesetz

GKV | Gesetzliche Krankenversicherung

GKV- GMG | GKV-Modernisierungsgesetz

GKV-GRG 2000 | Gesetz zur Reform der gesetzlichen Krankenversicherung ab dem Jahr 2000

HCV | Health-Claims-Verordnung

HMG | Heilmittelgesetz

HTA | Health Technology Assessment

ICC | International Chamber of Commerce

IDF | International Diabetes Federation

IDG | Informations- und Dokumentationszentrum

IGEL | Individuelle Gesundheitsleistungen

IS-GBE | Informationssystem im Internet (eingerichtet von der Serviceeinrichtung des Statistischen Bundesamts)

ISO | International Organization for Standartization

JÖSchG | Jugendschutzgesetz

KIGGS | Kinder- und Jugendlichen-Gesundheitsstudie

KKV | Komparativer Konkurrenzvorteil

LOHAS | Lifestyles of Health and Sustainability

MarkenG | Gesetz über den Schutz von Marken und sonstigen Kennzeichen

MDS | Medizinischer Dienst der Spitzenverbände der Krankenkassen

NCDs | non communicable diseases

NPO-Marketing | Non-Profit-Marketing

OECD | Organisation for Economic Co-operation and Development

OTC | over the counter

PrävG | Gesetz zur Stärkung der Gesundheitsförderung und der Prävention

RABE | Rauchen, Alkoholkonsum, Bewegungsmangel, ungesunde Ernährung

RKI | Robert Koch-Institut

ROI | Return-on-Investment

RStV | Rundfunkstaatsvertrag

RUMBA | relevant, understandable, mesurable, behavioral, attainable

SERVQUAL | Service Quality Assessment

SGB | Sozialgesetzbuch

SMART | specific, mesurable, achievable, relevant, targeted

SOEP | Sozioökonomischer Panel

SWOT | strengths, weakness, opportunities, threats

TK | Techniker Krankenkasse

TMG | Telemediengesetz

UAP | Unique Advertising Proposition

UCP | Unique Communication Proposition

UPP | Unique Passion Proposition

UrhG | Urheberrechtsgesetz

USP | Unique Selling Proposition

UWG | Gesetz gegen den unlauteren Wettbewerb

VBG | Verwaltungs-Berufsgenossenschaft gesetzliche Unfallversicherung

WHO | World Health Organisation

ZDF | Zweites Deutsches Fernsehen

Abschnitt I: Hintergründe zum Thema Prävention und Gesundheitsförderung

1 Einführung: Gesundheit und Prävention als Gegenstand des Marketings

✳ Lernziele

In diesem Kapitel erfahren Sie,

- wie Gesundheit definiert wird und welche Dimensionen Gesundheit einnehmen kann.
- welche Krankheitsbilder in den Industrienationen dominieren.
- welche gesundheits- und präventionspolitischen Maßnahmen zur Verbesserung der Gesundheit und des Gesundheitsverhaltens vollzogen wurden.
- welche Bedeutung die Gesundheit aus unterschiedlichen Perspektiven als Wirtschaftsfaktor einnimmt.

1.1 Gesundheit

1.1.1 Definition und Dimensionen

Es existiert in der Wissenschaft eine Vielzahl an Definitionen von Gesundheit. Die wohl bekannteste Definition wurde in der Verfassung der Weltgesundheitsorganisation (WHO) (Constitution of the World Health Organisation) erstmals 1946 festgehalten und definiert Gesundheit als *„Zustand des vollständigen körperlichen, geistigen und sozialen Wohlergehens und nicht nur das Fehlen von Krankheit oder Gebrechen"* (WHO 2006a: 1). Einerseits beinhaltet diese Definition einen hohen und medizinisch schwer fassbaren Anspruch, der mitunter falsche Erwartungen erweckt und zudem gesellschaftliche Verhältnisse und gesundheitliche Ungleichheiten nicht berücksichtigt (vgl. Kickbusch 1982: 267). Darüber hinaus schließt die Definition die Bedeutung der subjektiv wahrgenommenen Gesundheit, die als ein wesentliches Bewertungskriterium des Gesundheitszustandes in Form der gesundheitsbezogenen Lebensqualität des salutogenetischen Konzepts beschrieben wird, aus. Andererseits bietet die WHO-Definition eine Perspektive, die ganzheitlich ist und weit über eine biomedizinische (körperliche) Ebene hinaus soziale sowie emotionale Aspekte mit einschließt. Das Konzept der Salutogenese wurde von dem israelischen Medizinsoziologe Aaron Antonovsky entwickelt auf der Erkenntnis, dass Menschen trotz vielfältiger Gesundheitsrisiken gesund bleiben können. Damit stellt das Konzept der Salutogenese das Gegenstück zur Pathogenese dar, das die Entstehung und Entwicklung von Krankheit in den Fokus stellt. Bei der salutogenetischen Sicht wird Gesundheit und Krankheit nicht traditionell dichotom klassifiziert, da das Konzept von einem Gesundheits-Krankheits-Kontinuum (**health easy-disease continuum**) ausgeht, bei dem sich der Gesundheitszustand eines Menschen aus den dynamischen Wechselwirkungen zwischen Gesundheitsrisiken und -ressourcen und seiner Umwelt ergibt. Somit betrachtet die Salutogenese *„den Kampf in Richtung Gesundheit als permanent und nie ganz erfolgreich"* (Antonovsky 1993: 10). Inwiefern ein Mensch von den Endpolen „völliger Gesundheit" und „völliger Krankheit" entfernt ist, wird nach der Auffassung von Antonovsky von den vorhandenen Widerstandsressourcen und dem Kohärenzgefühl beeinflusst (vgl. Hurrelmann 2006: 125). Dabei wird das Kohärenzgefühl als Orientierungsmaßstab des salutogenetischen Modells verstanden und beschreibt, inwiefern das Gefühl des Vertrauens (vgl. Antonovsky 1997: 36)

- die Anforderungen aus der inneren oder äußeren Umwelt im Verlauf des Lebens strukturiert, vorhersehbar und erklärbar macht (**Verstehbarkeit: sense of comprehensibility**),
- die Ressourcen verfügbar sind, um den Anforderungen gerecht zu werden (**Handhabbarkeit: sence of manageability**), und
- es sich lohnt, Energie zu verwenden (**Bedeutsamkeit: sence of meaningfulness**).

Insbesondere in Belastungssituationen wirkt sich ein starkes Koheränzgefühl positiv auf den Gesundheitszustand aus, da das Stresserleben als weniger belastend empfunden wird. In welchem Maße sich ein Kohärenzgefühl, Selbstwertgefühl, Selbstvertrauen und soziale Kompetenzen entwickeln und damit Menschen eine Stärkung der Problemlösungsfähigkeit erfahren, hängt u. a. von den jeweils gesammelten Partizipationserfahrungen ab. Nicht ohne Grund beschreibt die Verfassung der WHO zudem:

> *„Gesundheit wird von Menschen in ihrer alltäglichen Umwelt geschaffen und gelebt: dort, wo sie spielen, lernen, arbeiten und lieben.* Gesundheit *entsteht dadurch, dass man sich um sich selbst und andere sorgt, dass man in die Lage versetzt ist, selbst Entscheidungen zu fällen und eine Kontrolle über die eigenen Lebensumstände auszuüben sowie dadurch, dass die Gesellschaft, in der man lebt, Bedingungen herstellt, die all ihren Bürgern Gesundheit ermöglichen."* (WHO 2006a).

Weiter heißt es:

> *„Der Besitz des bestmöglichen Gesundheitszustandes bildet eines der Grundrechte jedes menschlichen Wesens, ohne Unterschied der Rasse, der Religion, der politischen Anschauung und der wirtschaftlichen und sozialen Stellung"* (WHO 2006a: 1).

Mit der Definition wird deutlich, dass Gesundheit ganzheitlich und mit allen ihren körperlichen, psychischen und sozialen Dimensionen (im Rahmen des Präventionsmarketings) betrachtet werden muss. Die → Tab. 1 zeigt daher beispielhaft, was sich hinter den einzelnen Dimensionen der Gesundheit verbergen kann.

Tab. 1: Dimensionen der Gesundheit
Quelle: Eigene Darstellung.

Dimension	Beispiele
soziale Aspekte der Gesundheit	Ausgestaltung und Zufriedenheit mit sozialen Beziehungen, Wahrnehmung sozialer Akzeptanz und Unterstützung, Zugehörigkeit und Gebrauchtwerden
physische Aspekte der Gesundheit	Funktionsfähigkeit und Beeinträchtigung des körperlichen Gesundheitszustandes
psychische Aspekte der Gesundheit	emotionale Befindlichkeit, Selbstwertgefühl, Körperselbstbild, Optimismus

Werden Marketingkonzepte für Präventionsmaßnahmen entwickelt, so muss genauestens analysiert werden, welche Dimensionen der Gesundheit angesprochen werden. Dabei ist zu beachten, dass sich die beschriebenen Dimensionen der Gesundheit gegenseitig – positiv wie negativ – beeinflussen können. So kann sich eine körperliche Beeinträchtigung (z. B. ausgelöst durch eine chronische Erkrankung) auf die psychische Gesundheit negativ auswirken und beispielsweise bei einem drohenden Arbeitsplatzverlust dazu führen, dass die soziale Gesundheit der Betroffenen (z. B. durch Ausgrenzung, Isolation) stark in Mitleidenschaft gezogen wird.

1.1.2   Aktuelle Entwicklung: Chronische Krankheiten

Gerade chronische Erkrankungen stehen im Fokus von Präventionsbemühungen. Denn auf das Konto chronischer und damit langfristiger Erkrankungen gehen rund 70 bis 80 % der Gesundheitsausgaben (vgl. WHO 2006b: 6). Zu den nicht übertragbaren Krankheiten (**non communicable diseases**, kurz NCDs) zählen Herz-Kreislauf-Erkrankungen, Krebs, psychische Gesundheitsprobleme, Diabetes mellitus, chronische Atemwegserkrankungen und Muskel-Skelett-Erkrankungen aber auch Suchterkrankungen.

Laut GEDA-Studie geben 43 % der Frauen und 38 % der Männer an (gesamt: 40,8 %), mindestens von einer chronischen Krankheit betroffen zu sein (vgl. RKI 2014: 3). Den höchsten Anteil der Krankheitslast (**Burden of Disease**, kurz BoD) weisen Herz-Kreislauf-Erkrankungen (23 %), psychische Gesundheitsprobleme (20 %) und Krebs (11 %) auf. Nicht übertragbare Krankheiten sind für ca. 68 % der Todesfälle und ca. 77 % der Krankheitslast verantwortlich (vgl. WHO 2006b: 3). Mit 254,3 Mrd. € war im Jahr 2008 über die Hälfte (50,7 %) der Krankheitskosten für [1] Herz-Kreislauf-Erkrankungen (37 Mrd. €), [2] Erkrankungen des Verdauungssystems (34,8 Mrd. €), [3] psychische Verhaltensstörungen (28,7 Mrd. €) und [4] Muskel-Skelett-Erkrankungen (28,5 Mrd. €) verantwortlich (vgl. Statistisches Bundesamt 2010: 37ff.). NCDs bergen einen gesamtgesellschaftlichen Schaden in sich, da chronische Erkrankungen

- nicht nur mit persönlichem Leid, sondern einer Einbuße der selbstbestimmten Lebensführung, -qualität (**intangible Kosten**) und -erwartung verbunden sind,
- Versorgungskosten (**direkte Kosten**) und
- durch Arbeitsunfähigkeit und Frührente **indirekte Kosten** verursachen, da sie oft lebenslang auf das medizinische Versorgungssystem angewiesen sind.

Nicht nur die Betroffenen, sondern auch Angehörige sind betroffen. Denn die Pflege chronisch erkrankter Angehöriger (**caregiving burden**) kann dazu führen, dass Angehörige ihren Beruf aufgeben müssen oder aufgrund der hohen Belastung selbst erkranken (vgl. Lange et al. 2000: 1130f.). Die so fehlende wirtschaftliche Leistungsfähigkeit durch den hohen Anteil krankheitsbedingt nicht erwerbsfähiger Bevölkerungsteile stellt eine Belastung für eine Volkswirtschaft dar. Daher ist es Aufgabe der Gesundheitspolitik, den Gesundheitszustand der Bevölkerung – zur Sicherstellung des gesellschaftlichen Humankapitals – zu stärken und unnötige Krankheitskosten für die Gemeinschaft zu vermeiden (vgl. Schwartz 2003: 3). Denn ein langfristig geschwächter Arbeitsmarkt durch Erwerbslosigkeit bzw. -minderung und die zunehmende Verrentungstendenz führt zu einer wirtschaftlichen Leistungsschwächung des sozialen Sicherungssystems.

Letztlich können nur dann Sozialleistungen an Bedürftige verteilt werden, wie sie zuvor erwirtschaftet wurden (vgl. Eichenhofer 2007: 30).

Wichtige Informationen über die Entwicklung u. a. chronischer Erkrankungen für die Politik und Forschung, für die Akteure des Gesundheitswesens sowie die breite Öffentlichkeit liefert die Gesundheitsberichterstattung (GBE) (vgl. Bardehle/Annuß 2012: 404). Die in der GBE verwendeten Datenquellen, die sich mit den Häufigkeiten von Erkrankungen und Todesursachen befassen (sogenannte **deskriptive Epidemiologie**), werden von unterschiedlichsten Institutionen zu unterschiedlichen Gebiets- oder Sachbezügen bereitgestellt. Oft handelt es sich hierbei um aggregierte Daten, die routinemäßig in Sammelstatistiken erhoben werden. Aspekte, die bei der GBE betrachtet werden, sind vielfältig und können sich auf gesundheitliche Risikofaktoren und -verhaltensweisen, auf Krankheiten und Gesundheitsstörungen, auf die Inanspruchnahme des Gesundheitssystems und auf die Gesundheitskosten beziehen. Die GBE speisen sich aus amtlichen Statistiken, Statistiken unterschiedlicher Akteure des Gesundheitswesens sowie Surveys.

Wichtigste **amtliche Statistiken** des Bundes und der Länder sind z. B. Bevölkerungsstatistik, Mikrozensus, Pflegestatistik, Krankenhausstatistik, Pflegestatistik, Todesstatistik sowie Statistik meldepflichtiger Erkrankungen, Schwangerschaftsabbrüche, Berufskrankheiten, Geburten und Sterbefälle.

Verschiedene Akteure des Gesundheitswesens erstellen Basis- und Spezialberichte. Während Basisberichte einen Überblick über übergreifende Bereiche (z. B. Geburtenstatistik) bieten, beziehen sich Spezialberichte auf ausgewählte Thematiken. Gerade die GKVn verfügen über eine Vielzahl epidemiologisch routinemäßig erhobener Daten, die in Spezialberichten münden.

- Barmer GEK: Gesundheitsreports der Länder (bzw. Länderreports), Zahnreport, Heil- und Hilfsmittelreport, Arzneimittelbericht, Pflegereport, Krankenhausreport, Arztreport
- DAK: Gesundheitsreport
- Techniker Krankenkasse: Gesundheitsreport
- IKK-Bericht: Arbeit und Gesundheit im Handwerk
- BKK-Bundesverband: BKK-Gesundheitsreport
- WIdO AOK: Versorgungs-Report; Fehlzeiten-Report
- Medizinischer Dienst des Spitzenverbandes Bund der Krankenkassen: Präventionsbericht
- Deutsche Rentenversicherung: Reha-Bericht
- Fachverbände: Deutsche Diabetes Union: Gesundheitsbericht Diabetes

Zudem existieren weitere Register, die z. B. von Universitäten oder Instituten gepflegt werden. Hinsichtlich der regionalen Perspektive und des Einzugsgebiets lassen sich weitere Gesundheitsberichterstattungen auf internationaler Ebene (z. B. der OECD, WHO oder Europäischen Kommission) und nationaler Ebene (GBE des Bundes, das Robert Koch-Institut sowie die einzelnen Bundesländer) nennen. Wichtige **nationale Surveys** werden u. a. vom Robert Koch-Institut durchgeführt, z. B. der Bundes-Gesundheits-Survey bzw. der **D**eutsche **E**rwachsenen-**G**esundheits-**S**urvey (DEGS), die telefonische **Ki**nder- und Ju**g**endlichen-**G**esundheitsstudie (KiGGS) oder der **De**utsche **A**lters-**S**urvey (DEAS). Darüber hinaus initiiert die Bertelsmann Stiftung mit ihrem Gesundheitsmonitor (⌨ *www.gesundheitsmonitor.de*) zweimal jährlich eine repräsentative Befragung von Versicherten und einmal jährlich von Ärzten u. a. zum Thema Gesundheitsverhalten. Wichtige **internationale Surveys** sind beispielsweise der International Health Policy Survey, der Global Drug Survey, Health Behaviour in School-aged Children und National Health Interview Survey. Spezifische Datenselektionen können mithilfe des Informationssystems für die Gesundheitsberichterstattung selbst vornehmen. Das Informations- und Dokumentationszentrum (IDG), eine Serviceeinrichtung des Statistischen Bundesamts, hat hierzu im Internet das Informationssystem IS-GBE eingerichtet (⌨ *www.gbe-bund.de*), in dem individuelle Selektierungen beispielsweise zur Bedarfsermittlung und Argumentationsuntermauerung für präventive Marketingmaßnahmen vorgenommen werden können.

✳ Linktipps

Gesundheitsmonitor der Bertelsmann-Stiftung:

⌨ *www.gesundheitsmonitor.de*

Informationssystem IS-GBE:

⌨ *www.gbe-bund.de*

1.1.3   Aktuelle Entwicklung: Gesundheitspolitik

Da ein kurativ orientiertes Gesundheitswesen nicht proaktiv auf die beunruhigenden (sozial-)epidemiologischen Entwicklungen einwirken kann, wird die Prävention, Gesundheitsförderung und die verbesserte Versorgung chronisch-degenerativ Erkrankter als Weg zur Erschließung gesundheitlicher Produktivitätsreserven angesehen. Dabei dienen der Gesundheitspolitik volkswirtschaftliche Krankheitskosten bei der Allokation des knappen Gesundheitsbudgets als Entscheidungshilfe festzulegender prioritärer Handlungsfelder. Da eine fehlende wirtschaftliche Leistungsfähigkeit durch einen hohen Anteil der krankheitsbedingt nicht erwerbsfähigen Bevölkerung eine Belastung für eine Volkswirtschaft darstellt, ist es Aufgabe der Gesundheitspolitik, den Gesundheitszustand der Bevölkerung – zur Sicherstellung des gesellschaftlichen Humankapitals – zu stärken und unnötige Krankheitskosten für die Gemeinschaft zu vermeiden (vgl. Schwartz 2003: 3). Die gesundheitliche Lage und die Leistungsfähigkeit einer Gesellschaft sind eng miteinander verknüpft. Aufgrund der steigenden Kluft zwischen Arm und Reich und der daraus resultierenden gesundheitlichen Negativeffekte und den direkten Auswirkungen auf den Wohlstand eines Landes sollte eine Orientierung nicht nur an quantitativ-ökonomischen (z. B. Steigerung des Bruttosozialprodukts), sondern verstärkt an qualitativ-sozialen Gesichtspunkten (z. B. Abwendung sozialer Missstände) (**doppelte Produktivität**) erfolgen (vgl. Opaschowski 2006: 65f.). Denn der Anteil der Armutsquote in Deutschland – berechnet auf Basis des gesamtdeutschen Durchschnitts – lag 2003 nach der Socio-Economic Panel Study (SOEP) bei 13,5 %, 2007 bei 17,8 % und 2012 bei 19,6 %. Die Armutsquote misst den Anteil der Personen mit einem Einkommen von weniger als der Armutsgrenze, sprich 60 % des durchschnittlichen Haushaltsnettoeinkommens der Gesamtbevölkerung.

In Bezug auf Prävention wies der *Sachverständigenrat für die Konzertierte Aktion im Gesundheitswesen* bereits 2001 darauf hin, dass Prävention nicht vorrangig Kostendämpfung zum Ziel hat, sondern die Gesundheitsvorsorge einen Wert an sich darstellt (vgl. SVRG 2001: 71). So hat sich die Gesundheitspolitik von einer rein ökonomisch-fiskalischen Kostendämpfungspolitik zu einer gesundheitsorientierten Steuerungspolitik entwickelt (siehe Rosenbrock/Gerlinger 2004; Rosenbrock 2006). Diese Trendwende stellt indes keine Abkehr der dominierenden ökonomischen Steuerungsmechanismen dar, sondern sollte durch den Blick auf priorisierte Gesundheitsziele (siehe → Tab. 2) zu einer wirksameren Mittelallokation beitragen (vgl. Bauch 1996: 159).

Tab. 2: Nationale Gesundheitsziele
Quelle: Eigene Darstellung in Anlehnung an gesundheitsziele.de (13.04.2017).

Priorität	Gesundheitsziele	Start	Ausrichtung
1	**Diabetes mellitus Typ 2:** Erkrankungsrisiko senken, Erkrankte früh erkennen und behandeln		krankheits-bezogen
2	**Brustkrebs:** Mortalität vermindern, Lebensqualität erhöhen (2003)		
3	**Tabakkonsum:** reduzieren	2003	präventions-bezogen
4	**Gesund aufwachsen:** Ernährung, Bewegung, Stressbewältigung		zielgruppen-bezogen
5	**Gesundheitliche Kompetenzen:** erhöhen, Patient(inn)ensouveräntität stärken		populations-bezogen
6	**Depressive Erkrankungen:** verhindern, früh erkennen, nachhaltig behandeln	2006	krankheits-bezogen
7	**Gesund älter** werden	2011	zielgruppen-bezogen
8	**Alkoholkonsum:** reduzieren	2015	präventions-bezogen
9	Gesundheit rund um die **Geburt**	2017	zielgruppen-bezogen

Für diesen Paradigmenwechsel waren maßgeblich die Gesundheitsberichterstattungen auf supranationaler Ebene verantwortlich, die auf die Komplexität gesundheitlicher Determinanten aufmerksam machten. Die Grundlage lieferte bspw. der kanadische Lalonde-Bericht (vgl. Lalonde 1974), der Epp Report der WHO „Achieving Health for All" (Epp 1986), der britische Black Report (Department of Health and Social Security 1980) und die Ottawa-Charter (WHO 1986). 1984 verabschiedete die WHO ihr erstes Zielprogramm „Health for All", das in überarbeiteter Form „Health21" 1998 veröffentlicht wurde (WHO 2005: 26). Seit 1985 macht sich auf nationaler Ebene der von der Bundesregierung eingesetzte „Sachverständigenrat für die Konzertierte Aktion im Gesundheitswesen" für eine zielorientierte Gesundheitsberichterstattung stark (vgl. u. a. SVRG 1995). Dieser beschrieb in einem Sondergutachten 1995 ein hierarchisches Zielsystem (vgl. SVRG 1995: 47f. und 58ff.), dass sich an der WHO Programm „Health for all by the year 2000" orientierte (vgl. Tophoven 1998: 92). Für die operative Erarbeitung wurde von der Arbeitsgruppe 4 (Stärkung der

Prävention) – des vom Bundesgesundheitsministerium eingerichteten „Runden Tischs" – das „Deutsche Forum für Prävention und Gesundheitsförderung" eingesetzt, das im Jahre 2000 die Konsensplattform „gesundheitsziele.de" (vgl. BMG 2007) initiierte. Entscheidende ordnungspolitische Maßnahmen zur Stärkung der Prävention wurde mit Inkrafttreten des Gesundheitsreformgesetzes (GKV-GRG 2000, BGBl I S. 2626) bzw. der Novellierung des § 20 SGB V vorgenommen. Seither sind Präventionsinterventionen ein fester Bestandteil des GKV-Leistungskatalogs und die Kassen sind dazu angehalten für die Verminderung der sozialen Ungleichheiten von Gesundheitschancen einzutreten. Zudem wurden die GKVn verpflichtet, einheitlich und gemeinsam prioritäre Handlungsfelder und Kriterien hinsichtlich Bedarf, Zielgruppen, Zugangswegen, Inhalten und Methodik zu beschließen (siehe AGdSvGKV 2010). Effizienzaspekte bei Präventionsmaßnahmen, wie es das Wirtschaftlichkeitsgebot (§ 12 Abs. 1 SGB V und § 4 Abs. 4 SGB V) vorsieht, wurden erstmals mit der Einführung der Bonusmodelle für gesundheitsbewusstes Verhalten (GKV-Modernisierungsgesetz; vgl. GKV-GMG 2004) berücksichtigt. Denn die Aufwendungen initiierter Programme (lt. § 65a Abs. 4 SGB V) müssen sich mittelfristig tragen und die Kassen nach spätestens 3 Jahren Rechenschaft abgeben. Mit diesem Passus sollten marktpolitische Eigeninteressen (z. B. Neukundengewinnung; Kundenbindung *guter* Risiken) zu Ungunsten des Gemeinwohls (Vernachlässigung *schlechter* Risiken) unterbunden werden. Keinen Aufschluss gibt indes der jährlich veröffentliche Präventionsbericht des Medizinischen Dienstes der Spitzenverbände der Krankenkassen über die (vgl. MDS 2016) Tragweite, Nachhaltigkeit und Wirksamkeit hinsichtlich einer Reduzierung sozial bedingter gesundheitlicher Ungleichheit (vgl. Gerlinger 2007: 25ff.). Erschwerend kommt hinzu, dass die Wirksamkeit und (objektive) Qualität präventiver Maßnahmen aufgrund der Vielschichtigkeit gesundheitlicher Einflussfaktoren nur indirekt anhand quantitativer und qualitativer Indikatoren bzw. **health gains** (d. h. ein Gesundheitsgewinn bspw. durch gewonnene Lebensjahre, Inzidenzen, Prävalenzen) nachvollzogen werden kann. Anzumerken ist, dass die Nachfrage nach Gesundheits- und Präventionsmaßnahmen von der subjektiv wahrgenommenen Qualität abhängt. Entsprechend hängt es von einer Gesellschaft ab, was sie als Qualität definiert und welche Art der Qualität ihr wichtig ist (vgl. Fleßa 2007: 22). Die gesundheitspolitische Herausforderung ist es daher, Rahmenbedingungen für ein effizientes Gesundheitswesen zu schaffen, und die Prinzipien von gesellschaftlicher Solidarität, dem Recht auf Eigenständigkeit und Eigenverantwortung des Einzelnen ständig auszutarieren oder neu zu justieren (vgl. Reichmann 2004: 100). Ohne Zweifel haben hierbei neben gesundheitspolitischen Interventionen (**implizite Gesundheitspolitik**) wirtschafts-, bildungs-, wohnungs- und verkehrspolitische Maßnahmen einen Einfluss auf die Volksgesundheit (**explizite Gesundheitspolitik**) (vgl. Rosenbrock/Kümpers

2006a: 372; 2006b: 246). Daher ist das Problem unzähliger Präventionsprogramme (z. B. Unfall-, Sucht-, Kriminal-, Gewaltprävention oder einzelne Prä-
ventionsaktivitäten der GKVn) der monothematische Parallelbetrieb ohne die
synergetische Vernetzung (vgl. Altgeld 2008: 1). Je mehr davon bei Interventionen diverser (Politik-)Bereiche in ein Gesamtkonzept miteinander verschmelzen,
desto wahrscheinlicher ist ein positives Ergebnis (vgl. Judge et al. 2006: 7). Denn
um die Quelle *Upstream* von Gesundheitsgefährdungen (z. B. geringes Einkommen, Arbeitslosigkeit) zu beseitigen und nicht nur die Folgen am Ende der
kausalen Kette **Downstream** zu eliminieren, sind kombinierte Up- und
Downstream-Interventionen entlang der gesamten Kausalkette notwendig (vgl.
Mielck 2006: 446). Damit liegt das größte Potenzial einer vorsorgenden Gesundheitspolitik in dem verbesserten Gesundheitszustand unterer Schichten, in
die Angleichung der Schichten und der Verringerung gesundheitlicher Gradien-
ten (vgl. Graham 2004: 118, Graham/ Kelly 2004: 7). Die Tatsache, dass Prävention eine gesamtgesellschaftliche Aufgabe ist, hat die Bundesregierung mit
dem **Gesetz zur Stärkung der Gesundheitsförderung und der Prävention**
(PrävG – kurz Präventionsgesetz) Rechnung getragen (siehe *www.immer-am-
ball-bleiben.de*). Die neu geregelte, zielorientierte Prävention soll ab dem
01.01.2016 durch eine Nationale Präventionskonferenz der sozialen Präventi-
onsträger (gesetzliche Kranken-, Renten-, Unfall- und Pflegeversicherung) unter
Mitwirkung von Bund, Ländern, Kommunen, der Bundesagentur für Arbeit
sowie der Sozialpartner strategisch geplant werden. Die Geschäftsstelle der
Nationalkonferenz ist bei der Bundeszentrale für gesundheitliche Aufklärung
(BZgA) angesiedelt und hat zur Aufgabe, die Mitglieder der Präventionskonferenz bei der Entwicklung der erarbeiteten Nationalen Präventionsstrategie zu
unterstützen. Der Spitzenverband der gesetzlichen Krankenkassen beauftragt
die BZgA mit der Entwicklung krankenkassenübergreifender Leistungen zur
Gesundheitsförderung und Prävention in unterschiedlichen Lebenswelten (z. B.
Kita, Schule, Pflegeeinrichtungen). Weitere Aufgaben der BZgA sind die Implementierung, wissenschaftliche Evaluation und Qualitätssicherung (vgl. Deutscher Bundestag 2015: 2ff.).

✳ Linktipp

Informationen zum Präventionsgesetz des BGM:

www.immer-am-ball-bleiben.de

utb.

1.1.4   Wirtschaftsfaktor Gesundheit

Während ein Wirtschaftswachstum gemessen an Umsatz- und Beschäftigungszuwächsen aus volkswirtschaftlicher Sicht positiv wahrgenommen wird, werden im Gesundheitswesen steigende Gesundheitsausgaben eher negativ empfunden und mit explodierenden Kosten (Kostenexplosion) gleichgesetzt (siehe auch Mackenthun/Henke/Schreyögg 2004). Diese Sichtweise blendet aus, dass das Wachstum des Gesundheitsmarktes mit einer Verschiebung von Konsumentenpräferenzen und einer Leistungsausweitung verbunden sind, um den erhöhten Bedarf zu decken. Denn ein wachsender Gesundheitsmarkt fördert den Wohlstand einer Gesellschaft. Das betrifft insbesondere den stark wachsenden **zweiten Gesundheitsmarkt**. Dieser umfasst alle gesundheitsrelevanten Dienstleistungen und Waren, die nicht von einer privaten oder gesetzlichen Krankenkasse und somit durch Mitgliedsbeiträge übernommen oder durch Steuern finanziert werden (**erster Gesundheitsmarkt**). Gesundheitsrelevante Dienstleistungen können sich zum einen auf die Kernbereiche der Gesundheitswirtschaft, sprich auf alle direkten Ausgaben des Gesundheitswesens beziehen. Zum anderen können sich gesundheitsrelevante Dienstleistungen auch auf die erweiterte Gesundheitswirtschaft, sprich auf alle Güter und Dienstleistungen mit einem indirekten Gesundheitsbezug beziehen, die nicht von Institutionen des Gesundheitswesens miteinander in Verbindung gebracht werden und erst aufgrund einer subjektiven gesundheitsbezogenen Kaufentscheidung erworben werden (vgl. Czypionka et al. 2015: 60) (siehe → Tab. 3).

Tab. 3: Abgrenzung der Gesundheitswirtschaft
Quelle: Henke/Neumann/Schneider 2010: 73.

güterbezogene Abgrenzung	Abgrenzung nach Finanzierung	
	erster Gesundheitsmarkt	zweiter Gesundheitsmarkt
Kernbereiche der Gesundheitswirtschaft	z. B. erstattungsfähige Arzneimittel, Krankenhausbehandlung	z. B. OTC Präparate, individuelle Gesundheitsleistungen
erweiterte Gesundheitswirtschaft	z. B. Zuschüsse Präventionskurse; Berufsausbildung	z. B. Wellness, Kleidung, Ernährung mit Gesundheitsbezug

Der Bedeutungszuwachs privat finanzierter Gesundheitsprodukte und -dienstleistungen des zweiten Gesundheitsmarktes rührt daher, dass immer mehr Menschen bewusster mit ihrer Gesundheit umgehen. Hierfür reicht ihnen die Versorgung des ersten Gesundheitsmarktes nicht mehr aus. Sie nutzen Dienstleistungen und Produkte, die der Gesunderhaltung oder ihrem Wohlbefinden dienen, wie bspw. Ernährung, Sport, Wellness, freiverkäufliche Arzneimittel aber auch Schönheitsoperationen.

Die wirtschaftliche Bedeutung des zweiten Gesundheitsmarktes zeigt sich darin, dass der zweite Gesundheitsmarkt mit rund 30 % zwischen 2005 und 2012 stärker gewachsen ist als der erste Gesundheitsmarkt mit rund 26 %, dass sich die Konsumausgabe privater Haushalte auf rund 75,9 Mrd. belaufen (vgl. BMWi 2015: 21). Dabei verzeichneten die Konsumausgaben der erweiterten Gesundheitswirtschaft des zweiten Gesundheitsmarktes die höchsten Zuwächse mit insgesamt 40 % und einem jährlich durchschnittlichen Wachstum von 4,9 % (vgl. BMWi 2013: 9).

Der zweite Gesundheitsmarkt bietet insbesondere vor dem Hintergrund des demografischen Wandels und des Bewusstseinswandels in vielfältigen Bereichen, wie bspw. Leben im Alter, Gesundheit zu Hause, individualisierte Medizin, Biotechnologie, Gesundheitstourismus sowie E-Health, vielfältige Anknüpfungspunkte für die innovative Entwicklung neuer Gesundheitsprodukte und -dienstleistungen.

1.1.5   Wirtschaftsfaktor Prävention

Prävention kann aus unterschiedlichen Perspektiven als wichtiger Wirtschaftsfaktor angesehen werden. Als einer davon wird die Kosteneinsparung angesehen, die seit Jahren in zwei Zukunftsszenarien im Hinblick auf den ökonomischen Nutzen heftig debattiert wird.

▪ Nach der optimistischen **Morbiditätskompressionsthese** (auch Kompressionsthese) (nach Fries) bleiben Menschen länger gesund und schwere gesundheitliche Einschränkungen werden durch eine gesündere Lebensweise altersmäßig hinausgezögert (vgl. Fries 2005: 810f.). Gesundheitsförderung und Primärprävention begründen eine Verschiebung chronischer Morbidität und zudem, dass das Ausgabenprofil erst vor dem Todeszeitpunkt exponentiell ansteigt, da die Morbidität infolge des verbesserten Gesundheitszustandes erst mit dem Alter zunimmt.

▪ Nach der pessimistischen der **Morbiditätsexpansionsthese** (auch Medikalisierungsthese nach Grueneberg) wird eine Ausdehnung der krankheitsbedingten Lebenszeit postuliert, da Krankheiten früher erkannt und behandelt werden (vgl. Niehaus 2006: 4f.). Die **Gesundheitsausgaben** würden somit aufgrund der höheren Lebenserwartung in die Horizontale gestreckt.

Einigkeit herrscht darüber, dass durch Prävention und Gesundheitsförderung vorzeitige Todesfälle und krankheitsbedingte Frühverrentungen vermieden, die krankheitsbedingten Produktionsverluste in Unternehmen reduziert, die Autonomie im Alter bewahrt und die Pflegebedürftigkeit verhindert oder hinausgezögert wird. Mehr als 20 Jahre nach Aufstellung der Hypothese von Fries gilt die *compression of morbidity and disability* auf der Ebene der Lebensqualität (im Vergleich zur monetären Kompression) als weitgehend erwiesen (siehe Niehaus 2006 und Fetzer 2005). Ob Kompression oder Expansion, der größte Gesundheitsgewinn und damit das höchste Einsparpotenzial liegt im Bereich altersassoziierter Erkrankungen (wie bspw. Diabetes, Asthma), die nachweislich durch die Vermeidung und Eliminierung von Lifestyle- und Risikofaktoren präventabel sind. Kosten für Prävention und Gesundheitsförderung stellen insofern nicht nur für die Gesellschaft und für die GKVn, sondern gerade für Unternehmen eine lohnende Zukunftsinvestition dar. Denn Investitionen, die im Bereich präventiver Maßnahmen getätigt werden, zahlen sich bei wirksamen und zielgerichteten Maßnahmen doppelt aus: So führen laut einer Studie beispielsweise Maßnahmen im Bereich der Betrieblichen Gesundheitsförderung aus Arbeitgebersicht zu einer Senkung krankheitsbedingter Fehlzeiten um durchschnittlich 25 %, einem Return-of-Investment (ROI) bei krankheitsbedingten Fehlzeiten um 2,73 € und bei Krankheitskosten um 3,27 € (vgl. Chapman 2005: 5). Folglich kann Prävention nicht nur für die potenziell anvisierten Zielgruppen (z. B. am Arbeitsplatz) zu einer positiven Veränderung der körperlichen und psychischen Verfassung führen, sondern auch die Arbeitgeber können von solchen Investitionen profitieren. Das kann sich auf wirtschaftlicher Ebene in präventiven Einsparungen und leistungsbezogenen Produktivitätssteigerungen zeigen. Dabei lässt sich der

- **präventive Nutzen** (z. B. durch Verringerung von Arbeitsbelastungen, Verbesserung der Gesundheit, des Wohlbefindens und des Arbeitsklimas),
- **produktivitätsbezogene Nutzen** (z. B. Vermeidung von Betriebsstörungen, Steigerung der Arbeitszufriedenheit und Mitarbeitermotivation, Erhaltung der Arbeits- und Leistungsfähigkeit, Verringerung der Fluktuation und Erhöhung der Mitarbeiterbindung) sowie
- **marketingstrategische Nutzen** (z. B. Förderung der Corporate Identity und Verbesserung des Unternehmensimages, Erhöhung der Kundenzufriedenheit und -bindung sowie der Wettbewerbsfähigkeit)

auf Unternehmensebene oftmals nicht voneinander trennen und ist eng miteinander verbunden (siehe auch BKK 2004). Dabei erkennen Unternehmen zunehmend, dass Prävention ein wichtiger Wirtschaftsfaktor ist. Ein wichtiger Treiber hierfür ist der zunehmende Fachkräftemangel. Nicht zu unterschätzen sind neben den direkten Nutznießern die indirekten Nutznießer in Gestalt von Unternehmen, die sich auf die Planung, Umsetzung, Vermarktung und Evaluation von präventiven Maßnahmen konzentriert haben.

1.1.6   Heterogenität des Gesundheitssektors

Im Gesundheitssektor herrscht eine große Heterogenität und Pluralität der Akteure, die durch unterschiedliche Ressourcenverfügbarkeit und staatliche Regulierungen, freien oder staatlich regulierten Markteintritt gekennzeichnet ist. Da der Gesundheitsmarkt stark wächst, kann davon ausgegangen werden, dass der Wettbewerb, die Rivalität aber auch die Kooperationsbereitschaft unter den Akteuren zunehmen wird. Klassisch wird der Gesundheitssektor in die folgenden drei Ebenen (vgl. Wasem et al. 2013: 52) unterteilt:

- **Makroebene:** Die Makroebene bilden die staatlichen, internationalen und supranationalen Akteure (z. B. Bundesregierung, WHO). Diese regulieren das Verhalten der Akteure auf Meso- und Mikroebene, indem sie Gesetze und Verordnungen verabschieden und deren Einhaltung überwachen.

- **Mesoebene:** Die Mesoebene bezieht sich auf die Organisationen und Institutionen der Selbstverwaltung in der gesetzlichen Krankenversicherung sowie auf „freie" Organisationen, Institutionen und Verbände.

- **Mikroebene:** Die Mikroebene besteht aus einzelnen individuellen Akteuren (z. B. Krankenkassen, Ärzte, Apotheker, Industrie). Sie bieten Gesundheitsgüter und -dienstleistungen an oder fragen sie nach und müssen dabei die gesetzlichen Bestimmungen beachten.

Die starke Heterogenität der Anbieter und damit der Produkte und Dienstleistungen führt automatisch zu einer Unübersichtlichkeit, Intransparenz und einer hohen Komplexität für die unterschiedlichen Zielgruppen. Zudem haben die Vielfalt und die unterschiedlichen Interessenslagen zur Folge, dass sich die Akteure wechselseitig blockieren, um ihre eigenen Interessen durchzusetzen (vgl. Stuppardt 2008: 439). Ergänzend ist anzumerken, dass der Gesundheitsmarkt (insbesondere der Krankenhausmarkt) zunehmend durch Kettenbildung und einer Privatisierungswelle gekennzeichnet ist, welches wiederum eine stärkere Kapitalmarktorientierung zur Folge hat (vgl. Rache/Braun/Rehinersdorff 2015: 12). Keinen Halt macht dieser Trend vor den Akteuren im Bereich Prävention und Gesundheitsförderung. Denn ein Kennzeichen des Gesundheitswesens und damit ein Defizit der Prävention stellt die mangelhafte Kooperation und Koordination der Akteure dar (vgl. Stuppardt 2008: 438). Die Einführung des Präventionsgesetzes hat daher zum Ziel, dieser Herausforderung zukünftig verstärkt zu begegnen.

1.2   Prävention und Gesundheitsförderung

1.2.1   Definition, Zielsetzung und Handlungsfelder

Das zentrale Anliegen der Prävention ist es, einen schlechten Gesundheitszu-stand zu vermeiden. Gesundheitsförderung hingegen versucht, durch positiv fördernde Rahmenbedingungen die Gesundheit und das Wohlbefindens von Menschen zu verbessern. Beide Interventionsformen wurden lange Zeit als **Entweder-oder-Intervention** betrachtet, während heutzutage Ansätze der Gesundheitsförderung als bedeutende komplementäre Strategie der Primärprä-vention angesehen werden (vgl. Rosenbrock/Kümpers 2006a: 372, Glaeske et al. 2003: 9). Schon die Jakarta-Erklärung der WHO begriff die Gesundheitsför-derung und damit die Stärkung individueller Ressourcen und gesundheitsförder-licher Schutzfaktoren (z. B. die Selbstwirksamkeit) als die Schlüsselkompetenz zur sozialen und ökonomischen Entwicklung der Menschen des 21. Jahrhun-derts (vgl. WHO 1997: 9). Oft scheitert die praktische Umsetzung der synergeti-schen Logik beider Strategien an der medizinisch orientierten Dominanz des Gesundheitswesens. Erfreulicherweise hat sich die Prävention und Gesundheits-förderung nach dem Top-down-Prinzip (**old public health** (**public health medicine**)) und mit vorwiegend staatlich regulierten Maßnahmen zur Gesund-heitserhaltung und -förderung deutlich weiterentwickelt (vgl. Hurrelmann et al. 2006: 16). Seit Mitte der 1980er-Jahre wurden verstärkt gesellschaftliche Bedin-gungen der partizipativen Gesundheitsentwicklung und -sicherung nach dem Bottom-up-Prinzip (**empowerment**) berücksichtigt, die unter dem Begriff **new public health** (**promotion of health**) zusammengefasst wurden (vgl. Leppin 2002: 83). Gesundheitsförderung und Prävention kann daher als Prozess der Organisationsentwicklung mit dem Ziel einer bedarfsgerechten, wirtschaftlichen und kontinuierlichen Weiterentwicklung der Gesundheitsförderung und -ver-sorgung verstanden werden (vgl. Schnabel 2006: 196). Folglich strebt **promoti-on of health** eine Verbesserung der bevölkerungsbezogenen Gesundheit durch die positive Beeinflussung gesundheitlicher Determinanten, die gerechte Vertei-lung von Gesundheitschancen sowie die gezielte Gesundheitsförderung (**health promotion**) an.

Die Vielschichtigkeit und damit **Multidimensionalität** gesundheitlicher Un-gleichheit in der Bevölkerung lässt sich anhand geschlechts- und alters-spezifischer Ungleichheit anschaulich erklären. Berufliche und somit wirtschaft-liche Benachteiligungen bedingt durch das Geschlecht, das Alter (aufgrund dominierender jugendzentrierter Personalpolitiken) oder die familiäre Doppel-belastung sind Faktoren, die sich ungünstig auf den Gesundheitszustand aus-wirken können. Die interagierenden Zusammenhänge zwischen Geschlecht,

Alter, Ethnizität und den differenzierten Bedarfslagen der Individuen werden im Gesundheitswesen oft verkannt (vgl. Kuhlmann/Kolip 2005: 167). Auch Menschen mit Zuwanderungsgeschichte (insbesondere türkische Staatsbürger, respektive türkische Frauen) liegen bei den zentralen Faktoren gesundheitlicher Chancengleichheit (Arbeit, Einkommen und Bildung) deutlich zurück (siehe Migrationsbericht NRW 2008). Unabhängig von bestehenden Geschlechter- oder Altersasymmetrien wird davon ausgegangen, dass die Ansammlung gesundheitlicher Belastungen bei gleichzeitiger Abnahme persönlicher, ökonomischer und sozialer, protektiver Ressourcen in enger Verbindung zueinanderstehen (vgl. SVRG 2005: 29).

Abhilfe zur Eindämmung gesundheitlicher Belastungen soll insbesondere die Reduktion und Eliminierung der in den Industrienationen führenden Lifestyle- bzw. Risikofaktoren, auch bekannt als **holy four** (McQueen 1976) oder **RABE**-Parameter (**R**auchen, **A**lkoholkonsum, **B**ewegungsmangel und ungesunde **E**rnährung) schaffen (vgl. Lengerke v 2007: 74ff.). Der GKV-Spitzenverband hat zur Umsetzung des sogenannten Präventionsparagrafen (§ 20 SGB V) Anforderungskriterien für die Handlungsfelder „Bewegungsgewohnheiten", „Ernährung", „Stressmanagement" und „Suchtkonsum" aufgestellt und im **Leitfaden Prävention** zusammengestellt (vgl. AGdSvGKV 2014: 47ff.). Kursanbieter von Präventionsinterventionen in diesen Handlungsfeldern, die über die GKVn abrechnen möchten, müssen das Prüfsiegel der **Zentralen Prüfstelle für Prävention** (⁀ᵭ *www.zentrale-prüfstelle-prävention.de*) vorweisen. Neben den genannten klassischen Handlungsfeldern gewinnen im Zeitalter von z. B. AIDS und Ozonloch zunehmend auch neuzeitliche behaviorale Risikofaktoren wie ungeschützter Sex, Sonnenbaden und risikoaffine Verhaltensweisen (vgl. Lengerke v/Manz 2007: 19) an Bedeutung.

✳ Linktipp

Gesundheitsziele.de:

⁀ᵭ *www.gesundheitsziele.de*

Zentrale Prüfstelle für Prävention:

⁀ᵭ *www.zentrale-prüfstelle-prävention.de*

1.2.2   Akteure von Präventionsinterventionen

Akteure, die Präventionsinterventionen konzipieren, planen, steuern oder evaluieren, existieren auf internationaler, nationaler, regionaler und kommunaler Ebene. Eine der bedeutendsten Organisationen auf internationaler Ebene (Europa und gobal) ist die Weltgesundheitsorganisation (World Health Organization, kurz WHO). Die WHO ist insbesondere für die Konzeptions- und Strategieentwicklung (z. B. Aktionsprogramme, Konferenzen) von übergreifender Bedeutung. Auf europäischer Ebene engagiert sich seit den 1990er-Jahren verstärkt die Europäische Union, sie legt EU-Programme auf und fördert die Zusammenarbeit der Mitgliedstaaten. Hierzulande hat sich sowohl auf Bundes-, Länder- als auch auf kommunaler Ebene eine breite Infrastruktur mit einer Vielzahl von Einrichtungen und Organisationen in staatlicher, halbstaatlicher (öffentlich-rechtlicher) und nichtstaatlicher Trägerschaft entwickelt, die in Prävention und Gesundheitsförderung unterschiedliche Aufgaben und Zuständigkeiten haben (siehe → Abb. 1).

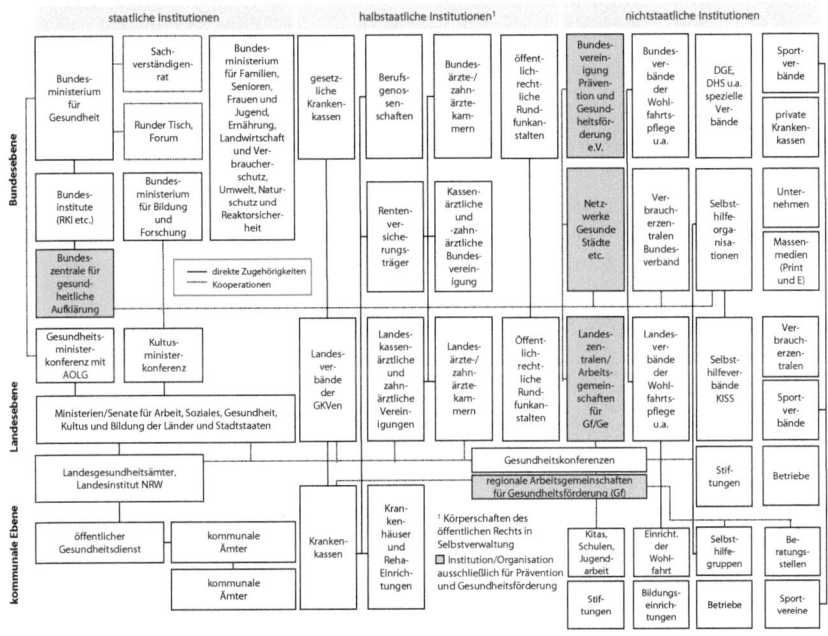

Abb. 1: Akteure im Bereich Prävention und Gesundheitsförderung
Quelle: Blümel 2011.

Anzumerken ist, dass die Anzahl privater Anbieter angesichts des gesundheitsbezogenen Bewusstseinswandels in der Bevölkerung und die damit verbundene
Bereitschaft zur privaten Finanzierung zugenommen haben. Die zunehmende
Zersplittung und Unübersichtlichkeit des Präventions- und Gesundheitsmarktes
mit teils konkurrierenden Präventionsakteuren und -maßnahmen wird nicht
unkritisch gesehen (vgl. Altgeld 2012: 8). Denn der unverbundene und isolierte
Parallelbetrieb von Präventionsmaßnahmen ohne synergetische Vernetzung
kann sich negativ auf die Nachhaltigkeit und Wirksamkeit auswirken und das
Problem des Präventionsdilemmata mitunter verschärfen, statt es zu lösen –
insbesondere dann, wenn im privat- und halbprivatwirtschaftlichen Bereich eher
einkommensstarke Zielgruppen statt gesundheitliche vulnerable Risikozielgruppen im Fokus des Interesses der Akteure stehen. Doch gerade eine synergetische Kooperation zwischen den unterschiedlichen Akteuren wäre notwendig,
um etwas Neues zu schaffen, was einzelnen Akteuren aufgrund der unterschiedlichen Kompetenzfelder nicht möglich wäre. Bei der additiven Kooperation
würden zumindest Ressourcen gemeinsam genutzt und Prozesse so miteinander
verknüpft, um gemeinsam ein besseres Ergebnis im Rahmen von Präventionsinterventionen erreichen zu können (→ Abb. 2).

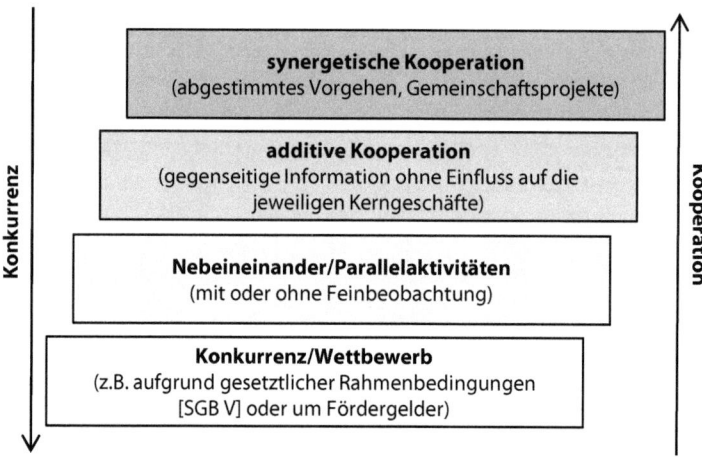

Abb. 2: Stufen der Kooperation und Konkurrenz in der Prävention
Quelle: Altgeld 2012: 10.

Es bleibt abzuwarten, ob sich der teils von staatlicher Seite stimulierte Wettbe-
werb (z. B. GKVn) (vgl. Altgeld 2012: 9) im Zuge des Präventionsgesetzes auf
Settingebene verringert und so eine stärkere Zusammenarbeit zwischen den
Akteuren forciert wird.

1.2.3   Strategien der Prävention

Die am weitesten verbreitete Klassifizierung von Präventionsinterventionen unterteilt Prävention nach Caplan (1964) in Primär-, Sekundär- und Tertiärprävention (vgl. Leppin 2004: 32).

- **Primärprävention**: Maßnahmen zur Primärprävention richten sich an gesunde Gruppen mit dem Ziel, Inzidenzen zu verringern.
- **Sekundärprävention**: Die Sekundärprävention hingegen dient der Krankheitsfrüherkennung und -eindämmung bei gesunden bzw. symptomlosen Menschen.
- **Tertiärprävention**: Die Tertiärprävention versucht, Krankheitsfolgen oder Rückfälle bereits erkrankter Patienten zu verhindern.

Heute gilt die Klassifikation nach Caplan (1964) als überholt, da eine ausschließliche zeitliche Differenzierung am medizinischen Krankheitsmodell nicht trennscharf vollzogen werden kann (vgl. Schüz/Müller 2006: 147). Insbesondere für die Umsetzung von Präventionsmaßnahmen erweist sich die von Gordon (1983) ursprünglich entwickelte und vom Institute of Medicine 1994 aufgegriffene Einteilung in universelle, selektive und indizierte Prävention als praktikabler, da mit dieser Klassifikation eine genauere methodische Zielgruppenspezifität vorgenommen werden kann (vgl. Gordon 1983: 107ff.; Mrazek/Haggerty 1994: 493).

- **universelle Prävention:** Bei universell ausgerichteten Präventionsmaßnahmen wird versucht, eine breite Öffentlichkeit (ohne Zielgruppenfokus) zu erreichen.
- **selektive Prävention:** Selektive Maßnahmen hingegen konzentrieren sich auf spezielle Segmente, bei denen Risikofaktoren (z. B. zunehmende Fettleibigkeit bei Kindern und Jugendlichen) vorliegen, sich aber noch kein Krankheitsbild manifestiert hat.
- **indizierte Prävention:** Die indizierte Prävention legt ihren Fokus auf Zielgruppen, bei denen bereits Vorstufen einer Erkrankung aufgetreten sind (vgl. Leppin 2004: 34f.).
- Während die Umsetzung universell ausgerichteter Präventionsmaßnahmen zur Verhaltensprävention weitgehend verbreitet sind, erfolgt die Durchsetzung gesundheitlicher **Standards** indes äußerst selektiv (d. h. in sogenannten Settings). Ob sich Interventionen auf eine Teilgruppe (bzw. nach sozioökonomischen Merkmalen, wie Geschlecht und Alter) oder Gesamtgruppe oder auf ein spezifisches Stadium des Gesundheitsprozesses ausgerichtet sind, hängt von den jeweiligen Präventionsinstrumenten ab.

Wichtige Handlungsfelder, auf die sich die Prävention beziehen kann, sind sehr vielfältig (vgl. Altgeld 2012: 8):

- Prävention in der Schwangerschaft, Frühe Hilfen Kriminalprävention, Gewaltprävention, Suchtprävention

- gesundheitsbezogene Prävention in den Bereichen Ernährung, Bewegung und Stressbewältigung

- andere krankheitsspezifische Prävention (z. B. Impfungen, Jodmangel, Krebsfrüherkennung), Unfallprävention (am Arbeitsplatz, in Verkehr und Freizeit)

- Sexualaufklärung beziehungsweise Prävention sexuell übertragbarer Erkrankungen (Aids, Hepatitis u. a.) und Prävention von frühen Schwangerschaften, Suizidprävention und Prävention psychischer Erkrankungen

- Gesundheitsförderung in Settings (z. B. Kindertagesstätten, Schulen, Kommunen oder Betriebe)

Abhängig davon, welches Ziel, welche Zielgruppe, welches Handlungsfeld oder welches Setting anvisiert wird und von welchen Akteuren die Präventionsintervention initiiert wird, stehen unterschiedliche Instrumentarien zur Verfügung, auf die im folgenden → Kapitel näher eingegangen wird.

1.2.4   Methoden der Prävention

Methodische Instrumentarien von Präventionsinterventionen, um verhaltens- und verhältnispräventive Strategien umzusetzen, sind sehr vielfältig und können übergreifend in

- edukative Verfahren,

- normativ-regulatorische Verfahren und

- ökonomische Anreiz- und Bestrafungssysteme

unterteilt werden (vgl. Leppin 2010: 40). Dabei zielen **edukative Verfahren** insbesondere im Rahmen der Verhältnisprävention und Gesundheitsförderung darauf ab, auf die Einsicht, die Veränderungsmotivation und die Stärkung der gesundheitlichen Kompetenz positiv einzuwirken. Methoden, die bei edukativen Verfahren bevölkerungsweiten oder risikozielgruppenbezogenen Strategien zum Einsatz kommen, sind in der → Tab. 4 abgebildet (ebd.).

Tab. 4: Methoden der Prävention
Quelle: Leppin 2010: 40.

Ziel	Beispiele
Information und Aufklärung	▪ bevölkerungsweite Kampagnen über Bewegung, Ernährung, AIDS etc. ▪ individuelle Arzt-Patienten-Gespräche über Rauchen
Beratung	▪ Drogen- und Suchtberatung ▪ Beratung von Personen in Krisensituationen
Verhaltens- und Selbstmanagement-training	▪ Stressbewältigungsprogramme ▪ Patientenschulungen (Diabetes etc.) ▪ Schulische Kompetenzförderungsprogramme (Umgang mit Cybermobbing etc.)

Unter **normativ-regulatorische Methoden** werden hingegen alle Maßnahmen zusammengefasst, bei denen über Gesetze, Vorschriften, Ge- und Verbote mit Sanktionsandrohungen bei Missachtung versucht wird, präventive Ziele zu erreichen. Diese insbesondere verhältnispräventiven Aktivitäten können auf unterschiedlichen Ebenen vollzogen werden bzw. einwirken, um Gesundheitsrisiken übergreifend und für bestimmte Bevölkerungsgruppen zu minimieren (vgl. Richter/Rosenbrock 2014: 134f.):

▪ auf **institutioneller Ebene**, z. B. positive Arbeitsbedingungen (Arbeitsschutzgesetz, betriebliches Eingliederungsmanagement etc.)

▪ auf **überregionaler, nationaler oder internationaler Ebene**, z. B. Nichtraucherschutzgesetz, Anschnallpflicht für Autofahrer, Schutzhelmpflicht für Motorradfahrer, Promillegrenze im Straßenverkehr, rechtliche Vorschriften zum Emissionsschutz, des Schutzes vor Schadstoffen, Lebensmittelüberwachung, Jugendschutzgesetz.

Nicht immer lassen sich die einzelnen Methoden trennscharf unterscheiden, denn die Tabaksteuer z. B. stellt neben den Bonusprogrammen der gesetzlichen Krankenkassen ein ökonomisches Anreiz- und Bonusprogramm dar, dass dazu beitragen soll, das gesundheitliche Risikoverhalten durch ökonomische Anreize einzudämmen.

Für die zuvor beschriebenen Präventionsformen stehen unterschiedliche Instrumentarien zur Verfügung. Dabei wird anhand des Paragraf 1 des SGB V deutlich, welche Bedeutung die GKVn im Präventionsbereich einnehmen. Dabei wird gleichermaßen der hohe Anspruch an die GKVn unter der Überschrift Solidarität und Eigenverantwortung deutlich:

> *„Die Krankenversicherung als Solidargemeinschaft hat die Aufgabe, die Gesundheit der Versicherten zu erhalten, wiederherzustellen oder ihren Gesundheitszustand zu bessern. Das umfasst auch die Förderung der gesundheitlichen Eigenkompetenz und Eigenverantwortung der Versicherten. Die Versicherten sind für ihre Gesundheit mitverantwortlich; sie sollen durch eine gesundheitsbewusste Lebensführung, durch frühzeitige Beteiligung an gesundheitlichen Vorsorgemaßnahmen sowie durch aktive Mitwirkung an Krankenbehandlung und Rehabilitation dazu beitragen, den Eintritt von Krankheit und Behinderung zu vermeiden oder ihre Folgen zu überwinden. Die Krankenkassen haben den Versicherten dabei durch Aufklärung, Beratung und Leistungen zu helfen und auf gesunde Lebensverhältnisse hinzuwirken.“*

Die → Abb. 3 gibt daher einen exemplarischen Überblick darüber, wie die Instrumentarien der GKVn zu den unterschiedlichen Präventionsformen eingeordnet werden können.

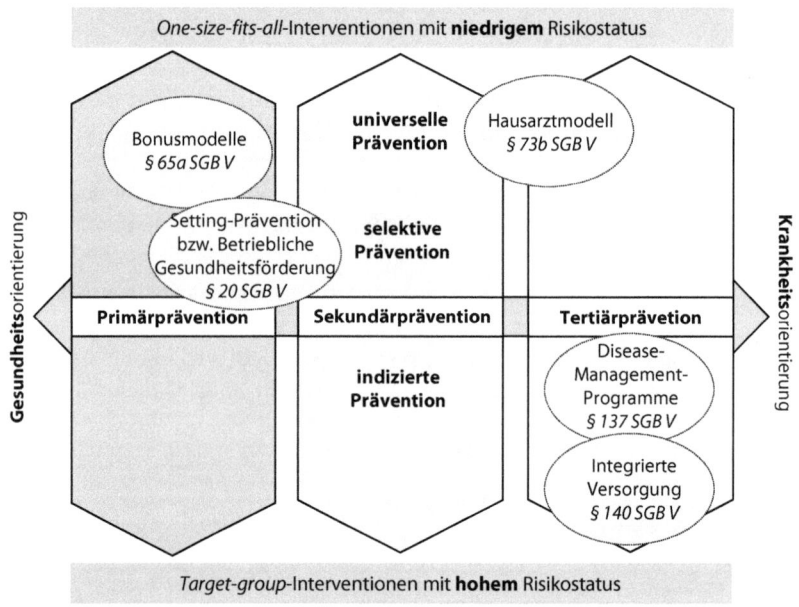

Abb. 3: Beispiel für präventive Instrumentarien nach dem SGB V
Quelle: Eigene Darstellung in Anlehnung an Scherenberg/Greiner 2008: 19.

Eine weitere Übersicht soll zur Vereinfachung darstellen, wie Präventionsinterventionen je nach Ziel und Zielgruppe innerhalb des SGB V verankert sind (→ Tab. 5). Dabei zeigt die hohe Anzahl an Paragraphen, wie stark präventiv agierende Institutionen an gesetzliche Regularien bei der Planung, Konzeption sowie Vermarktung von Präventionsinterventionen gebunden sind und an welcher Stelle die Gesetze berücksichtigt werden müssen.

Tab. 5: Präventionsebenen und Präventionsleistungen der GKV
Quelle: Altgeld 2012: 12.

	Primärprävention	Sekundärprävention	Tertiärprävention
Zeitpunkt der Intervention	vor Eintreten einer Erkrankung	in Frühstadien einer Erkrankung	nach Manifestation einer Erkrankung
Ziel der Intervention	Verringerung der Inzidenz von Erkrankungen, Risikominimierung oder -eliminierung	medizinische Diagnose von zum Teil noch klinisch symptomlosen Frühstadien einer Erkrankung und deren erfolgreiche Frühbehandlung	Verhütung der Krankheitsverschlimmerung, Vermeidung von bleibenden Funktionsverlusten und eingeschränkten Aktivitäten bzw. Teilhabe
Adressaten der Intervention	gesunde beziehungsweise Personen ohne Symptome	noch gesunde Personen mit manifesten, bereits auftretenden, unklaren oder noch ohne Symptome	Patientinnen und Patienten mit chronischer Beeinträchtigung
Leistungen und Begrifflichkeiten im SGB V	§ 20 Prävention § 20a Betriebliche Gesundheitsförderung § 20b Prävention arbeitsbedingter Gesundheitsgefahren § 20d Schutzimpfungen § 21/22 Verhütung von Zahnerkrankungen § 23/24 Medizinische Vorsorgeleistungen § 65a Bonus für gesundheitsbewusstes Verhalten	§ 25 Gesundheitsuntersuchungen § 26 Kinderuntersuchung	§ 40 Leistungen zur medizinischen Rehabilitation § 42 Leistungen zur medizinischen Rehabilitation für Mütter und Väter § 43 Ergänzende Leistungen zur Rehabilitation § 137g Zulassung strukturierter Behandlungsprogramme § 140a Integrierte Versorgung

1.2.5   Onlinemedien und Prävention

Onlinemedien nehmen bei präventiven, gesundheitsfördernden sowie Marketingmaßnahmen neben „traditionellen" Medien (wie Print und Rundfunk), einen immer größeren Stellenwert ein. Dabei können unter Onlinemedien oder digitale (oder „neue") Medien alle Medien zusammengefasst werden, die eine Multimedialität und damit Integration unterschiedlicher Medien in eine digitale Präsentation (Hypertextstruktur) und Interaktivität ermöglicht (vgl. Aufenanger 1999: 62). Wie die → Abb. 4 zeigt, können Onlinemedienträger die für Präventions- und Marketingzwecke genutzt werden, in Websites, Social Media sowie mobile Medien, wie Smartphones oder Tablet, unterteilt werden.

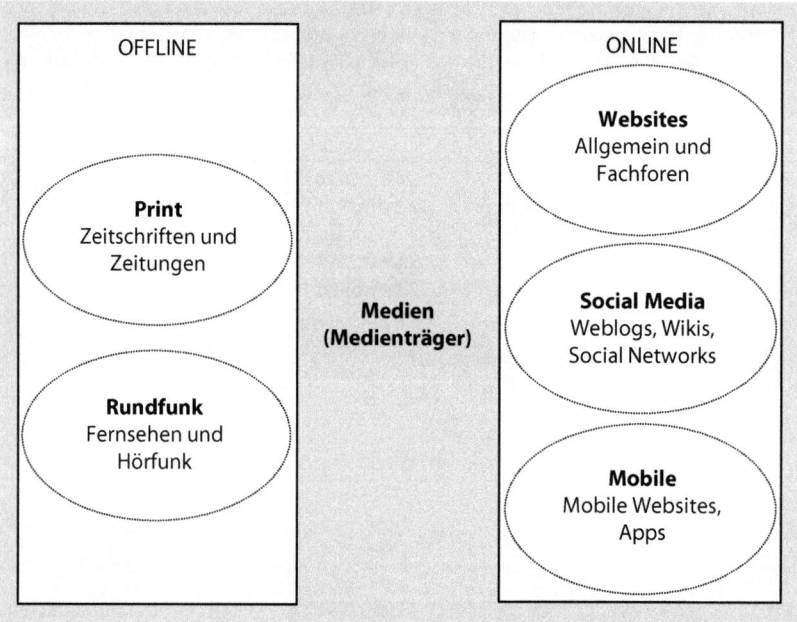

Abb. 4: Kategorisierung von Onlinemedien
Quelle: Eigene Darstellung.

Onlinemedien stellen für Nutzer eine zeit- und ortsunabhängige Informationsquelle dar. Gemäß der ARD/ZDF-Onlinestudie verfügen hierzulande 79,5 % (56,1 Millionen) der über 14-Jährigen über einen Internetanschluss, 63,1 % (44,5 Millionen) von ihnen nutzen im Durchschnitt täglich 108 Minuten das Internet (vgl. Frees/Koch 2015: 367). Zwar sind die Altersgruppen zwischen 14 und 29 am meisten vertreten, allerdings kommt es zunehmend zu einer Annäherung der sogenannten digitalen Kluft (**digital divide**) zwischen den Generationen, Geschlechtern und Schichten. Aus Präventionssicht zu berücksichtigen ist, dass trotz Annäherung der digitalen Kluft sozial benachteiligte oder ältere Menschen im Vergleich zu gut gebildeten und ökonomisch abgesicherten Schichten allein aus informationstechnologischen Gründen einen Partizipationsvorsprung haben. Andererseits sind gerade behinderte Menschen internetaffin, da sie das Internet im Vergleich zu Nichtbehinderten überdurchschnittlich nutzen, um so behindertenbedingte Nachteile kompensieren zu können (vgl. Cornelssen/Schmidt 2008: 1).

Geht es um die Intensität, so nutzen Menschen mit mobilen Endgeräten (z. B. Smartphone; Tablet) mit 6,3 Internettagen (im Vergleich zu 5,1 Tagen) das Internet am höchsten (vgl. Frees/Koch 2015: 369). Neben der zunehmenden Verbreitung von gesundheitsbezogenen Internetseiten (wie z. B. *www.e-coaches.de*) haben Gesundheits-Apps eine zunehmende Bedeutung. Derzeit existieren weltweit mehr als 97.000 Gesundheits-Apps. Laut „Mobile health market report 2013–2017" steigt diese Zahl allein monatlich um weitere 1.000 neuer Apps an, so dass der Markt pro Jahr um rund 25 % wächst (vgl. Research2Guidance 2016: 11; Research2Guidance 2013 zit. n. Househ et al. 2014: 97). Dabei ist die gesundheitsspezifische Zweckbestimmung sehr heterogen, wie die Datenbank „MyHealthApps.net" mit 370 Apps und 150 gesundheitsspezifischen Zweckbestimmungen (von z. B. Stress, Ernährung, Bewegung, Sucht bis hin zu Toilettenfinder für Behinderte) (*www.myhealthapps.net*; Stand: 05.09.2015) bestätigt. Gesundheitsaffine Internetseiten und Apps stellen keine isolierten Maßnahmen dar, sondern werden nicht selten miteinander verknüpft. Anzumerken ist, dass auch Onlinemedien mitunter gesundheitliche Risikofaktoren darstellen können. Zu nennen sind neuzeitliche Präventionsthemen, wie Cybermobbing oder Internetsucht (z. B. Onlinekommunikationssucht, Onlinespielsucht, Onlinekaufsucht, siehe Farke 2011). Nicht ohne Grund wurden daher bereits unterschiedliche Gesundheits-Apps gegen Handysucht entwickelt (z. B. Moment – Screen Time Tracke, BreakFree). Dabei beschränken sich gesundheitsbezogene Applikationen längst nicht mehr auf das Smartphone und Tablets, sondern schließen andere neuere Technologien wie beispielsweise Sprachassistenten (Amazon Alexa Skills etc.) mit ein.

1.2.6 Gamification und Serious Games als spielerischer Zugang zu Präventionsthemen

Unter Gamification (zu deutsch: Spielifizierung) wird übergreifend die Nutzung von spielerischen Designelementen in Nicht-Spielkontexten verstanden (vgl. Deterding et al. 2011: 9). Zu nennen sind beispielsweise Belohnungssysteme in

Form von Auszeichnungen oder Ranking-Listen, wie sie bei Gesundheits-Apps bzw. Tracking-Apps durch die Koppelung mit Social Media (z. B. Facebook) integriert werden. Dabei ist zu beachten, dass Rankings in sozialen Medien oder Challenges eher bereits gesundheitsaffine Menschen motivieren. Menschen mit derzeit schlechtem Gesundheitsverhalten und einem schlechten Gesundheitszustand und ohne Anspruch auf Höchstleistungen werden wenig ermutigt, ihr Gesundheitsverhalten zu verändern (vgl. Scherenberg 2015: 146). Auch die Verknüpfung mit klassischen Präventionsinterventionen, wie die präventiven Bonusprogramme mit Tracking-Apps der gesetzlichen Krankenkassen, können als eine Form des Gamification verstanden werden. Gamification-Elemente bei Präventionsinterventionen werden daher vor allem aus Motivations- und Marketinggründen eingesetzt. Vom Gamification zu unterscheiden sind Serious Games, bei denen Lerninhalte in einen spielerischen Kontext gestellt werden. Damit gehen Serious Games über den Spielzweck mithilfe von Entertainment-Elementen hinaus. Im Kontext der Prävention und Gesundheitsförderung werden gesundheitsspezifische Aufklärungsinhalte, wie beispielsweise Informationen über Gesundheitsrisiken, spielerisch vermittelt.

Zusammenfassend wird die unterhaltsame Vermittlung von Botschaften unter den Begriffen Edutainment (*Edu*cation und Enter*tainment*) und Infotainment (*Info*rmation und Enter*tainment*) zusammengefasst. Interventionen, die auf spielerische Weise gesundheitliche Inhalte vermitteln, werden wiederum unter der Wortschöpfung **health edutainment** oder **healthtainment** subsummiert. Kritisch wird bei der Integration von Edutainment und Infotainment angemerkt, das eher die Illusion einer Informiertheit und keine wirkliche Informiertheit stattfindet. Denn überdosierte Unterhaltungseffekte können von den inhaltlichen Aspekten ablenken und behindern so die ursprüngliche Intention (vgl. Sacher 2000: 95). Wohl dosiert und sinnvoll eingesetzt können Health-edutainment-Elemente mithilfe von Podcasts, Filmen, praktischen Checklisten, Fragebögen oder Selbsttests (z. B. Selbsttests zu Computerspiel- und Internetsucht, Herzinfarkt-Risikobewertung, Body-Mass-Index- oder Nicht-Raucher-Rechner) einen Beitrag zur Aufklärung und Sensibilisierung des eigenen Verhaltens beitragen. Besonders wirksam sind Health-edutainment-Elemente dann, wenn sie nicht nur auf gesundheitliche Risiken, sondern auf positive Gesundheitsgewinne aufmerksam machen. Beispielsweise zeigen Gewinnrechner bei Nichtraucherinterventionen die gesundheitlichen und ökonomischen „Gewinne" seit der letzten Zigarette aus, um die einmal getroffene Entscheidung zu bestärken. Entsprechend sollten sich informative und methodische Elemente nicht auf die Darstellung bestehender Defizite beschränken, sondern die Vermittlung positiver Botschaften sowie der Integrationen von Handlungsempfehlungen zur Verhaltensumstellung und Rückfallprophylaxe beinhalten. Aus der wissenschaftlichen Forschung ist bekannt, dass Frauen im Vergleich zu Männern einen besonderen Wert auf fördernde und instrumentelle Unterstützung legen und diese aktiv suchen, dabei ist ihnen die Hilfe zur Selbsthilfe besonders wichtig (vgl. Blättner 1998: 144).

✳ Zusammenfassung

Prävention und Gesundheitsförderung versuchen sowohl die soziale, psychische als auch die physische Gesundheit positiv zu beeinflussen. Dabei wird ein besonderes Augenmerk auf die Reduzierung chronischer Krankheiten gelegt. Auf gesundheitspolitischer Ebene wurden vielfache Maßnahmen ergriffen, um Prävention als gesamtgesellschaftliche Aufgabe zu fördern. Zu nennen ist insbesondere die Einführung des Präventionsgesetzes. Neben einer Vielzahl an staatlichen und halbstaatlichen Akteuren sind zunehmend nichtstaatliche Akteure aktiv. Die Triebfeder des präventiven Handelns ist je nach Interessenslage der Akteure sehr vielfältig und neben der Steigerung des gesundheitlichen Wohlergebens oft ökonomischer Natur (z. B. Kosteneinsparungen, Potenzialausschöpfungen, Umsatzsteigerung). Interventionen im Bereich der Prävention und Gesundheitsförderung für unterschiedliche Zielgruppen werden dabei nicht nur über spezifische Settings (z. B. Schule, Betriebe), sondern zunehmend über Onlinemedien (z. B. Webseiten, Gesundheits-Apps) initiiert. Dabei werden bereits im Bereich des E-Learnings eingesetzte Elemente (z. B. Gamification, Serious Games) dazu genutzt, um die Motivation in Richtung einer gesundheitsförderlichen Verhaltensweise zu steigern.

✳ Wichtige Schlagwörter

Salutogenese, Lifestyle-Faktoren, chronische Erkrankungen, Präventionsdilemma, Gesetze, Akteure, Präventionsformen, Onlinemedien, Gesundheits-Apps

✳ Wiederholungsfragen

[1] Was wird unter dem Begriff Salutogenese verstanden?
[2] Warum sind Gesundheitssurveys für die Initiierung von Präventionsmarketingmaßnahmen von Bedeutung?
[3] Welche wirtschaftlichen Argumente können für Präventionsmaßnahmen im Bereich der Betrieblichen Gesundheitsförderungen angebracht werden?

[4] Welche Gesetze sind bei der Primärprävention zu beachten?

[5] Was unterscheidet Gamification von Serious Games?

✱   Literaturempfehlungen

Oberender P, Zertth J, Engelmann A (2017). Wachstumsmarkt Gesundheit. 4. Auflage, Konstanz: UVK Verlagsgesellschaft.

2 Spezifische Herausforderungen des Präventionsmarketings

In diesem Kapitel erfahren Sie,

- welche spezifischen Herausforderungen bei der Erreichung von Risiko-zielgruppen zu beachten sind.
- auf welche veränderte Logik moderne Präventionsinterventionen bauen (sollten).
- wie motivationale Ziele beschaffen sein müssen, um handlungsrelevant zu werden.

2.1 Präventionsdilemma

Die größte Herausforderung von Präventionsmaßnahmen stellt die Überwindung des Präventionsdilemmata (auch bekannt als Präventions-Paradox) dar. Denn die Bevölkerungsgruppen mit dem größten Krankheitsrisiko sind immer noch schwer mit Präventionsmaßnahmen zu erreichen (vgl. Hurrelmann 2003: 118; Bauer 2005: 73ff.). Die Erklärung für dieses Dilemma und der damit verbundenen gesundheitlichen Ungleichheit wird laut sozioökonomischen Analysen in der sozioökonomischen Lage gesehen (vgl. Mielck 2000: 361). Dabei beeinflusst neben der Höhe des durchschnittlichen Pro-Kopf-Einkommens insbesondere die **subjektiv-erlebte Armut** die Lebenserwartung und die gesundheitliche Lage des Einzelnen. Denn bei einem Anstieg der Arm-Reich-Kluft zwischen den sozialen Schichten erhöht sich der Frustrationslevel unterer sozialer Schichten (vgl. Wilkinson 1996: 88f.; De Vogli et al. 2005: 160ff.; Helmert et al. 2000: 20).

In Bezug auf die auslösenden Faktoren sozial bedingter gesundheitlicher Ungleichheiten existieren zwei gegenläufige Ansätze, ob

- der sozioökonomische Status die Gesundheit (**Verursachungs- oder Kausalhypothese**) oder eher
- der Gesundheitszustand zu einem sozialökonomischen Ab- bzw. Aufstieg (**Drift- oder Selektionshypothese**) führt (vgl. Rugulies et al. 2007: 48).

Heinzel-Gutenbrunner kam in einem sozioökonomischen Panel (SOEP) zu dem Ergebnis, dass bei Erwachsenen eher eine soziale Selektion vorliegt. Folglich erhöht eine chronisch schlechte Gesundheit das Armutsrisiko. Bei Kindern liegt vorwiegend ein Kausaleffekt vor, denn wer in Armut aufwächst, hat als Erwachsener auch eher einen schlechteren Gesundheitszustand (vgl. Heinzel-Gutenbrunner 2000: 42ff.). Allergien stellen eine Ausnahme dar, da gerade Kinder aus Familien aus sozial niedrigen Schichten eine signifikant niedrigere Allergieprävalenz aufweisen (vgl. Schlaud et al. 2007: 705ff.).

Doch gesundheitliche Ungleichheiten (**health inequity**) werden nicht allein durch sozioökonomische Faktoren (wie bspw. Bildung, berufliche Status, Einkommen; **vertikale soziale Ungleichheit**), sondern auch durch **horizontale soziale Ungleichheiten** (bspw. Alter, Geschlecht, Ethnizität, Familienstand) ausgelöst (vgl. Hradil 1987: 116ff.). Soziale horizontale und vertikale Ungleichheiten beeinflussen einander, da ungünstige sozialstrukturelle Faktoren hervorgerufen durch einen Mangel an Einkommen, Bildung, Partizipationschancen, Anerkennung und sozialer Ressourcen (**strukturierte soziale Ungleichheit**) (vgl. Krekel 2004: 19f.) auch negative Effekte auf sozialer und gesundheitlicher Ebene hervorrufen können (vgl. Mielck 2002: 54).

✳ Exkurs | **Auch Reichtum macht krank!**

Die Diabetesrate liegt weltweit bei 8,8 % (2015) und wird laut einer Hochrechnung auf 10,4 % im Jahr 2040 steigen (vgl. IDF 2015: 50). Während hierzulande chronische Krankheiten, z. B. Lungenkrankheiten (Asthma bronchiale und COPD), Herz-Kreislauf-Erkrankungen (koronare Herzkrankheit, Bluthochdruck oder Arteriosklerose) sowie Stoffwechselerkrankungen wie Diabetes mellitus, tendenziell eher bei niedrigem sozioökonomische Status vorkommen, zeigt sich bei Bewohnern von pazifischen Inseln ein anderes Bild. Die höchste Diabetesrate weltweit führen Tokelau (30,0 %) und Nauru (24,1 %) gefolgt von Mauritius (22,3 %) an (vgl. IDF 2015: 126, 128). Typisch für diese Länder ist, dass die Verwestlichung der Ernährungsweisen zu einem drastischen Anstieg der Diabetesrate geführt hat. Das Beispiel der Insel Nauru zeigt dies: Durch den Abbau von Phosphatvorkommen stieg der Wohlstand dort rasch an und verdrängte die traditionelle Lebens- und Ernährungsweise. Da Fettleibigkeit auf dieser Insel zudem als ein Symbol für Reichtum und einen höheren sozialen Status gilt, nahm das Gewicht und die Diabetisrate deutlich zu (siehe auch Dowse et al. 1995).

Der Exkurs macht deutlich, dass die Wertvorstellungen und Überzeugungen einer kulturellen Gesellschaft mit dafür verantwortlich sind, welche ungesunden oder gesunden Verhaltensweisen Menschen der jeweiligen Gemeinschaft aufweisen. Die Beurteilung gesundheitlichen Verhaltens ist immer auch modischen, sich schnell wandelnden Trends unterworfen. Wie das Beispiel Rauchen hierzulande zeigt, kann sich eine Wertvorstellung gegenüber Verhaltensweisen im Laufe der Zeit stark ändern. Galt das Zigaretten Rauchen in den 1950er-Jahren noch als modern, kann Rauchen heute als weitgehend gesellschaftlich verpönt angesehen werden. Anzumerken ist, dass Menschen, die sich nicht gesellschaftskonform verhalten, unter hohen Druck geraten und mitunter ausgegrenzt werden, wenn sie die durch die Werbung propagierten Trends nicht befolgen (vgl. Scherenberg/Glaeske 2010: 53). Denn gesundheitsbewusste Verhaltensweisen hängen stark von den sozialen Verhältnissen ab, in denen Menschen aufgewachsen sind und leben. Damit steigt die Gefahr einer Schuldzuweisung (*victim blaming*) insbesondere sozial benachteiligter Gruppen. Dies zeigt, dass Präventionsinterventionen und damit präventionsbezogene Marketingmaßnahmen auch immer eine ethische Dimension beinhaltet. Grundsätzlich sollte bei der Planung daher genauestens eruiert werden, wie die alters-, geschlechts-, migrations- und schichtspezifische Ausgangslage ist, um marketingstrategische Maßnahmen für Präventionsinterventionen einleiten zu können, die (Risiko-)Zielgruppen erreichen, die bisher besonders vom Präventionsdilemma betroffen sind. Über das Inanspruchnahmeverhalten in den Bereichen der Früherkennung, der zahnmedizinischen Vorsorge, der Primärprävention oder dem Impfverhalten gibt beispielsweise die Gesundheitsberichterstattung des Bundes (*www.gbe-bund.de*, siehe Gesundheitsvorsorge) einen guten Einblick.

2.2 Legitimationsdruck und Wettbewerbsdruck der Akteure

Die **Ökonomisierung des Gesundheitswesens** stellt ein dauerhaftes konflikträchtiges Thema mit unbestimmtem Ausgang dar. Nach Aussagen der OECD ist es bisher nach der Einführung des Wettbewerbs im Gesundheitswesen keinem Land gelungen, dass dadurch entstandene Trade-off zwischen sozialer Gerechtigkeit und wirtschaftlicher Effizienz zu lösen (vgl. OECD 2008: 168). Eine Gemeinnützigkeitsorientierung muss aus der Sicht der Akteure im Gesundheitswesen nicht grundsätzlich im Widerspruch zur Eigennutzmaximierung stehen. Im Gegensatz zu kurzfristigen Konkurrenzvorteilen stellt die Gemeinnutzorientierung die Voraussetzung für die langfristige Überlebensfähigkeit dart. Denn der moralische Legitimationsdruck der Akteure im Gesundheitswesen ist auf eine gestiegene Konsumentensensibilität und die damit verbundenen Diskrepanzerfahrungen der Öffentlichkeit zurückzuführen und kann damit als neue Wettbewerbsdimension angesehen werden. Ein solcher Legitimationsdruck hat in anderen Branchen (z. B. Umwelt- und Bankenwesen) längst Einzug gehalten und kann als Treiber des Corporate-Social-Responsibility-Trends angesehen werden. Denn verkaufsfördernde Empfehlungsdienste oder Verkäuferbewertungen beschränken sich längst nicht mehr auf den Konsumgütermarkt (z. B. Amazon, eBay). **User-generierte Erfahrungsberichte** über die Akteure des Gesundheitswesens sowie deren gesundheits- und präventionsbezogene Dienstleistungen sind in Bewertungsplattformen und Bewertungsforen (z. B. Ciao, Dooyoo, Jameda) zunehmend zu finden. Dabei fallen die subjektiven Meinungsäußerungen und Werturteile unter den § 5 des deutschen Grundgesetzes der Meinungsfreiheit. Diese können als Anregungen für die Eigenentwicklung und Fortentwicklung von eigenen Präventions- und Marketingmaßnahmen dienen und können aufgrund der hohen Verbreitung die Vertrauens- und Glaubwürdigkeit von Produkten und Dienstleistungen, Institutionen bis hin zu ganzen Branchen beeinflussen. Aufgrund der möglichen negativen Auswirkungen auf die Wahrnehmung von (potenziellen) Teilnehmern, Mitarbeitern oder auch (potenziellen) Kooperationspartnern, sollten user-generierte Erfahrungsberichte keineswegs unterschätzt werden. Daher sollten kurzfristige ökonomische Vorteile von Marketingmaßnahmen, wie es beispielsweise bei einem Einsatz von extrinsischen Anreizen (wie Boni, Rabatte, Incentives etc.) der Fall ist, immer im Hinblick auf die langfristigen ökonomischen Folgen überprüft werden. Denn Menschen gewöhnen sich leicht an ein bestimmtes Reizniveau. Die mögliche Folge ist, dass bei der Fokuslegung auf externe Anreize eine Suche nach neuen und immer stärkeren Reizen (das sogenannte **variety seeking**) erfolgt, zur Stimulierung immer aufmerksamkeitsstärkere Anreize bei Präventions- und Marketingmaßnahmen notwendig sind und mitunter ein Wechselverhalten ausgelöst wird (vgl. McAllister/Pessemir 1982: 313).

2.3 Paradigmenwechsel der Prävention

Auch heute ist Prävention immer noch stark geprägt von einer Defizit- und Problemorientierung. Die weitverbreitete Präventionslogik der Krankheitsvermutung führt automatisch zu einer Inkompetenzvermutung, bei der die Kompetenzvermutung in den Hintergrund rückt (vgl. Lindner/Freund 2001: 76). Ein solch eher misstrauens- und verdachtsgeleiteter Blick hat zur Folge, dass menschliche Stärken in den Hintergrund rücken. Denn ohne Zweifel sind Menschen gewillt, ihren mitunter gesundheitsschädigenden Lebensstil zu verändern. Der alleinige Fokus auf Probleme und Defizite reduziert allerdings die Chance, dass Menschen – durch eine gezielte Lösungs-, Ressourcen- und Kompetenzorientierung präventiver Maßnahmen – ermutigt werden, ihren Lebensstil zu ändern. Eine lösungs- und ressourcenorientierte Perspektive setzt den Hinweis auf Lernstrategien voraus.

Eine Abkehr einer Problem- und Defizitorientierung ist wichtig, da in Abhängigkeit davon, ob Lernvorgänge aus Lust oder unter Angst getägtig werden, in unserem Gehirn unterschiedliche Areale angesprochen werden. Denn werden Vorgänge unter Angst erlernt, erfolgt ein erneuter Abruf der im Mandelkern abgespeicherten Lerninhalte auch nur in Verbindung mit dem jeweiligen Angstkontext. Wird hingegen aus Freude gelernt, erfolgt die Abspeicherung des Gelernten an einer Stelle im Gehirn, bei der die Inhalte mit kreativen, entwicklungs- und wachstumsorientierten Aspekten gekoppelt sind (vgl. Spitzer 2004: 9). Denn *„was den Menschen umtreibt, sind nicht Fakten und Daten, sondern Gefühle, Geschichten und vor allem andere Menschen"* (Spitzer 2002: 160). Eine positive gefühlsmäßige Beteiligung verbessert den Lernprozess und sorgt dafür, dass die Wahrnehmung auf die Lösungs- und Ressourcenorientierung gelenkt wird. Entsprechend gehen höhere Bewältigungskompetenzen mit erlebten Belastungen und dessen Konsequenz einher. Die subjektive Bewertung von Belastungen (**cognitive appraisal**) und die anschließende Belastungsbewertung (**coping**), die sich negativ auf die Gesundheit auswirken kann, werden von personalen (z. B. Werten, Kontrollüberzeugungen, Motivationsmustern oder Zielen) und situationalen Faktoren (z. B. Kontrollierbarkeit des Stressors, Vorhersagbarkeit und Unsicherheit einer Situation, Dauer oder Art des Stressors) beeinflusst (vgl. Krohne 1997: 269 ff.). Die Bedürfnisdimensionen sind daher nicht bipolar, sondern stellen zwei voneinander unabhängige Motivationssysteme (Lustgewinn und Unlustvermeidung) dar (vgl. Bamberger 2005: 286). Motivationale Ziele lassen sich dabei in **Annäherungsziele** (sogenannte „Hin-zu"-Ziele; die mit positiven Emotionen einhergehen) und **Vermeidungsziele** („Weg-von"-Ziele; die mit negativen Emotionen verbunden sind) unterteilt (vgl. Grosse-Holtforth/Grawe 2000: 170f.). In der → Tab. 6 finden Sie ein konkretes Beispiel dafür, wie ein Annährungs- und Vermeidungsziel bei Rauchern aussehen kann und welche unterschiedlichen Dimensionen sich hinter den beiden motivationalen Zielen verbergen bzw. wahrgenommen werden können. Die Dimensionen wurden zur therapierelevanten Ermittlung von Annährungs- und Vermeidungszielen zur Selbst- und Fremdeinschätzung von Grosse-Holtforth und Grawe mithilfe des „Fragebogens zur Analyse Motivationaler Schemata (FA-MOS)" entwickelt.

Tab. 6: Annäherungs- und Vermeidungsziele
Quelle: Grawe 200: 170ff.

Annäherungsziele	Vermeidungsziele
Beispiel:	Beispiel:
„Ich werde frei von der Sucht sein und mehr Geld haben!"	„Ich werde nicht mehr rauchen und mich ausgegrenzt fühlen!"
Dimensionen:	Dimensionen:
Intimität/Bindung, Affiliation/Geselligkeit, Altruismus, Hilfe, Anerkennung/Bestätigung, Status, Autonomie, Leistung, Kontrolle, Bildung/Verstehen, Glauben/Sinn, Abwechslung, Selbstvertrauen und Selbstbelohnung.	Alleinsein/Trennung, Geringschätzung, Erniedrigung/Blamage, Vorwürfe/Kritik, Abhängigkeit/Autonomieverletzung, Verletzung/Spannung, Schwäche/Kontrollverlust, Hilflosigkeit und Versagen.

Formulieren Menschen negativ-assoziierte Vermeidungsziele, kann dies eine erhöhte Angst, eine reduzierte Lebenszufriedenheit und eine schwächere Gesundheit zur Folge haben (vgl. Gollwitzer/Moskowitz 1996: 367). Darüber hinaus neigen Menschen mit Vermeidungszielen dazu, sich weniger kompetent zu fühlen, ihre Handlungsziele umzusetzen. Ein geschmälertes Kompetenz- und Kontrollerleben hat zudem Auswirkungen auf das subjektive Wohlbefinden (vgl. Elliot/Sheldon 1997: 178f.). Damit Ziele den sogenannten Rubikon passieren können und damit aus ihnen eine Absicht wird, sind starke *positive* Emotionen und nicht die Verminderung positiver Gefühle notwendig (vgl. Storch 2006: 173). Denn oft ist das Ergebnis von Vermeidungszielen ein dauerhaftes *schlechtes Gewissen*, da Ziele nicht umgesetzt werden. Elliot und Sheldon warnen: „*[...] the adoption of avoidance goals must be considered a psychological vulnerability in that it places one at risk for a host of negative experience and outcomes*" (Elliot/Sheldon 1997: 182). Den Grund für die negativen Begleiterscheinungen von Vermeidungszielen sehen Neurowissenschaftler darin, dass Vorstellungsbilder die Basis für geistige Funktionen bilden (vgl. Damasio 1994: 130). Denn alles was vermieden werden soll, muss zuvor mental repräsentiert werden, damit das neuronale Netz den unerwünschten Zustand aktivieren kann. Doch gerade negative Vorstellungsbilder steigern die Wahrscheinlichkeit, dass Nicht-Gewolltes eher handlungsrelevant wird. Annäherungsziele verfolgen wiederum – durch die im Gehirn positiv erzeugten Vorstellungsbilder – den direkten Weg des Zustandes, der angestrebt wird. Das neuronale Netz wird aktiviert und infolgedessen die Wahrscheinlichkeit des erwünschten Verhaltens erhöht. Ein Beispiel für die Darstellung für Annährungsziele im Bereich der Prävention stellt die Werbekampagne „Eatkarus" für gesunde Ernährung von Edeka (🖰 *www.youtube.de* – Eatkarus) dar, die ethische Grenzen überzog (siehe Merkur 2017). Die Kampagne „Sweet Kills" der Diabetes Association of Thailand stellt ein Beispiel für die Darstellung von Vermeidungszielen dar (✍ *www.ufunk.net/design/sweet-kills*). Handlungswirksame Ziele stellen immer auch die Bewältigung individueller Probleme dar. Allerdings stößt die Zukunft der Prävention immer dann auf unlösbare Probleme, wo die Instabilität der Lebensentwürfe und Lebenslagen überhand gewinnt (vgl. Lindner/Freund 2001: 80). Die beschriebenen motivationspsychologischen Hintergründe spielen bei der Gestaltung von Marketingmaßnahmen für Präventionsinterventionen für die Teilnehmergewinnung und -bindung eine entscheidende Rolle, wie das → Kapitel 3.4 noch deutlicher zeigen wird.

✳ Zusammenfassung

Präventionsinterventionen sollten insbesondere die Bedürfnisse von Risikozielgruppen berücksichtigen. Oftmals werden Präventionsinterventionen von sogenannten **healthy user** nachgefragt, die ohnehin ein positives Gesundheitsverhalten aufweisen. Die Berücksichtigung des Präventionsdilemmata, bei der insbesondere Risikogruppen anvisiert werden, ist von Bedeutung, da insbesondere Institutionen mit einer präventiven und damit sozialen Zweckbestimmung in der Öffentlichkeit ihren Unternehmenszweck legitimieren müssen. Der Fokus des Marketings auf den alleinigen „Absatz" von Präventionsinterventionen kann Imageschäden verursachen und die öffentliche Glaubwürdigkeit negativ beeinflussen. Inhaltlich sollte die Gestaltung die Trendwende im Bereich der Prävention und damit die Abkehr einer Problemorientierung berücksichtigen. Wurden inhaltliche Botschaften zur Erreichung von insbesondere Risikogruppen in der Vergangenheit oft defizit- und problemorientiert mithilfe von Angstappellen vorgenommen, zeigen neuere gesundheitspsychologische Erkenntnisse, dass ressourcen- und lösungsorientierte Ansätze bei Zielgruppen durch eine höhere Motivation bessere Wirkungseffekte erzielen. Auch die Erkenntnisse des Neuromarketings sollten Berücksichtigung finden, um u.a. alters- und geschlechtsspezifische Motivlagen und Bedürfnisse die Zielgruppen adäquat zu berücksichtigen.

✳ Wichtige Schlagwörter

Präventionsdilemma, Legitimationsdruck, Paradigmenwechsel, Lösungsorientierung, Problemorientierung, victim blaming, Vermeidungsziele, Annährungsziele

✳ Wiederholungsfragen

[1] Was wird unter dem Begriff *victim blaming* verstanden?

[2] Wie hat sich die Präventionslogik verändert?

[3] Welche unterschiedlichen Präventionsklassifikationen existieren?

[4] Welche methodischen Instrumentarien kommen in der Prävention zum Einsatz?

[5] In welche Kategorien können motivationale Ziele unterteilt werden?

✳ Literatur

Hurrelmann K, Klotz T, Haisch J (Hrsg.) (2014). Lehrbuch Prävention und Gesundheitsförderung. Bern: Hans Huber Verlag.

Scherenberg V (2011). Nachhaltigkeit in der Gesundheitsvorsorge: Wie Krankenkassen Marketing und Prävention erfolgreich verbinden, Springer Verlag, Heidelberg.

3 Gesundheits- und Präventionsmarketing

✳ Lernziele

In diesem Kapitel erfahren Sie,

■ wie sich Gesundheitsmarketing entwickelt hat und was sich hinter
dieser neuen Disziplin verbirgt.

■ welche Besonderheiten beim Gesundheits- und Präventionsmarketing
zu beachten sind.

■ welche gesundheits- und neuropsychologischen sowie rechtlichen Aspekte bei der Entwicklung von Maßnahmen im Bereich des Präventionsmarketings beachtet werden sollten.

3.1 Entwicklungslinien und Grenzen des Gesundheitsmarketings

Gesundheitsmarketing kann als eine Teildisziplin des Sozialmarketings (oder
soziales Marketing) angesehen werden. Dabei wird die Geburtsstunde des Sozialmarketings vor mehr als 55 Jahren oft mit der rhetorischen Frage: *„Why can't
you sell brotherhood like you sell soap?"* verbunden (vgl. Wiebe 1952 zit. n.
Dichtl/Helm 2002). Denn Sozialmarketing als Teil des übergreifenden Non-
Profit-Marketings (oder auch NPO-Marketings) beschäftigt sich mit

> *„as a design, implementation, an control of programs calculated to influence the acceptabil-
> ity of social ideas an involving considerations of product planing, price, communication, dis-
> tribution, and marketing research" (Kotler/Zaltman 1971: 12).*

Diese Definition orientiert sich stark an klassischen Marketingdefinitionen,
daher definierten Wiedmann und Raffée Sozialmarketing allgemeiner als *„Marketing für aktuelle soziale Ziele und Ideen"* (Wiedmann/Raffée 1995: 4), da Sozialmar-

keting *„einen Beitrag zur Verwirklichung des Gegenmachtprinzips"* leisten soll und *„damit ein wirksames Korrekturinstrument zum kommerziellen (Sozio-)Marketing zur Verfügung"* stellt (Raffée et al. 1983: 749f.). Damit zielt das Sozialmarketing, im Vergleich zum kommerziellen Marketing und den Beeinflussungsversuchen zugunsten von Unternehmenszielen, auf die Verwirklichung ideeller Ziele und Motive und soziales und gesellschaftliches Engagement zugunsten der Allgemeinheit in den Mittelpunkt des Marketinggeschehens ab. Im Vergleich zum kommerziellen Marketing wird daher stärker auf Überzeugung als auf die Überredung gesetzt, um Denk- und Verhaltensweisen zu beeinflussen und Stärken und Schwächen darzustellen. Zwar werden auch im Sozialmarketing Techniken des kommerziellen Marketings eingesetzt, allerdings nur, um ein öffentliches Anliegen zu realisieren und eine Einstellungs- und Verhaltensänderungen zu erzielen. Marketing zur Verbreitung gesellschaftlicher Ideen im Interesse der Allgemeinheit können sich folglich nicht nur auf den „Absatz" z. B. präventiver und gesundheitsförderlicher Interventionen beziehen, sondern auch auf die langfristige gesundheitliche Verhaltensmotivierung und Verhaltensänderung von Rezipienten. Oft genutzte Formen des Sozialmarketings stellen das Reduktionsmarketing, das Kontramarketing sowie das Stimulierungsmarketing dar. Beim **Reduktionsmarketing** (oder De-Marketing) geht es darum, Marketingaktivitäten zu initiieren, die darauf abzielen, eine übersteigerte Nachfrage nach einem Produkt (z. B. Zigarettenkonsum) zu reduzieren. Das **Kontramarketing** (oder Countermarketing) geht noch einen Schritt weiter, indem eine als schädigend empfundene Nachfrage vollkommen aufgelöst werden soll (z. B. Drogenkonsum). Beim **Stimulierungsmarketing** (oder Anreizmarketing) hingegen wird versucht, für eine fehlende Nachfrage (z. B. gesunde Nahrungsmittel) Anreize zu schaffen (vgl. Schauer 2015: 165).

Um die Bandbreite möglicher Themen beispielhaft zu verdeutlichen, werden im Folgenden die unterschiedlichen Themen von Kampagnen im Bereich des Sozialmarketings dargestellt (vgl. Kotler et al. 2015: 793)

- **Kognitive Kampagnen:** Kognitive Kampagnen setzen auf der Ebene der Wissensvermittlung, sprich der gesundheitlichen Aufklärung an und haben zum Ziel, das Bewusstsein gegenüber spezifischen Präventionsthemen (z. B. Zuckeranteil bei bestimmten Nahrungsmitteln) zu schärfen.

- **Handlungsorientierte Kampagnen:** Handlungsorientierte Kampagnen (oder Handlungskampagnen) versuchen, bei der anvisierten Zielgruppe kurzfristig eine konkrete gesundheitsförderliche Handlung auszulösen (z. B. Teilnahme an Impfkampagnen).

- **Verhaltenskampagnen**: Verhaltenskampagnen (oder Verhaltensänderungskampagnen) zielen darauf ab, eine langfristige Verhaltensänderung bei den

Empfängern auszulösen (z. B. Reduzierung des Zigaretten- oder Alkohol-
konsums).

- **Wertekampagnen**: Wertekampagnen (bzw. Kampagnen zur Veränderung
  des Wertesystems) haben zum Ziel, Vorstellungen, Einstellungen und Vorurteile zu bestimmten Themen positiv zu beeinflussen und zu verändern (Beispiel: Homosexuelle, Ausländer etc.).

Der Einsatz von Marketingmethoden zur Verwirklichung übergeordneter Ziele
findet verstärkt in einem verschärften Wettbewerb und mit knappen finanziellen
Mitteln statt. Oft sind der gesundheitlichen Beeinflussung von Menschen (z. B. im
GKV-Markt) definierte Grenzen (siehe § 20a SGB V) gesetzt. Da im GKV-
Bereich eine steigende Anonymität durch die markterosionsbedingte Vergröße-
rung der Kassen beobachtet werden kann, erschwert diese Marktveränderung die
Versichertenbeeinflussung. Denn die entstandene Pluralität und Fragmentierung
hat zur Folge, dass spezifische Zielgruppen eindeutiger angesprochen werden
müssen (vgl. Gromberg 2006: 23). Dies trifft nicht nur für die GKVn zu, sondern
angesichts der steigenden Angebote auf dem Präventionsmarkt auf alle Anbieter.
Damit stellt Sozialmarketing zugleich ein Beziehungsmarketing dar (vgl. Luthe
1997: 236f.). Allerdings können die Wirkungen des Sozialmarketings geschwächt
werden, wenn es aufgrund personalisierter Werbeaktivitäten auf der Nachfragesei-
te aufgrund der Reizüberflutung verstärkt zu Ablehnungen kommt, die unterschiedliche negative Effekte auslösen können (vgl. Stauss 2002: 26ff.):

- **Belästigungseffekt:** Eine verstärkte Kommunikation und Motivationsauf-
  forderung im Sinne der Erreichung gesundheitlicher Ziele kann trotz sozialer
  Intention unerwünscht sein und mitunter als Belästigung und Bevormundung
  empfunden werden. Dies kann dazu führen, dass die Bemühungen fruchtlos
  sind, im äußersten Fall kontraproduktive Effekte hervorrufen und so Kosten
  ohne Nutzen verursachen.

- **Indiskretionseffekt:** Um die Menschen persönlich ansprechen und motivieren zu können, werden persönliche Daten benötigt. Die Verwendung persönlicher Daten zur individuellen Behandlung kann mitunter als indiskret empfunden werden und Ablehnung auslösen.

- **Fesselungseffekt:** Eine Überbewertung von Marketingkomponenten mit
  Bindungscharakter im Rahmen des Sozialmarketings kann als Fesselung
  wahrgenommen werden. Diese empfundene Fesselung kann in eine kategori-
  sche Ablehnung münden.

- **Ökonomisierungseffekt:** Für Rezipienten, die eine starke emotionale Beziehung zur jeweiligen Institution aufweisen, haben Bindungs- und Fesse-
  lungsmaßnahmen negative Folgen. Denn die Neubewertung der Kundenbeziehung führt dazu, dass monetäre Anreize und damit der ökonomische Cha-

rakter der Beziehung verstärkt ins Bewusstsein rücken. Das Vertrauen wird zuweilen eher reduziert als gefördert.

▨ **Diskiminierungseffekt:** Beinhalten Maßnahmen für das Sozialmarketing Kundendifferenzierungen, bergen diese die Gefahr, dass sich Kunden mit einem „geringeren Kundenwert" bei einer wahrgenommenen Selektierung mitunter benachteiligt fühlen. Diese Form der Diskriminierung kann die Beziehung zwischen der Zielgruppe und der jeweiligen Institution negativ beeinflussen.

▨ **Entwertungseffekt:** Am Kundenwert ausgerichtete Maßnahmen können dazu führen, dass ein Gefühl der Entwertung entsteht, da der Verlust des vorherig wahrgenommenen Kundenstatus wahrgenommen wird.

▨ **Entpersonalisierungseffekt:** Mit zunehmender Größe eines Teilnehmer- bzw. Kundenbestands und damit einer kostenbedingten Standardisierung von persönlichen Ansprachen mithilfe von Textbausteinen wächst die Gefahr, dass die Zielgruppe eine zuvor wahrgenommene persönliche Beziehung als Pseudobeziehung wahrnimmt und die Bindung zur jeweiligen Institution verloren geht.

Die unterschiedlichen Effekte verdeutlichen, dass Störungen der Wirkprozesse die soziale Intention mitunter schmälern können. Das motivationale Spannungsfeld in Form einer Reaktanz wird maßgeblich vom Umfang und der Stärke des wahrgenommenen Drucks sowie der Bedeutung der eingeschränkten Meinungs- und Verhaltensfreiheit bestimmt (vgl. Dickenberger et al. 1993: 245). Der Begriff Reaktanz kommt ursprünglich aus der Elektrotechnik und beschreibt eine bestimmte Form des Widerstandes. Das daraus angelehnte Konzept der Widerstandsreaktion im Bereich des Kundenverhaltens, die in Frustration münden kann, wurde als **Theorie der psychologischen Reaktanz** erstmals von Brehm (1966) vorgestellt (vgl. Gniech/Dickenberger 1994: 259). Um das Ausmaß der Reaktanz näher zu betrachten, bedarf es einer genaueren Betrachtung der Interessendimension und möglicher Aspekte der Kommunikation, die Widerstand und eine mögliche Demotivation bei (potenziellen) Teilnehmern einer präventiven Intervention auslösen kann. Um Widerstände zu überwinden, müssen Marketingbotschaften für Präventionsinterventionen glaubwürdig, seriös, konsistent, transparent und einen echten Gewinn und einen hohen persönlichen Nutzwert transportieren.

3.2   Teilbereiche und Disziplinen des Gesundheitsmarketings

Veränderte Umweltanforderungen und Trends in den Bereichen Technologie (Neue Medien), Gesellschaft (Nachhaltigkeit) und Wirtschaft (Internationalisierung) haben zu einer rasanten Ausdehnung der Marketingdisziplin geführt (vgl. Sepehr 2013: 158). Insbesondere der demografische Wandel und die zunehmende Bedeutung Neuer Medien beeinflussen das Konsumenten- und Anspruchsverhalten (z. B. gegenseitiger Erfahrungsaustausch auf interaktiven Plattformen; Bedeutungsverlust des Handels) und führen zu einer Erweiterung der Marketingdisziplin – insbesondere im Bereich des New-Media-Marketings (vgl. Sepehr 2013: 162). Ein Überblick über die Vielfalt und Ausdehnung der Marketingdisziplin in Abhängigkeit des relevanten Mediums, des Zielmarktes, der Zielgruppe oder des gewählten Gegenstandes ist in der → Tab. 7 beispielhaft dargestellt.

Tab. 7: Marketingdisziplin und ihre Ausprägungen
Quelle: Eigene Darstellung.

Differenzierungen	Beispiele
relevante Vorgehensweise und Medium	Direktmarketing, One-to-one-Marketing, Dialogmarketing, Database-Marketing, Permission-based-Marketing, Virales Marketing, Guerilla-Marketing, Neuromarketing, Onlinemarketing, Social-Media-Marketing, Eventmarketing
relevanter Zielmarkt/Träger	Krankenhausmarketing, Krankenkassenmarketing, Pharmamarketing, Apothekenmarketing, Regionalmarketing
relevante Zielgruppe	Non-Profit-Marketing, Business-to-Business-Marketing, Business-to-Consumer-Marketing, Seniorenmarketing, Frauenmarketing, Männermarketing, Jugendmarketing, Kindermarketing, Patientenmarketing, Multiplikatorenmarketing, Einweisermarketing, Kundenmarketing, LOHAS-Marketing, Spendermarketing
relevante Zielsetzungen	Demarketing (Reduktionsmarketing), Persuasion-Marketing (Überzeugungsmarketing), Empfehlungsmarketing
relevanter Gegenstand oder Themenfeld	Eventmarketing, Bildungsmarketing, Stadtmarketing, Pflegemarketing, Personalmarketing, Handelsmarketing, Point-of-Sales-Marketing, Geschäftsstellenmarketing, Social Marketing, Spendenmarketing, Medikamentenmarketing, Dienstleistungsmarketing, Gesundheitsmarketing, IGEL-Marketing, Präventionsmarketing

In Abhängigkeit der strategischen Vorgehensweise, des jeweiligen Zielmarktes, der relevanten Zielgruppe oder des konkreten Gegenstands beziehungsweise

Themenfelds existieren unterschiedliche Marketingdisziplinen, die in der Praxis nicht für sich allein, sondern in Kombination angewandt werden. So können Maßnahmen im Bereich des Präventionsmarketings auf spezifische Zielgruppen (z. B. Jugendmarketing) und Medien (Onlinemarketing etc.) seitens unterschiedlicher Akteure (z. B. Krankenkassenmarketing) durchgeführt werden, die damit verschiedene Zielsetzungen (z. B. De-Marketing) verfolgen. Damit geht es beim De-Marketing – im Vergleich zum Profimarketing – um die Reduktion und Umlenkung einer Nachfrage bzw. einer bestimmten (gesundheitlichen) Verhaltensweise (vgl. Froböse/Turmh 2016: 28) in eine aus Präventionssicht gewünschte Richtung (z. B. Nikotinabusus). Diese Beispiele machen die enorme Komplexität der Marketingdisziplin und damit auch die Bedeutung der Analyse als Grundlage des strategischen und operativen Marketings deutlich.

Wenden wir uns nun konkret dem Gesundheitsmarketing zu, dass sich nach der Definition von Mai, Schwarzer und Hoffmann auf die

> *„Gesamtheit an Maßnahmen, mit denen gesundheitsförderliches Verhalten gesteigert und/oder gesundheitspositionierte Produkte und Dienstleistungen entwickelt, bepreist, vertrieben und kommuniziert werden, wobei bei der Entwicklung und Umsetzung dieser Maßnahmen bewusst gesundheitspsychologische Rahmenbedingungen, d. h. die Beweggründe für gesundheitsbewusstes Verhalten, sowie gesundheitsökonomische Rahmenbedingungen, d. h. regulierende Maßnahmen des Staates auf dem Markt für gesundheitsbezogene Produkte und Dienstleistungen, Berücksichtigung finden." (vgl. Mai/Schwarz/Hoffmann 2013: 11)*

bezieht. Dabei wird deutlich, dass Gesundheitsmarketing eine interdisziplinäre Marketingdisziplin mit den Schnittstellen Marketing, Gesundheitsökonomie und Gesundheitswissenschaften ist (vgl. Mai/Schwarz/Hoffmann 2013: 10). Auch verdeutlicht diese Definition, dass Präventionsmarketing nur ein Teilgebiet des Gesundheitsmarketings, neben z. B. Pharmamarketing, IGEL-Marketing (für individuelle **Ge**sundheitsleistungen), ist. Präventionsmarketing konzentriert sich gezielt auf

> *alle Marketingmaßnahmen und Prozesse von Institutionen zur Schaffung, Kommunikation und Bereitstellung von präventiven und gesundheitsförderlichen Dienstleistungen sowie Produkten, die gesundheitsgefährdende Risikofaktoren verringern oder eliminieren sollen, gesundheitsförderliche Schutzfaktoren erhöhen oder/und die gesundheitlichen Lebensbedingungen von gesunden, gefährdeten oder bereits erkrankten Menschen in unterschiedlichsten Lebenslagen bzw. in kritischen Lebensphasen – übergreifend, selektiv oder in ausgewählten Settings – verbessern sollen.*

Dabei können sich die Marketingmaßnahmen auf universelle, selektive, indizierte oder strukturelle Präventionsinterventionen beziehen und sollten evidenzbasiert, sprich auf Basis wissenschaftlicher Erkenntnisse, ausgerichtet werden. Dies ist insbesondere deshalb von enormer Bedeutung, da die Einflussnahme auf die gesundheitliche Verhaltensänderung und Etablierung gesundheitsbezogener Gewohnheiten von einer Vielzahl an Determinanten (Alter, Geschlecht, Schicht etc.) abhängt und hier auf unterschiedliche gesicherte Methoden und Strategien aus den Gesundheitswissenschaften (Gesundheitspsychologie etc.) zurückgegriffen werden kann.

3.3 Übergreifende Besonderheiten des Präventionsmarketings

Präventionsmarketing unterscheidet sich von anderen Marketingdisziplinen, die einen Einfluss auf den Entwicklungs- und Bereitstellungsprozess nehmen. Wie auch bei anderen Dienstleistungen gelten für Präventionsinterventionen Spezifika, die bei Marketingmaßnahmen zu berücksichtigen sind. Die Besonderheiten beziehen sich insbesondere auf die Leistungsqualität des Anbieters und die Immaterialität des Leistungsergebnisses (vgl. Meffert/ Bruhn/Hadwich 2015: 31ff.). Denn Dienstleistungen stellen aufgrund ihrer Eigenschaften ein wahrgenommenes Risiko aufgrund einer Qualitätsunsicherheit dar.

- **Sucheigenschaften** (*search qualities*): Sucheigenschaften stellen Eigenschaften des Dienstleisters oder Dienstleistung dar, die von Interessenten durch die eigene Wahrnehmung vor der Teilnahme einer Präventionsintervention beurteilt werden können. Für Sucheigenschaften bzw. als Entscheidungsgrundlage ziehen Interessenten beispielsweise das dargestellte Leistungsspektrum (inkl. der Leistungsmerkmale), die Bewertung neutraler Instanzen (z. B. Zentrale Prüfstelle Prävention, Qualitätszertifikate, Gütesiegel, Garantie), Kundenempfehlungen (Communities etc.), Medienberichte, die Reputation und das Markenimage heran (vgl. Weiber/Adler 1995: 67).

- **Erfahrungseigenschaften** (*credence qualities*): Erfahrungseigenschaften können weder ex-ante noch ex-post beurteilt werden und ergeben sich (mit erheblichen Kosten) erst im Verlauf der Beziehung. Da sich Erfahrungseigenschaften auf den Leistungserstellungsprozess beziehen, stellen sie für die Teilnehmer immer auch einen Trial-and-error-Prozess dar (vgl. Schade/Schott 1993: 17). Die positiven Leistungserwartungen der Teilnehmer werden dabei durch die Beratungsqualität und -intensität, die Produkt- und Leistungsqualität sowie den wahrgenommenen Kundenservice (z. B. Zuverlässigkeit, Reaktionsgeschwindigkeit, Kompetenz und Freundlichkeit der Mitarbeiter, Referenzen Dritter) beeinflusst.

■ **Vertrauenseigenschaften** (*experience qualities*): Vertrauenseigenschaften werden erst nach einer (kostenlosen Probe-)Teilnahme sichtbar bzw. können erst nach Abschluss einer Präventionsdienstleistung von den Teilnehmern abgeschätzt werden. Vertrauenseigenschaften können als Ausdruck für die Zufriedenheit und Bindung der Teilnehmer angesehen werden. Die Einhaltung und Stabilität des Leistungsversprechens sowie die Vision und gelebten Werte der jeweiligen Institution sind Aspekte, die auf das Vertrauen in die Dienstleistung und auf den Dienstleister positiv Einfluss nehmen.

Im Hinblick auf die zunehmende Komplexität des Präventionsmarktes treten Sucheigenschaften in den Hintergrund und Erfahrungs- und Vertrauenseigenschaften gewinnen an Bedeutung. Dabei stellt der unzureichende Informationsstand eine Wechselbarriere dar, da nur wenige Wechselanreize aus Leistungs- und Qualitätsgründen bestehen. Eine verstärkte Leistungs- und Qualitätstransparenz hingegen schafft Vertrauen und steigert die Glaubwürdigkeit, die sich auf die Motivation, das Gesundheitsverhalten und auf den Gesundheitsstatus der Teilnehmer auswirken können.

3.4 Gestaltungsspezifische Besonderheiten des Präventionsmarketings

Verhaltenswissenschaftliche Ansätze liefern hierzu die Erklärungen und Bedingungen menschlichen Verhaltens. Um die Einflussmöglichkeiten auf das Aktivitätsniveau systematisch beeinflussen zu können, werden im Folgenden die gesundheits- und motivationspsychologischen Aspekte näher betrachtet.

3.4.1 Gesundheitspsychologische Aspekte

Gesundheit kann als Zustand objektiven und subjektiven Befindens einer Person aufgrund zahlreicher äußerer und innerer Lebensbedingungen, die sich durch die Interaktion des Einzelnen mit seiner Umwelt ergeben, bezeichnet werden (vgl. Hurrelmann 2003: 8). Dieses Gleichgewichtsstadium, welches zu jedem lebensgeschichtlichen Zeitpunkt ständig neu erzeugt werden muss, wird von physiologischen Prozessen, emotionalen Reaktionen und Wahrnehmungen, Verhalten, Umwelt sowie zwischenmenschlichen, psychologischen, gesellschaftlichen und wirtschaftlichen Faktoren innerhalb des jeweiligen kulturellen Rahmens beeinflusst (vgl. DiClement et al. 2007: 206).

Bei der Umsetzung gesundheitlicher Verhaltensweisen entsteht insofern ein permanenter Konflikt, das *Geschenk des Lebens* bewahren zu wollen und den Verlockungen, hedonistischer Genüsse zu widerstehen (vgl. Weitkunat/Moretti

2007: 20). Gefangen in diesem Dilemma stellt der Genussverzicht bzw. die Veränderung gesundheitsschädigender Lebensgewohnheiten die Betroffenen vor unterschiedliche Herausforderungen. Wird eine Verhaltensänderung als relevant angesehen, wird eine starke Bedrohung empfunden und ist nur eine geringe Anstrengung (z. B. bei Impfungen) notwendig, kann eine positive Veränderung als wahrscheinlich angenommen werden. Eine hingegen im Lebensstil fest verankerte Verhaltensweise, die ferner mit psychologischen Abhängigkeiten verbunden ist (z. B. Tabakkonsum), setzt beim Individuum eine sehr große Anstrengung und starke Willenskraft voraus. So kann die Ausbildung neuer Gewohnheiten laut einer Studie zwischen 18 und 254 Tage dauern. Im Durchschnitt vergehen 66 Tage, bis sich die Gewohnheit etabliert hat, dabei werden umso mehr Wiederholungen benötigt, je komplexer das jeweilige Verhalten ist (vgl. Lally et al. 2010: 1000). Internale Determinanten (wie z. B. die soziale Unterstützung, die Gesellschaftsstrukturen oder die Einflüsse der Medien) sowie internale Mediatoren (wie z. B. Überzeugungen, Gewohnheiten, Erwartungen, wahrgenommene Bedrohung und Selbstwirksamkeit) bestimmen das Verhalten wechselseitig (vgl. DiClement et al. 2007: 207f.) (siehe → Abb. 5). Internale Faktoren, wie das **individuelle Wollen** (Motivation) und das **persönliche Können** (Fertigkeiten), sind im Vergleich zu externalen Faktoren, die – proximal – eher näher zum tatsächlichen Gesundheitsverhalten stehen, vergleichsweise leichter positiv zu beeinflussen (vgl. DiClement et al. 2007: 209).

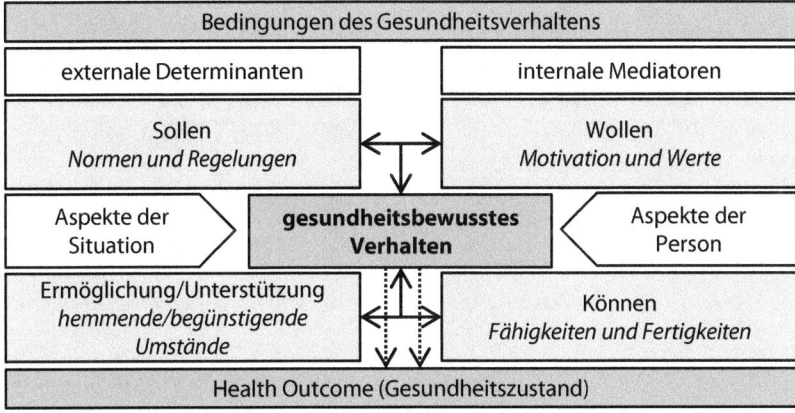

Abb. 5: Determinanten/Mediatoren gesundheitsbewussten Verhaltens
Quelle: Eigene Darstellung in Anlehnung an Rosenstiel, v. L. 2003: 39.

Auch wenn Wechselwirkungen zwischen den vier Größen bestehen, können Präventionsinterventionen nur auf der Ebene der Mediatoren einen positiven

Einfluss nehmen. Ob Präventionsprogramme gesundheitsbewusstes Verhalten in positiver Weise beeinflussen können, hängt maßgeblich von der Motivation des Empfängers ab. Motivation kann als *„aktivierende Ausrichtung des momentanen Lebensvollzugs auf einen positiv bewerteten Zielzustand"* bezeichnet werden (vgl. Rheinberg 2004: 15). Als Bemessungsgrundlage von Handlungszielen stellen Motive die Ausgangsbasis für Motivation dar (vgl. Schmalt 1998: 549). Grob skizziert kann Motivation insofern als das Ergebnis einer Übereinkunft von zeitlich überdauernden, inhaltlich spezifischen Dispositionen (den Motiven als Personalfaktor), situativen Reizen mit Aufforderungscharakter (Anreize) und subjektiven Erfolgswahrscheinlichkeiten (als Situationsfaktor) verstanden werden (vgl. Kleinbeck 2006: 270). Die Wirkung situativer Reize ist wiederum an die Beurteilung des Empfängers gebunden und löst motivierte Handlungen dann aus, wenn der Anreiz als Mittel der eigenen Bedürfnisbefriedigung wahrgenommen wird (vgl. Schanz 1991: 16). Emotionale Motive (z. B. Hoffnung und Furcht) erzeugen Erwartungen und können wiederum als Bedingung für gesundheitsbewusste Modifikationen angesehen werden (vgl. Brunstein 2006: 241). Generell lassen sich vier Erwartungstypen unterscheiden (vgl. Sokolowksi/Heckhausen 2006: 198; McMillan/Conner 2007: 238):

[1] **Situations-Ergebnis-Erwartungen (S ⇨ E)**

   basieren auf der subjektiven Wahrnehmung, dass gewisse Konsequenzen in Form einer gesundheitlichen Bedrohung mit einer Nichtänderung des Verhaltens verknüpft sind.

[2] **Handlungs-Ergebnis-Erwartungen (H ⇨ E)**

   beziehen sich auf die Annahme, dass eine Verhaltensänderung entweder eine wahrgenommene Bedrohung reduziert oder die Aussicht auf eine Belohnung (Boni) erhöht.

[3] **Ergebnis-Folge-Erwartungen (E ⇨ F)**

   stellen empfundene Konsequenzen dar, die nach erfolgreicher Verhaltensänderung erwartet werden.

[4] **Selbstwirksamkeitserwartungen (SW)**

   beruhen auf Einschätzungen, aus eigener Kraft die Verhaltensänderung erfolgreich bewältigen zu können.

Motivation ist das Resultat eines komplexen Abwägungs- und Entscheidungsprozesses zwischen Motiven, Anreizen und Erwartungen, der das Ausmaß und die Richtung der Handlung bestimmt. Trotz einer hohen Motivation sind Verhaltensänderungen respektive fest verwurzelte behaviorale Risikofaktoren (z. B. Nikotin- und Alkoholverzicht) bis zur endgültigen Zielerreichung mit der Überwindung von inneren und äußeren Widerständen verbunden (vgl. Rheinberg 2004: 175f.). Denn nicht alle Modifikationsbemühungen werden als Flow-

Erlebnis erlebt, sondern als aversiv empfunden. Entsprechend betonen die meisten theoretischen Modelle zur Motivation das hedonistische Prinzip, das impliziert, dass Individuen danach streben, Lustvolles zu maximieren und Aversives zu minimieren. Eine rationale Analyse zwischen Aufwand (Kosten) und Effektivität (Nutzen) bildet die Entscheidungsgrundlage für oder gegen eine Verhaltensänderung (vgl. McMillan/Conner 2007: 242f.).

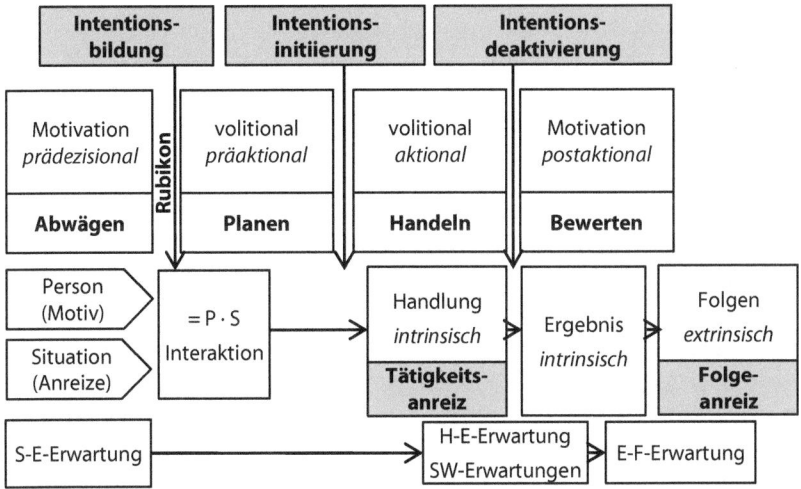

Abb. 6: Erweitertes Handlungsphasenmodell – Rubikonmodell
Quelle: Scherenberg 2008: 29 in Anlehnung an Heckhausen/
Heckhausen 2006: 6; Rheinberg 2006: 341.

Scheitern Modifikationsversuche, so muss dies allerdings nicht zwangsläufig auf mangelnder Motivation beruhen, sondern kann an mangelndem Willen liegen. Speziell das Rubikonmodell von Heckhausen berücksichtigt den Aspekt des Wollens (**Volition**) und unterscheidet vier Handlungsphasen, die durch spezifische Übergänge voneinander getrennt sind. Die zeitliche Ablaufperspektive erstreckt sich vom Erwachen der Wünsche vor der Zielsetzung bis hin zu den bewertenden Gedanken nach der Zielerreichung. Heckhausen geht davon aus, dass motivationale Prozesse aus einer sprudelnden Quelle von Wünschen bestehen, die meist nur flüchtiger Natur sind (vgl. McMillan/Conner 2007: 242f.). Wird aus einem Wunsch eine Absicht, kann von einer Intention gesprochen werden und der sogenannte „Rubikon" wird überschritten (siehe → Abb. 6). Der Begriff Rubikon bezieht sich auf den gleichnamigen Fluss in Italien, den Julius Cäsar und seine Legionen mit den Worten „*Alea iacta est.*" (zu deutsch:

Die Würfel sind gefallen.) 49 v. Chr. überschritt und damit nach langem Abwägen endgültig und unwiderruflich den Krieg eröffnete (vgl. Rheinberg 2004: 183).

Während in der *prädezinionalen Phase* die Realisierbarkeit der Wünsche abgewogen wird, überprüfen Individuen in der *präaktionalen Phase*, welche Umsetzungsstrategie zur Zielerreichung angewendet werden kann. In der *aktionalen Phase* erfolgt die tatsächliche Umsetzung, die in der *postaktionalen Phase* bewertet wird und darüber entscheidet, ob neue Handlungen geplant, das Anspruchsniveau gesenkt oder das Ziel deaktiviert wird (vgl. Kleinbeck 2006: 278ff.). Sollten mit Maßnahmen des Präventionsmarketings Institutionen ihre Zielgruppe dauerhaft motivieren, so müssen die kognitiven Prozesse aller Handlungsphasen berücksichtigt werden. Beständig sind die Handlungen dann, wenn sie eigenverantwortlich bzw. aus eigenem Antrieb (intrinsisch) erfolgen, da nur so die potenziell vorteilhaften Verhaltenskonsequenzen erkannt werden. Von außen gesteuerte Handlungen (extrinsisch) sind solang handlungsleitend, wie externe Anreize aufrechterhalten werden. Bei der Motivierung gesundheitsbezogenen Verhaltens ist daher zu beachten, dass die Befriedigung primär auf dem Weg zum Ziel bzw. in der Zielerreichung selbst liegt. **Verhaltensqualifizierungen** steigern nicht nur die Selbstwirksamkeit, sondern zugleich die Motivation (vgl. Rosenstiel v. L. 2003: 40ff.). Eine auslösende Motivaktivierung durch passende Anreize ist besonders bei bisher unempfänglichen Individuen notwendig. Diese können – sollten sie alleinig monetären Charakter haben – auch negative Effekte beim Empfänger auslösen, da die Gefahr besteht, dass durch den Fokus auf monetäre Aspekte die Handlungsziele entfallen und intrinsische Motivation zerstört wird. Dieser Effekt wird in der Psychologie auch Verdrängungseffekt, Korrumpierungseffekt oder auch Überrechtfertigungseffekt (Overjustification-Effect) genannt (vgl. Rheinberg 2006: 337f.).

3.4.2 Neuromarketingpsychologische Aspekte

Die Marketingwissenschaft ging lange Zeit vom bewussten und rational handelnden Konsumenten aus (vgl. Munzinger/Musiol 2008: 49). Moderne bildgerechte Verfahren der psychiatrischen Hirnforschung (z. B. funktioneller Magnetresonanztomographie), die neuronale Zustände untersuchen und Hirnaktivitäten mithilfe farbiger Bilder quantifizieren und lokalisieren können (vgl. Esch/Möll 2004: 83 f.), zeigen uns das Gegenteil: Denn gefühlsbetonte Konsumentenentscheidungen dominieren und sind um ein Vielfaches größer als bewusste Entscheidungen (vgl. Esch/Müll 2008: 134). Der eingeschätzte Anteil unbewusster Entscheidungen variiert: Während Häusel von ca. 70 bis 80 % (vgl. Häusel 2007a: 11) ausgeht, beziffert Zaltman den Anteil aller unbewusst auftretender Gedanken auf ca. 95 % (vgl. Zaltman 2003: 40). Ungeachtet der Varianz werden somit **nur 5 bis 30 % aller Entscheidungen bewusst** getroffen. Besonders unter Zeitdruck, bei Informationsüberlastung, geringem Interesse oder Entscheidungsunsicherheit sind unbewusste Handlungen dominant (vgl. Scheier 2008: 308). Ursache ist die hohe Energiebilanz: Denn das Gehirn macht zwar nur 2 % unserer Körpermaße aus, verbraucht indes bei Hochbelastung rund 20 % unserer gesamten Körperenergie (vgl. Aiello/Wheeler 1982: 201f.). Dieser hohe Verbrauch bezieht sich auf bewusste Vorgänge, die im größten Gehirnteil, dem Neokortex, verarbeitet werden. Unbewusste Vorgänge hingegen verbrauchen nur ca. 5 % Energie (vgl. Pellerin/Magistretti 1999: 325). Da ein geringer Energieverbrauch überlebenswichtig ist, versucht das Gehirn, bewusste Aktivitäten durch Routinen zu entlasten.

Die Ursache hierfür ist historisch bedingt: Denn der für unbewusste Aktivitäten zuständige Hirnstamm (oder Reptiliengehirn, zuständig für Triebe und niedrige Instinkte) und das limbische System (oder Säugetierhirn, zuständig für Emotionen) entwickelten sich vor 500 Millionen Jahren bzw. 300 Millionen Jahre und stellen anatomisch gesehen den ältesten Teil des Gehirns dar. Das vernünftig denkende Großhirn (oder Neokortex bzw. neue Säugetierhirn) entstand erst vor rund 100 Millionen Jahren (vgl. Ploog 1970: 71). Diese Einteilung des Gehirns in die angesprochenen drei Gehirnbereiche sowie der Begriff **limbisches System** gehen auf Theorie „The Triune Brain" des Neurobiologen Paul MacLean zurück (siehe MacLean 1990). Für die Marketingkommunikation folgt daraus, dass Informationen wahrgenommen werden, die emotional bedeutsam sind. Werden Botschaften zudem zeitgleich über unterschiedliche Wahrnehmungskanäle eingespielt, feuern die Nervenzellen im Gehirn **bis zu zehnmal stärker** und vom Gehirn um ein Mehrfaches verstärkt (**multisensory enhancement**) (vgl. Scheier/Held 2006: 82). Daraus folgt, je mehr und ähnlicher eine Botschaft den Empfänger über die fünf prägenden Sinne (Sehsinn: visuell; Hörsinn: auditiv; Tastsinn: haptisch; Geruchssinn: olfaktorisch und Geschmackssinn: gustatorisch) erreicht, desto stärker verfestigt sie sich. Angesichts der Erkenntnis, dass Aufmerksamkeits- und kognitive Verarbeitungsprozesse parallel und nicht wie vielfach angenommen starr hierarchisch ablaufen, sehen Befürworter des Neuromarketings klassische Stufenmodelle der Wirkungsforschung als überholt an (vgl. Scheier/Held 2007: 99). Das älteste Stufenmodell AIDA (1898, nach Elmo Lewin) des Behaviorismus besteht aus den Phasen Attention, Interest, Desire und Action. Neobehavioristische Modelle beziehen nicht beobachtbare Vorgänge (z. B. Erinnerung) in die Betrachtung mit ein und beschränken sich nicht auf einfache Reiz-Reaktion-Verknüpfungen (vgl. Felser 2001: 15f.).

Neueste Erkenntnisse der Gehirnforschung gewinnen an Bedeutung, da die Erreichung der Konsumenten mit Botschaften angesichts der Tatsache, dass hierzulande allein **50.000 Marken** beworben und jeder Konsument **3.000 Werbebotschaften pro Tag** ausgesetzt ist, schwieriger wird (vgl. Scheier/Held

2006: 152 f.). Da das Gehirn **pro Sekunde ca. 11 Millionen Bits (Informationseinheiten)** unbewusst und nur **pro Sekunde 40 bis 50 Bits (sprich 0,00004 %)** bewusst wahrnimmt (vgl. Wilson 2002: 43), sind **95 % der Botschaften**, die unsere fünf Sinne aufnehmen, implizit und damit als „low involvement" einzustufen.

Involvement beschreibt das Gefühl, in welchem Maß sich Konsumenten einbezogen und eingebunden fühlen. In Abhängigkeit von der Involvierung findet eine Beschäftigung mit der jeweiligen Thematik bzw. die aktive Suche mehr oder weniger statt. Mit der medialen Reizüberflutung sinkt die Wirkung von Botschaften zunehmend. Nach Scheier und Held ist der Anteil der Werbespots, an die sich Konsumenten erinnern, im Zeitverlauf von 18 % (im Jahre 1985) auf 8 % (im Jahr 2002) gesunken (vgl. Scheier/Held 2006: 18, 159). Nicht verwunderlich, dass aufgrund der Informationsüberflutung nur 5 % aller angebotenen Werbeinformationen ihre Empfänger erreichen (vgl. Kotler-Riel 2015: 22). Je nachdem, ob die aufgenommenen Informationen im Hippocampus des limbischen Systems (zuständig für das Erlernen von Neuem und Einzelheiten) mit negativen oder positiven Gedächtnismustern oder Erlebnissen assoziiert werden, lösen sie ablehnende Emotionen oder ein positives Verlangen aus (vgl. Raab et al. 2008: 146). Bei **guten Gefühlen** erfolgt die Ausschüttung körpereigener Opiate, die vom Gehirn als Belohnung wahrgenommen werden. **Negative Gefühle** wirken lähmend und lösen Vermeidungsmuster aus (vgl. Roth 2006: 35 ff.). Da gute Gefühle den Schlüssel zum Unterbewusstsein darstellen, ergibt sich als Konsequenz für die Kommunikation, dass emotional bedeutsame Botschaften ausgesendet werden müssen (vgl. Scheier 2008: 311).

Emotionale Botschaften, die aus der Außenwelt auf uns treffen, durchlaufen die Filterinstanzen des limbischen Systems. Auf Basis des **Züricher Modells der sozialen Motivation** von Bischof (2001; siehe Scheffer/Heckhausen 2006: 64 ff.) wurden drei große Emotions- und Motivfelder des limbischen Systems identifiziert und parallel unabhängig von dem Hirnforscher Panksepp entdeckt (vgl. Panksepp 1998: 101 ff.): Balance, Stimulanz und Dominanz. Aus diesen auch von Häusel titulierten „Big 3" (vgl. Häusel 2005: 17, Häusel 2007b: 70; Häusel 2014: 57f.) lassen sich für die Praxis Kommunikationsinhalte ableiten (vgl. Scherenberg 2011: 94):

- **Balance**: Bedürfnis nach Sicherheit (z. B. Geborgenheit, Sicherheit, Stabilität, Fürsorge, Harmonie, Solidarität, Tradition durch Qualitäts- und Garantiezusagen): Unterstützt die Maßnahme bzw. Botschaft die Zielgruppe darin, sich sicher und geborgen zu fühlen?
- **Stimulanz:** Bedürfnis nach Erregung (z. B. Abwechslung, Spieltrieb, Lustempfindung durch Erlebnisse, Unterhaltung): Unterstützt die Maßnahme bzw. Bot-

schaft die Zielgruppe dabei, etwas Neues auszuprobieren und Abwechslung zu erfahren?

- **Dominanz**: Bedürfnis nach Autonomie (z. B. Abgrenzung, Macht, Kontrolle, territorialer Anspruch, Status): Unterstützt die Maßnahme die Zielgruppe in ihrer Selbstwirksamkeit bzw. stärkt sie das eigene Kontroll- und Machtempfinden?

Das evolutionär älteste und machtvollste Motiv (= Balance) wird beispielsweise durch die Leistungen der GKVn und damit dem Wunsch nach Absicherung (im Krankheitsfall) angesprochen. Während Eigenverantwortung oder das Moral-Hazard-Verhalten und damit das Bedürfnis, eigene Ziele verfolgen zu wollen, dem Dominanz-System zugeordnet werden können (vgl. Scherenberg/Glaeske 2010: 45). Die Stärke und die Gewichtung der Motive ergeben sich aus den unterschiedlichen Charakteren und Emotionsschwerpunkten, die sich laut einer repräsentativen Studie (n > 30.000 Einzelinterviews) grob in sieben Persönlichkeitstypen zuordnen lassen (vgl. Häusel 2014: 62f.):

Tab. 8: Limbische Persönlichkeitstypen und ihre Verteilung
Quelle: Häusel 2014: 62f.

Persönlichkeitstypen	Emotionsfelder	Motive
19 % Traditionalisten	Balance/Dominanz	geringe Zukunftsorientierung, geringe Konsumlust, hohe kognitive Auflösung
29 % Harmonisierer	Balance/Stimulanz	hohe Sozial- und Familien-orientierung, geringe Aufstiegs- und Statusorientierung
13 % Offene	Stimulanz	Offenheit für Neues, Wohlfühlen, Toleranz
13 % Hedonisten	Stimulanz/Dominanz	Suche nach Neuem, Individualismus, Spontanität, geringer kognitiver Auflösung
6 % Abenteurer	Dominanz/Stimulanz	hohe Risikobereitschaft, geringe Impulskontrolle
10 % Performer	Dominanz	hohe Leistungs- und Statusorientierung, Ehrgeiz
10 % Disziplinierte	Dominanz/Balance	hohes Pflichtbewusstsein, Wunsch nach Ordnung und Sicherheit

Zwar sind solche Einteilungen wissenschaftlich eher kritisch anzusehen, da eine Persönlichkeitstypisierung [1] nie ganz überschneidungsfrei möglich und [2] die angesprochenen Motivsysteme schwer abgrenzbar sind und miteinander interagieren. Doch im Vergleich zur o.g. Limbic-Type-Verteilung beschränken sich bekannte Lebensstilmodelle (z. B. Sinus-Milieus von Sinus Institut) auf ökonomische Dimensionen (z. B. soziale Lage, Werte). Da je nach Alter, Geschlecht und sozialem Status die Stärke und Gewichtung von emotionalen Motiven sehr unterschiedlich ausfallen, scheint eine Schwerpunktsetzung zur besseren **motivationalen Zielgruppenorientierung** überlegenswert. Denn wie → Abb. 7 zeigt, ist bei Frauen eher das Bedürfnis nach Sicherheit ausgeprägt, während bei Männern die Autonomie im Vordergrund steht. Beiden Geschlechtern ist gleich, dass mit zunehmendem Alter der Reiz nach Neuem (Stimulanz) sinkt und das Bedürfnis nach Sicherheit (Balance) steigt. Verantwortlich für diese emotionalen Persönlichkeitsausprägungen sind neurochemische Vorgänge (sogenannte Neuromodulatoren: Hormone, Neuropeptide, Neurotransmitter usw.). Während mit steigendem Alter das Dominanz-Hormon Testosteron (vor allem bei Männern) und der Stimulanz-Neurotransmitter Dopamin und damit Neugier und Risikobereitschaft sinken, steigen die Konzentration des Stresshormons Cortisol und das Sicherheitsbedürfnis an (vgl. Häusel 2010: 53).

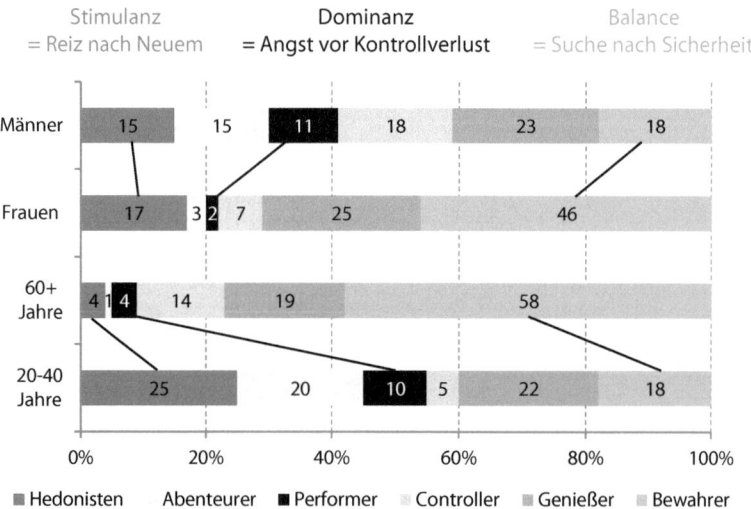

Abb. 7: Verteilung limbischer Persönlichkeitstypen
Quelle: Häusel 2007b: 86 ff.

Aus diesen Motivschwerpunkten, je nach Alter oder Geschlecht, lassen sich wichtige Hinweise für eine „gehirngerechte" inhaltliche Ansprache für bestimmte Zielgruppen ableiten. In der Privatwirtschaft werden bereits Zielgruppenselektionen nach sogenannten „LimbicTyps®" (z. B. Bewahrer, Abenteurer, Genießer, Disziplinierte) vorgenommen, um dem Konsumenten näherzukommen. Auch für die Ausgestaltung von Gesundheitskampagnen bzw. den Inhalt von Kommunikationselementen im Bereich Prävention und Gesundheitsförderung lassen sich wichtige Hinweise aus den Erkenntnissen der unterschiedlichen Persönlichkeitsschwerpunkte ableiten. Werbeslogans, wie „I make you sexy" (ⁿ *www.imakeyousexy.com*), „Ich mach dich krass" (ⁿ *www.ichmachdichkrass.de*) oder „Mach Dich glücklich." (ⁿ *www.mybetterlife.de*) sind auf diese Weise gehirngerecht angelegt und wecken wie bei klassischen Werbemaßnahmen die Sehnsucht, nach einem gewollten Zustand und fokussieren sich auf positive und nicht auf negative Aspekte in Form von Angstappellen. Denn positive Konsequenzen und damit wahrgenommene Belohnungen stellen Verhaltensbeschleuniger dar, die vom Schweregrad, der Überzeugungsstärke und dem zeitlichen Abstand zur positiven Konsequenz beeinflusst werden (vgl. Müller 2007: 216). Nicht ohne Grund lösen Versprechen wie *„Joggen: Topfit in 14 Tagen"* in Zeitschriften wie beispielsweise FIT FOR FUN einen besonderen Reiz auf Laufwillige aus (vgl. Förster, o.J.). Grundsätzlich weisen Werbeslogans die vier unterschiedlichen Sprechhandlungen Argumentieren, Auffordern, Behaupten und Befehlen auf (vgl. Urban 1980: 146ff.), mit deren Hilfe gesundheitliche Appelle oder Aufrufe bei einer Zielgruppe ausgelöst werden sollten:

Tab. 9: Slogan-Charakteristiken bei Präventionsinterventionen
Quelle: Eigene Darstellung in Anlehnung an Urban 1980: 146ff.

Sprechhandlung	Beispiele
Argumentieren	„Leber heißt Leben." (www.leber-heisst-leben.de)
	„Frische ist Leben." (www.5amtag.de)
Auffordern	„Mach´s mit" (www.gib-aids-keine-chance.de)
	„Alkohol? Kenn Dein Limit" (www.kenn-dein-limit.de)
Behaupten	„Deine Haut. Die wichtigsten 2 m² deines Lebens" (www.hautkampagne.de)
	„Aids ist ein Massenmörder" (www.gib-aids-keine-chance.de)
Befehlen	„Bleib oben!" (bleiboben.portal.bgn.de)
	„Runter vom Gas!" (www.runtervomgas.de)

Hinsichtlich der Wirkung solcher Slogans ist entsprechend anzumerken, dass gesundheitliche Handlungsentscheidungen immer von impliziten Einstellungen abhängen, die als unbewusste Spuren unserer Vergangenheit, sprich von automatisch abgerufenen Assoziationen (vgl. De Houwer et al. 2009: 347f.) bzw. inneren Vorstellungsbildern beeinflusst werden. Folglich wird die Einstellung gegenüber z. B. Sport bei Menschen von vorhandenen Wissensstrukturen in Form von Assoziationen repräsentiert. Der Begriff Sport kann demzufolge sowohl denotative (objektiv-wertfreie) (z. B. Bewegung, Fitness) als auch konnotative (subjektiv-bewertende) Assoziationen (z. B. Anstrengung, Leistung, Freude) auslösen (vgl. Hätty 1989: 80ff.), je nachdem welche individuellen Vorerfahrungen oder welche sozial und kulturell unterschiedlichen Vorstellungsbildern vorliegen. Begründet wird die im Erfahrungsgedächtnis abgespeicherte Bewertung und damit Verknüpfung des Erlebten mit dem körperlichen Empfinden mit dem Konzept des **somatischen Markers** (vgl. Damasio 1993: 173; Esch/Möll 2009: 24).

Ein wichtiges Instrument Menschen in gewünschte gesundheitsbezogene Richtungen zu lenken stellt das **Nudging** („sanftes Anstupsen") dar (vgl. Thaler/ Sunstein 2008: 15). Emotionale Autobahnschilder in Kinderschrift mit dem Aufdruck „Papi, fahr vorsichtig" oder Aufkleber mit Schritten positioniert an Treppen stellen sanften Erinnerungen an Verhaltensalternativen dar, die zur Veränderung des eigene Veraltens anregen sollen.

3.4.3   Ethische und diskriminierende Aspekte

Wie im → Kapitel 1.1.3 angesprochen sind laut Abs. 1 SGB V insbesondere die GKVn angehalten, der Verminderung sozial bedingter Ungleichheiten von Gesundheitschancen besondere Aufmerksamkeit zu schenken. Sozial benachteiligte Gruppen, wie Menschen mit niedrigem Einkommen, niedriger Schulbildung und niedrigem sozialen Status sowie Personen mit anderen sozialen Benachteiligungen (z. B. Arbeitslose, Alleinerziehende, Migranten mit unzureichenden Deutschkenntnissen und Behinderte) sollten bei der Konzeptionierung entsprechend berücksichtigt werden (vgl. Rosenbrock 2004: 6). Da eine Risikogruppenstrategie bspw. nach sozioökonomischen Kriterien (wie Einkommen oder sozialer Schicht) je nach Ansprache mitunter einer Diskriminierung gleich käme, werden soziodemografische Kriterien (z. B. Alter, Geschlecht oder Familienstand) bei der Zielgruppenstrategie verwendet. Die Ausrichtung auf spezielle Zielgruppen orientiert sich überwiegend an altersspezifischen Merkmalen (Kinder, Jugendliche und Erwachsene). Da gerade Unternehmen im Gesundheitswesen politische und moralische Institutionen (vgl. Okoniewski 2000: 8) mit sozialem Charakter sind, hängt ihre Existenz im Vergleich zu Profitunternehmen nicht nur von wirtschaftlichen, sondern vor allem von ihren sozialen Ergebnissen ab (vgl. Niedermeier/Müller 2001: 74). Unethisches Verhalten, bspw. eine gezielte Selektierung oder gar Diskriminierung bestimmter Risikogruppen (siehe → Kapitel 3.1), kann sowohl in strafrechtlicher Hinsicht als auch in Form von Reputationsschäden Gefahren in sich bergen. Ferner kann davon ausgegangen werden, dass eine negative Wahrnehmung zum Vertrauensverlust führt. Wie sensibel Marketingaktivitäten im Bereich der Prävention sein können, zeigt z. B. die Existenz der *Gesellschaft gegen Gewichtsdiskriminierung e.V.* und zahlreiche negative Reaktionen auf die Werbekampagnen „Eatkarus" zur gesunden Ernährung des Unternehmens Edeka. In den sozialen Medien erfolgte ein sogenannter Shitstorm mit dem Vorwurf der Diskriminierung übergewichtiger Menschen (dem sogenannten **Fatshamings**) (vgl. Merkur 2017). Auch der provokante Aktionsfilm der Deutschen Krebshilfe, der auf den gefährlichen Zusammenhang zwischen UV-Strahlung und Hautkrebs hinweist und insbesondere junge Menschen vor dem Gang ins Solarium warnen sollte, löste eine Welle der Empörung aus und wurde vorzeitig abgebrochen und aus dem Netz genommen (⌗ *www.youtube.de* – Rosi hat Schwein gehabt) (vgl. Deutsche Krebshilfe 2012). Das Gesamtvertrauen ist insofern dann gefährdet, wenn die Bürger das Gesundheitssystem und einen zu stark wettbewerbsorientierten Präventionsmarkt als inkonsistent und als ethisch nicht vertretbar empfinden. Präventionsinterventionen können aber auch helfen, Stigmatisierungen und negative Stereotype in der Öffentlichkeit durch gesundheitliche Aufklärung und Vorurteile durch spezifische Präventionsinterventionen (z. B. für Drogenabhängige, Übergewichtige) abzubauen. Grundsätzlich kann zwischen öffentlicher Stigmatisierung, Selbststigma und struktureller Stigmatisierung unterschieden werden (vgl. Rüsch 2014: 19f.). Von öffentlicher Stigmatisierung wird dann gesprochen, wenn eine Minderheit in der Öffentlichkeit als nicht „normal" eingestuft und verallgemeinernd mit einem Makel behaftet wird (z. B. *„Übergewichtige sind faul und willensschwach."*). Beim Selbststigma werden diese Vorurteile von den Betroffenen übernommen und mindern so das Selbstwertgefühl, die Motivation und führen nicht selten zu einem Rückzug. Negative Darstellungen in den Medien können als strukturelle Stigmatisierungen bezeichnet werden, die systematische Benachteiligungen und das Selbststigma und die Scham wiederum erhöhen (vgl. Rüsch 2014: 19f.). Da sich Maßnahmen des Präventionsmarketings mehr oder weniger mit unterschiedlichen (stigmatisierten) Risikofaktoren und chronischen Erkrankungen (wie z. B. der Drogenabhängigkeit) beschäftigen, ist eine hohe Sensibilität für die jeweilige Zielgruppe unabdingbar. Diskriminierungen können mehr oder minder verdeckt oder offen durch Selektionsentscheidungen, die Kommunikation, den Service, den Preis oder auch über spezifische Rabatte vorgenommen und wahrgenommen werden. Dabei wirkt sich eine wahrgenommene Diskriminierung nicht nur negativ auf das Motivationsverhalten der direkten (potenziellen) Teilnehmergruppe, sondern auch auf die breite Öffentlichkeit in möglichen Image- und Reputationsschäden aus.

3.4.4   Rechtliche Aspekte und übergreifende Qualitäts-
anforderungen

Rechtliche Restriktionen sind vielfältig und erstrecken sich von der Erstellung der Dienstleistung bis hin zur zielgruppenspezifischen Kommunikation mit der jeweiligen Zielgruppe. Bei der Erstellung einer spezifischen Dienstleistung im Präventionsumfeld (**Produktpolitik**) sind je nach Setting und Zielgruppe die jeweiligen aktuellen Gesetzgebungen zu beachten (siehe → Kapitel 1.1.3 und 1.2.4), da diese dafür verantwortlich sind, welcher Markt beziehungsweise welche Zielgruppen für welchen Preis (**Preispolitik**) auf dem ersten oder zweiten Gesundheitsmarkt (siehe → Kapitel 1.1.4) erschlossen werden können. Hier ist ebenfalls zu bedenken, dass es für den ersten Gesundheitsmarkt übergreifende Qualitätsanforderungen für primärpräventive Präventionsangebote existieren. So müssen GKV-finanzierte Präventionskurse in den Handlungsfeldern Bewegung, Ernährung, Stressmanagement und Umgang mit Suchtmitteln von der Zentralen Prüfstelle Prävention zertifiziert werden. Seit Juni 2016 hat die Zentrale Prüfstelle Prävention auch für Onlineangebote eigene Qualitätskriterien festgelegt (vgl. Zentrale Prüfstelle Prävention 2016a) (**Distributionspolitik**). Interaktive Selbstlernprogramme, sprich Onlinekurse, Webinare, Fernkurse, Gesundheitscoaching für Gruppen oder Game-based-learning-Angebote, müssen sowohl die normalen Kriterien des Leitfadens Prävention des GKV-Spitzenverbands erfüllen (z. B. spezifische Grund- und Zusatzqualifikation, Stundenverlaufspläne) (vgl. Zentrale Prüfstelle Prävention 2016a; AGdSvGKV 2010), als auch verpflichtet, in besonderer Weise dem Datenschutz (**Kommunikationspolitik**) Rechnung zu tragen. Zudem werden die Anbieter mittels einer Selbstverpflichtungserklärung aufgefordert, eine Wirkungsevaluation durchzuführen. Solche Onlinepräventionskurse werden jeweils nur für ein Jahr zertifiziert und nur re-zertifiziert, wenn sie bestimmte Qualitätskriterien erfüllen, beispielsweise muss die Kommunikationsquote pro Teilnehmer bei mindestens 0,4 Stunden liegen und die Teilnahmequote mindestens 80 % betragen (vgl. Zentrale Prüfstelle Prävention 2016a). Zudem ist zu beachten, dass für spezifische Bereiche nicht selten bereits medizinische, evidenzbasierte Behandlungsleitlinien existieren, wie etwa die aktuelle S3-Leitlinie „Screening, Diagnostik und Behandlung des schädlichen und abhängigen Tabakkonsums" (vgl. AWMF 2015), die zur inhaltlichen Ausgestaltung von Präventionsinterventionen herangezogen werden sollten. Allgemein sollten bei der Kommunikation rechtliche Aspekte, angefangen von der Impressumspflicht bei Druckerzeugnissen und Internetwebseiten (§ 5 TMG/§ 55 RStV) bis hin zu datenschutzrechtlichen Aspekten bei der zielgruppenspezifischen Ansprache, Berücksichtigung finden. Werden beispielsweise zur zielgruppenspezifischen Ansprache Daten erhoben, sollte das Opt-in-Verfahren und nicht das Opt-out-Verfahren verwendet werden (siehe § 7 UWG: Unzumutbare Belästigung). Beim Opt-out-

Verfahren muss der Empfänger selbst aktiv werden, um sich vor unerwünschten Botschaften durch Streichung aus dem Verteiler zu schützen. Hingegen wird beim Opt-in-Verfahren (Single-Opt-in-Verfahren, Confirmed-Opt-in-Verfahren oder Double-Opt-in-Verfahren) vorab das Einverständnis der Empfänger zur Interaktion eingeholt (vgl. Bucher et al. 2016: 25). Die Pflicht zur generellen Einholung einer Einwilligung findet sich im § 4a des Bundesdatenschutzgesetzes (BDSG) wieder, Informationen über andere Direktmedien finden sich u. a. im Telemediengesetz (TMG) wieder. Auf besondere personenbezogene Daten (z. B. Gesundheitsdaten) weist wiederum der § 3 Abs. 9 des BDSG hin. Denn die Erhebung, Verarbeitung und Verwendung von persönlichen Daten ist laut BDSG § 4 Abs. 1 nur erlaubt, wenn sie den Prinzipien der Zweckmäßigkeit, Erforderlichkeit und Zweckbindung entsprechen. Weiterhin sind bei der Datenerhebung und -verwendung die im §§35 SGB I (Sozialgeheimnis) in Verbindung mit dem § 67 SGB X (Sozialdatenschutz) sowie die spezifischen Vorschriften des § 284 SGB V (Sozialdatenschutz der Krankenkassen) zu beachten. Staatliche Institutionen sind laut Behindertengleichstellungsgesetz (§ 7 des BGG) verpflichtet, auch Menschen mit Einschränkungen (wie Sehbehinderte und Blinde, Hörgeschädigte und Gehörlose, kognitiv Eingeschränkte und Konzentrationsschwache, motorisch Eingeschränkte und Menschen in hohem Alter) eine Teilhabe zu ermöglichen. Doch barrierefreie Webseiten sollten nicht nur für öffentliche Institutionen, sondern auch für private Unternehmen selbstverständlich sein. Der Grund hierfür ist das zunehmende öffentliche Interesse, wie u. a. die Initiative „Barrierefrei kommunizieren und informieren – für alle" (gefördert vom Bundesministerium für Arbeit und Soziales:, ⌾ *www.bik-fuer-alle.de* und ⌾ *www.bitvtest.de*) zeigt.

✳ Exkurs | **Health Claims**

Nährwerts- und gesundheitsbezogene Angaben bei Lebensmitteln und Nahrungsergänzungsmitteln (inkl. Werbung und Aufmachung; sogenannte *Health Claims*) müssen sich auf allgemeine wissenschaftliche Nachweise stützen und durch diese abgesichert sein. Denn durch die „Verordnung (EG) Nr. 1924/2006 des Europäischen Parlaments und des Rates vom 20.12.2006 über nährwert- und gesundheitsbezogene Angaben über Lebensmittel" (Health-Claims-Verordnung, HCV) sollen Verbraucher bei der Auswahl von Lebensmitteln vor irreführender Werbung geschützt werden. Voraussetzung für die Zulassung von Health Claims ist eine positive Bewertung des Nachweises der gesundheitlichen Wirkung eines Lebensmittels durch die Europäische Behörde der Lebensmittelsicherheit (EFSA).

Die Basis stellt eine Liste über nährwert- und gesundheitsbezogene Angaben von Lebensmitteln dar, mit der der Artikel 13 Absatz 3 der Verordnung umgesetzt wurde. Als nicht gesundheitsbezogene Angaben wurden „Haribo macht Kinder froh", „So wertvoll wie ein kleines Steak" oder „Red Bull verleiht Flügel" eingestuft, da diese teilweise wertenden Übertreibungen sich nur auf das subjektive Genussempfinden oder allgemeine Wohlbefinden beziehen (vgl. Pressemitteilung der EU-Kommission vom 01.10.2003).

Bei ihren Marketingaktivitäten bewegen sich präventiv agierende Institutionen zwischen dem Europarecht bzw. dem Wettbewerbsrecht. Neben Ver- und Geboten, die Akteure innerhalb des Gesundheitswesens bei Marketingaktivitäten beachten müssen (z. B. Gesetz über die Werbung auf dem Gebiet des Heilmittelwesens (HMG), sind eine Vielzahl an Gesetzen zu beachten, die außerhalb des Gesundheitswesen gelten (Gesetz gegen den unlauteren Wettbewerb (UWG), Gesetz über den Schutz von Marken und sonstigen Kennzeichen (MarkenG), Geschmacksmustergesetz (GschmMG), Urhebergesetz (UrhG)) (siehe hierzu auch Fechner 2017).

Je nachdem für welche Zielgruppe (z. B. Jugendschutzgesetz – JÖSchG) und für welchen Gegenstand die jeweiligen präventiven Maßnahmen (z. B. DMP, Präventionskurse oder Bonusprogramme der Krankenkassen) initiiert werden, sind weitere Gesetze (z. B. Sozialgesetzbuch) zu berücksichtigen.

✳ Zusammenfassung

Gesundheitsmarketing und insbesondere das Präventionsmarketing stellt eine neuere Teildisziplin des Marketings dar. Auch wenn beim Präventionsmarketing Techniken des kommerziellen Marketings Anwendung finden, erfordert es die Auseinandersetzung mit der Thematik Gesundheit, die Besonderheiten und möglichen Sensibilitäten spezifischer Zielgruppen in besonderer Weise zu beachten. Denn bei der Initiierung von Marketingmaßnahmen sind eine Vielzahl an verhaltenspsychologischen, rechtlichen sowie qualitätsbezogenen Aspekten bei der Entwicklung bis hin zur Vermarktung von Dienstleistungen im Bereich der Prävention und Gesundheitsförderung zu berücksichtigen. Je nach Zielgruppe, dem ausgewählten Setting und der jeweiligen Präventionsintervention (z.B. Apps) sollte entsprechend genau analysiert werden, welche Motive, Bedürfnisse und rechtlichen Bestimmungen vorliegen. Denn eine ungewollte Herabwürdigung und soziale Diskriminierung bestimmter Zielgruppen kann nicht nur die Zufriedenheit der Teilnehmer stark beeinträchtigen, sondern das Image der Institution stark schädigen.

✳ Wichtige Schlagwörter

Gesundheitsmarketing, Präventionsmarketing, Neuromarketing, Motive, Motivsystem, Emotionen, Diskriminierung, Fatshaming, Recht, Datenschutz, Health Claims

✳ Wiederholungsfragen

[1] Was bedeutet multisensory enhancement?

[2] Warum ist es so schwer, aus gesundheitspsychologischer Perspektive heraus, gesundheitliches Verhalten zu verändern?

[3] Nach welchen Motiven streben Männer und Frauen nach neuropsychologischen Erkenntnissen?

[4] Welche rechtlichen Aspekte sind bei den unterschiedlichen Marketingmix-Instrumentarien zu beachten?

[5] Warum ist die Berücksichtigung ethischer Aspekte beim Präventionsmarketing so bedeutsam?

✳ Literatur

Fechner F (2017). Medienrecht, 18. Auflage, Tübingen: Mohr Siebeck.

Häusel HG (2014): Neuromarketing – Erkenntnisse der Hirnforschung für Markenführung, Werbung und Verkauf, 3. Auflage, Freiburg: Haufe-Lexware GmbH.

Hoffmann S, Schwarz U, Mai R (2013) (Hrsg.). Angewandtes Gesundheitsmarketing. Wiesbaden: Springer Verlag.

Knoll N, Scholz U, Rieckmann N (2005). Einführung in die Gesundheitspsychologie, München: Ernst Reinhardt Verlag.

Scherenberg, V. (2018). App-Motivation: Präventions-Apps und ihre motivationalen Anreizkomponenten, in: Gesundheitsförderung KONKRT Band 22: Digitalisierung als Treiber von Wandel – Chancen und Barrieren moderner Gesundheitskommunikation und ihre Organisationen. Bundeszentrale für gesundheitliche Aufklärung, Köln, S. 19–31.

4 Marktforschung

In diesem Kapitel erfahren Sie,

- welche Bedeutung Marktforschung im Präventionsmarketing ein-nimmt.
- zwischen welchen unterschiedlichen Formen der Marktforschung Sie unterscheiden können.
- was Sie bei der Durchführung von Marktforschungsaktivitäten in qualitativer und ethischer Perspektive beachten sollten.

Um passgenaue Präventionsinterventionen entwickeln zu können, sind fundierte Kenntnisse über den Markt, die potenzielle Zielgruppe und deren Verhaltenswei-sen, Motive und Bedürfnisse notwendig. Ziel der Marktforschung ist es daher, systematisch Daten und Informationen zur Entscheidungsvorbereitung, -unter-stützung und -findung zu sammeln und auszuwerten. Damit tragen Marktfor-schungsbemühungen zu einer sicheren Entscheidungsfindung und zu einer *Unsi-cherheitsreduktion* bei (vgl. Bruhn 2016: 4). Indirektes Ziel der Marktforschung ist es, damit die Effektivität und Effizienz von Marketingmaßnahmen zu gewährleisten und zu erhöhen. Dabei nimmt die Sammlung, Selektion, Priorisierung und Ver-dichtung von Informationsmaterialien für das relevante Entscheidungsproblem automatisch eine *Selektions- und Bewertungsfunktion* ein (vgl. Kühn/Kreutzer 2006: 13). Die Forschungsbemühungen können sich dabei auf alle vier Säulen des opera-tiven Marktingmix (siehe → Kapitel 7) beziehen und helfen dabei, die folgenden beispielhaften Fragen mithilfe von quantitativen und qualitativen Forschungsme-thoden zu beantworten:

- **Produktpolitik:** Wie sollte die präventive Dienstleistung ausgestaltet werden, um den Teilnehmerbedürfnissen gerecht zu werden und positive Verhaltensänderungen zu erwirken? Sollte es unterschiedliche Dienstleistungsvarianten geben?

- **Preispolitik:** Welcher Preis kann für die Dienstleistung (Zahlungsbereitschaft) in unterschiedlichen Phasen (z. B. Markteinführung) oder für unterschiedliche Zielgruppen (z. B. Studierende) angesetzt werden? Sollte es Rabatte oder ein Bonussystem (zur Motivation) geben?
- **Distributionspolitik:** Über welche On- oder Offlinekanäle und über welche Meinungsbildner bzw. Multiplikatoren (z. B. Ärzte) können unterschiedliche Zielgruppen erreicht werden?
- **Kommunikationspolitik:** Welche Kommunikationsmittel und welche Kommunikationsziele sind bei der Zielgruppe relevant? Welche Botschaftenstrategie (z. B. emotionale Appelle, rationale Argumentation, humorvolle Appelle oder Angstapelle) zur Erreichung und Überzeugung der Zielgruppe sollte bevorzugt werden?

Um die beispielhaften offenen Fragen beantwortet zu können, wird bei der Informationsbeschaffung zwischen den beiden Erhebungsmethoden der Sekundärforschung (resk research: retrospektiver Ansatz) und der Primärforschung (field reseach: prospektiver Ansatz) unterschieden, auf die im → Kapitel 5.1 näher eingegangen wird.

4.1   Informationsgewinnung durch Sekundär- und Primärforschung

Die Sekundärforschung stellt die Zweit- und Neuauswertung vorhandener Daten dar. Die Erhebung und Auswertung von Sekundärforschungsdaten wird aus ökonomischer Sicht immer als erster Schritt empfohlen, um auf dieser Basis entscheiden zu können, ob und welche weiteren Daten als Entscheidungsgrundlage mitunter selbst durch eine eigene Erhebung (Primärforschung) erhoben werden müssen (vgl. Koch et al. 2016: 41). Daher stellt die Sekundärforschung immer auch eine Vorbereitung für eine notwendige Primärforschung dar. Bei der Sekundärforschung wird auf vorhandene interne (innerbetriebliche) oder externe (außerbetriebliche) Daten zurückgegriffen. Interne Daten stellen vorhandene Kunden- bzw. Teilnehmerdaten, Anmelde- und Abbruchzahlen oder Beschwerden dar. Neben internen Datenquellen sind bei neuen Präventionsinterventionen vor allem unternehmensexterne Datenquellen von Bedeutung, um anhand von epidemiologischen Daten über Risikofaktoren, gesundheitliche Verhaltensweisen und Erkrankungen in der Bevölkerung bedarfs- und zielgruppengerechte präventive Dienstleistungen entwickeln zu können.

Sekundärdaten, sprich bereits vorhandene Daten im Gesundheitswesen, stammen oft aus amtlichen oder administrativen Statistiken (vgl. Schöffski 2008: 198). Hierunter fallen beispielsweise Krankenkassen- und Apothekendaten, publizierte klinische Studien, epidemiologische Erhebungen (Registern), Metaanalysen und Anwendungsbeobachtungen (vgl. Greiner 2008: 50). Während unter dem Begriff **Sekundärliteratur** alle Übersichtsarbeiten (Metaanalysen, HTA-Berichte etc.) subsumiert werden, fallen unter die Kategorie **Primärliteratur** alle Einzelarbeiten (randomisierte kontrollierte Studien, kontrollierte klinische Studien, Kohorten-Studien, Fall-Kontroll-Studien sowie Surveys und Register) (vgl. Droste 2008: 100f.).

Wichtige Informationen über die Entwicklung u. a. chronischer Erkrankungen liefert die **Gesundheitsberichterstattung des Bundes** (GBE) (vgl. Bardehle/ Annuß, 2012, 404). Die in der Onlinedatenbank (⌂ *www.gbe-bund.de*) verwendeten Datenquellen befassen sich mit den Häufigkeiten von gesundheitlichen Risikofaktoren, Risikoverhalten, Krankheiten, Gesundheitsstörungen, die Inanspruchnahme des Gesundheitssystems und auf die Gesundheitskosten. Dabei speist sich die GBE aus **amtlichen Statistiken** des Bundes und der Länder, wie z. B. Bevölkerungsstatistik, Mikrozensus, Pflegestatistik, Krankenhausstatistik, Pflegestatistik, Todesstatistik sowie Statistik meldepflichtiger Erkrankungen, Schwangerschaftsabbrüche, Berufskrankheiten, Geburten und Sterbefälle. Grundsätzlich existieren hinsichtlich der regionalen Perspektive Gesundheitsberichterstattungen auf internationaler (z. B. der OECD, WHO oder Europäischen Kommission) und auf nationaler Ebene (GBE des Bundes, Robert Koch-Institut sowie einzelne Bundesländer). Wichtige **nationale Surveys**, sprich regelmäßige Erhebungen zu spezifischen Themen, werden u. a. vom Robert Koch-Institut durchgeführt, z. B. der Bundes-Gesundheitssurvey bzw. der **D**eutsche **E**rwachsenen-**G**esundheits-**S**urvey (DEGS), die telefonische **Ki**nder- und Ju**g**endlichen-**G**esundheits**s**tudie (KiGGS) oder der **D**eutsche **A**lters**s**urvey (DEAS). Auf internationaler Ebene können beispielswiese der International Health Policy Survey, der Global Drug Survey, Health Behaviour in School-aged Children und National Health Interview Survey genannt werden.

Health-Technology-Assessment-Berichte (kurz HTA-Berichte) schließen neben der Wirksamkeit und Wirtschaftlichkeit auch soziale, rechtliche und ethische Aspekte in ihre Bewertungen mit ein und werden u. a. vom Deutschen Institut für Medizinische Dokumentation (kurz DIMDI) durchgeführt. 132 HTA-Berichte (Stand Februar 2017) zu vielfältigen Themen (Prävention, Wirksamkeit von Diäten, Rehabilitation, Therapie des Burnout-Syndroms etc.) können mithilfe einer Onlinedatenbank (⌂ *www.dimdi.de*) für die Sekundärforschung herangezogen werden.

Anzumerken ist, dass bei der Verwendung von Datenquellen immer die Eignung und die Qualität kritisch im Hinblick auf Nützlichkeit, Vollständigkeit, Aktualität und Wahrheit (vgl. Berekoven et al. 2009: 22ff.) geprüft werden sollte. Die folgenden Fragen können dabei helfen, die **Datenqualität** besser einzuschätzen (vgl. Scherenberg 2016: 80):

▪ Genügen die Daten wissenschaftlichen Gütekriterien?

▪ Liegen ausreichende Informationen darüber vor, woher die Daten kommen, wie sie erhoben wurden und wie alt diese sind?

▪ Sind die Daten überhaupt für die jeweiligen Marktforschungszwecke bzw. die relevante Thematik angemessen und angebracht?

Sekundärdaten sind schneller und kostengünstiger zu beschaffen als Primärdaten, allerdings sind diese meist nicht auf die jeweiligen Marktforschungsbemühungen ausgerichtet. Werden Primärdaten erhoben, können diese mit qualitativen oder quantitativen Methoden erhoben werden und zudem einmalig als Querschnittsuntersuchung oder dauerhaft als Längsschnittsanalyse angelegt sein (vgl. Magerhans 2016: 67).

▪ **Qualitative Marktforschung:** Ziel der qualitativen Marktforschung (oder auch Motivforschung) ist es, subjektive, nicht quantifizierbare Einstellungen, Motive, Bedürfnisse der potenziellen Zielgruppe und damit Erkenntnisse über das gegenwärtige Verhalten oder eine Verhaltensabsicht zu erlangen. Der zentralen Frage *„Warum ist es so?"* wird dabei mithilfe von offenen Interviews und Gruppendiskussionen an einer meist geringen Fallzahl nachgegangen (vgl. Weis/Steinmetz 2008: 35).

▪ **Quantitative Marktforschung:** Ziel der quantitativen Primärforschung ist es, objektiven Gegebenheiten und damit quantifizierbare, neue Erkenntnisse über eine Grundgesamtheit zu erlangen. Die zentrale Frage *„Was ist?"* wird mithilfe von einseitigen Befragungen (Fragebögen, Interviews etc.) an einer Untersuchungsgruppe mit hohen Fallzahlen versucht zu ergründen (vgl. Weis/Steinmetz 2008: 35).

Qualitative und quantitative Marktforschungsbemühungen schließen sich dabei nicht aus. Sie sollten nicht als konkurrierende, sondern können [1] als ergänzende Verfahren angesehen werden und [2] von den jeweiligen Erkenntnisbemühungen abhängen. Obwohl qualitative Methoden den Vorteil haben, dass sie tiefergehende Einstellungen und Motive erheben, daraus unbekannte Trends abgeleitet werden können und Zielgruppen sowie Marketingmix-Instrumentarien genauer bestimmt werden können, dominiert in der Praxis die Anwendung quantitativer Methoden (vgl. Weis/Steinmetz 2008: 36). In beiden Fällen muss das methodische Vorgehen nachvollziehbar und transparent beschrieben, die Ergebnisse kritisch eingeordnet und die Limitation der Ergebnisse offengelegt werden. Wichtig ist in diesem Zusammenhang die Sicherstellung wissenschaftlicher Gütekriterien. Die folgenden Fragen können dabei helfen, allgemeine Standards zu überprüfen und zu gewährleisten. Hinsichtlich der Bedeutung der unterschiedlichen Gütekriterien ist zu sagen, dass Objektivität eine Voraussetzung für Reliabilität ist und Reliabilität wiederum eine Voraussetzung der Validität ist (vgl. Berekoven et al. 2009: 83). Diese Wirkungskette sollte bei Marktforschungsbemühungen (und bei Evaluationen → Kapitel 8.3) immer berücksichtigt werden.

Tab. 10: Wissenschaftliche Gütekriterien
Quelle: Pieper/Neugebauer 2014: 5 modifiziert nach Tecic et al. 2010.

Gütekriterium	Relevante Fragen:
Objektivität	Liefert der Fragebogen die gleichen Ergebnisse unabhängig von der befragten Person?
Reliabilität	Misst der Fragebogen genau?
Validität	Misst der Fragenbogen, was er messen soll?
Interpretierbarkeit	Sind die Ergebnisse interpretierbar?
Zumutbarkeit	Kann der Fragebogen dem Probanden zugemutet werden?
Praktikabilität	Ist der Fragebogen praktikabel hinsichtlich seiner Anwendung?

Ein Pretest, sprich ein systematischer Probelauf stellt sicher, dass Fragebögen oder Interviewer-Leitfäden (sowie andere dienstleistungsbezogene Hilfsmittel, wie z. B. der Test eines Onlineplattform) getestet und optimiert werden können. Mehraufwand, der sich durch einen Probelauf ergibt, und damit die Optimierung eines Fragebogens, lohnen sich, da sich diese später in einer höheren Datenqualität und Responsequote niederschlagen (vgl. Neumann 2006: 210). Dies gilt für die Marktforschung in gleichem Maße wie für den Einsatz z. B. späterer Responsemittel im Bereich der Kommunikationspolitik oder der Erprobung einer neuen Dienstleistung auf dem Präventionsmarkt.

Neben den genannten Qualitätsaspekten sollten bei Marktforschungsbemühungen – gerade im Gesundheitswesen – ethische Aspekte Berücksichtigung finden, wie das → Kapitel 5.2 offenbaren wird.

4.2   Ethik in der Marktforschung

Werden Primärforschungen durchgeführt, so sollten existierende ethische Grundsätze beachten werden. Um das Vertrauen in der Öffentlichkeit weltweit zu pflegen, haben die Internationale Handelskammer (International Chamber of Commerce: ICC) und der European Society for Opinion and Marketing Research (ESOMAR) den ICC/ESOMAR-Kodex (⌖ *www.esomar.org*) verbindliche ethische Mindeststandards publiziert. Der ICC/ESOMAR-Kodex für Mitglieder in mehr als 130 Ländern basiert auf drei Grundprinzipien, die die Markt-, Meinungs- und Sozialforschung in ihrer Geschichte besonders geprägt haben (vgl. ESOMAR 2016: 7):

[1] Bei der Erhebung von personenbezogenen Daten der betroffenen Personen für Recherchezwecke müssen Forscher über Informationen, die sie erfassen wollen, dahingehend transparent sein, welche Daten sie planen weiterzuleiten und in welcher Form.

[2] Die Forscher müssen sicherstellen, dass die in der Forschung verwendeten personenbezogenen Daten gründlich vor unbefugtem Zugriff geschützt und nicht ohne Zustimmung der betroffenen Person offengelegt werden.

[3] Die Forscher müssen sich stets ethisch verhalten und nichts tun, was einem Betroffenen schaden könnte oder den Ruf der Markt-, Meinungs- und Sozialforschung beeinträchtigen könnte.

Acht unterschiedliche Artikel sollten die Verantwortung gegenüber den Betroffenen, den Kunden, der Öffentlichkeit und dem professionellen Berufsstand durch Selbstverpflichtung der Mitglieder gewährleisten (vgl. ESOMAR 2016a: 8ff). Im Zeitalter der onlinebasierten Marktforschung kommt dem Datenschutz eine besondere Bedeutung zu. Diesem Umstand hat die ESOMAR mit der Entwicklung der „Checkliste zur Selbstüberprüfung von Datenschutzregeln und -prozeduren" Rechnung getragen (vgl. ESOMAR 2016b: 6ff).

Auf nationaler Ebene engagieren sich die Verbände der Markt- und Sozialwirtschaft dafür, Standards und Richtlinien für unterschiedliche Anwendungszwecke zu gewährleisten. Insbesondere der Arbeitskreis Deutscher Markt- und Sozialforschungsinstitute e.V. (ADM), der Arbeitsgemeinschaft Sozialwissenschaftlicher Institute e.V. (ASI), der Berufsverband Deutscher Markt- und Sozialforscher e.V. (BVM) und die Deutsche Gesellschaft für Online-Forschung e.V. (DGOF) haben sich zusammengeschlossen, um die Qualität von Befragungen durch die Erstellung von Richtlinien und Checklisten sicherzustellen. Da gerade im sensiblen Gesundheitsmarkt eine seriöse Vorgehensweise bei der Erhebung von Daten höchste Priorität hat, wurden von den Verbänden der Markt- und Sozialforschung zur Selbstregulierung bereits im Jahre 2007 „Richtlinien für

Studien im Gesundheitswesen zu Zwecken der Markt- und Sozialforschung" erstellt. Darüber hinaus wurden Richtlinien (🖰 *www.adm-ec.de* - Richtlinien) für

- die Aufzeichnung und Beobachtung von Gruppendiskussionen und qualitativen Einzelinterviews,
- den Einsatz von Mystery Research in der Markt- und Sozialforschung,
- telefonische Befragungen,
- die Befragung von Minderjährigen,
- den Umgang mit Adressen in der Markt- und Sozialforschung,
- den Umgang mit Datenbanken in der Markt- und Sozialforschung,
- für Onlinebefragungen,
- Untersuchungen in den und mittels der Sozialen Medien und
- den Einsatz von Datentreuhändern in der Markt- und Sozialforschung

entwickelt. Im Zuge des gesellschaftlichen Wandels und der technologischen Entwicklung ist davon auszugehen, dass die derzeitigen Standesregeln der verschiedenen Berufsverbände weiter ergänzt werden. Nichteinhaltungen zum Schutz der Branche, der Auftraggeber und der Betroffenen können beim „Rat der Deutschen Markt- und Sozialforschung e.V." (🖰 *www.rat-marktforschung.de*) seit dem Jahre 2001 gemeldet werden und führen zu einer öffentlichen Rüge.

4.3   Auswahl der Stichproben

Werden Primärforschungen vorgenommen, wird aus Zeit- und Kostengründen sowie aus der Größe der Grundgesamtheit oft eine Stichprobenauswahl, sprich eine Teilerhebung (im Vergleich zur Vollerhebung) vorgenommen. Die **Stichprobe** (oder auch Sample) ist eine Teilmenge der Grundgesamtheit, die sich auf den jeweiligen vorher definierten Untersuchungsgegenstand bezieht (vgl. Homberg 2012: 245). Dabei verfügt die Teilmenge über die gleichen Merkmale wie die definierte Grundgesamtheit. Je nach universeller, selektiver oder indizierter Präventionsintervention oder regionaler oder überregionaler Ausrichtung wird eine Eingrenzung beispielsweise nach dem Alter, Geschlecht, Risikofaktoren oder Erkrankungen vorgenommen. Von den Ergebnissen der jeweils gezogenen repräsentativen Stichprobe wird anschließend auf allgemeine Erkenntnisse geschlossen.

Für die Auswahl der Stichprobe wird in der Marktforschung übergreifend zwischen zwei unterschiedlichen Auswahlverfahren differenziert, zum einen das **Verfahren der Zufallsauswahl** (auch Random-Verfahren) und zum anderen das **Verfahren der bewussten Auswahl**. Für beide Verfahren, so auch für das

einfache, reine Zufallsverfahren stehen unterschiedliche Techniken der Zufallsauswahl zur Verfügung (vgl. Berekhoven 2009: 45):

[1] **Einfache, reine Zufallsauswahl (oder Lotterie-Verfahren):** Bei der
Lotterieauswahl besteht die gleiche Auswahlchance für alle Elemente. Hierbei können vier unterschiedliche Techniken genutzt werden:

    a. **Zufallszahlengenerator:** Beim Zufallszahlengenerator werden alle
Elemente einer Grundgesamtheit durchnummeriert und es erfolgt die
anschließende Ziehung mittels eines Zufallsgenerators.

    b. **Systematische Zufallsauswahl:** Die systematische Zufallsauswahl un-
terscheidet sich von der Auswahl mithilfe eines Zufallsgenerators dahingehend, dass für die Auswahl fixe Selektionsintervalle definiert sind
und so beispielsweise jedes 10. Element gezogen wird.

    c. **Schlussziffernverfahren:** Beim Schlussziffernverfahren werden jene
Elemente der Grundgesamtheit ausgewählt, die eine bestimmte Endzif-
fer (z. B. 5) aufweisen.

    d. **Buchstabenauswahl:** Ausgewählt werden bei der Buchstabenauswahl
alle Elemente der Grundgesamtheit, deren Namen einen vorher definierte Anfangsbuchstaben haben.

[2] **Geschichtete Zufallsauswahl (stratified sampling):** Bei der geschichte-
ten Zufallsauswahl werden Elemente vorab in Gruppen eingeteilt, somit
Schichten (z. B. nach Altersgruppen) gebildet und aus diesen Schichten zufällig Elemente ausgewählt.

[3] **Klumpenauswahl (cluster sampling):** Es werden sogenannte Klumpen
gebildet, sprich eine Auswahl aus bestimmten Teilkollektiven (z. B. Schul-
klassen, Vereinssportgruppen, Nachbarschaften, Berufsgruppen oder Stadt-
teilen) gezogen, dann wird diese zufällige Ziehung als Klumpenauswahl bezeichnet.

Bei den Verfahren der bewussten Auswahl stehen wiederum unterschiedliche
Techniken zur Verfügung, die nicht zufällig, sondern bei denen eine bewusste
Auswahl nach interessierten Merkmalen in Form von Samples konstruiert wer-
den (vgl. Berekhoven 2009: 49).

[1] **Quota-Verfahren:** Beim Quota-Verfahren wird die Grundgesamtheit antei-
lig verteilt (z. B. 55 % Männer, 45 % Frauen), da eine solche Verteilung für
den jeweiligen Untersuchungsgegenstand eine besondere Rolle spielt.

[2] **Cut-off-Verfahren:** Das Cut-off-Verfahren oder Verfahren nach dem
Konzentrationsprinzip geht noch einen Schritt weiter und beschränkt die
Auswahl auf eine bestimmte Grundgesamtheit (z. B. Männer), um aufgrund
des hohen Klärungsbedarfs neue Erkenntnisse zu gewinnen.

[3] **Typische Auswahl:** Bei der typischen Auswahl werden nach freiem, subjektiven Ermessen die Elemente aus der Grundgesamtheit ausgewählt, die besonders typisch und charakteristisch für den jeweiligen Untersuchungsgegenstand sind (z. B. Geschlechterverteilung in bestimmten Berufsgruppen).

Bei Marktforschungsaktionen werden von den genannten Methoden nicht selten mehrere Methoden miteinander kombiniert. Dies ist beispielsweise der Fall, wenn die Grundgesamtheit besonders groß ist und [1] per Zufall ein Gebiet oder eine Gemeinde und [2] eine kleinere Einheit (z. B. Personen mit spezifischen Merkmalen) gezogen wird.

Der Stichprobenumfang ist von der voraussichtlichen Responsequote, dem vorhandenen Budget und der gewünschten Präzision der Aussagen abhängig. Wird eine effektive Stichprobe von 300 angestrebt und eine Responsequote von 10% angenommen, so müsste eine Stichprobe von 3.000 Teilnehmern gezogen werden (vgl. Magerhans 2016: 77). Die Rücklaufquote wird beeinflusst von der Form der jeweiligen Marktforschungsaktion (z. B. Umfang des Fragebogens, Teilnahmeanreize).

✳ Zusammenfassung

Marktforschung stellt eine wichtige Grundvoraussetzung für die strategische und operative Entscheidungsfindung innerhalb des Präventionsmarketings dar. Hierbei kann zwischen einer Vielzahl an unterschiedlichen Methoden je nach Erkenntnisinteresse unterschieden werden. Fundamental für die Ergebnisse der Marktforschungsbemühungen sind die wissenschaftliche Vorgehensweise und die Einhaltung ethischer Prinzipien der Marktforschung. Unterschiedliche Standards in Form von Richtlinien und Checklisten unterschiedlicher Berufsverbände sichern eine seriöse Vorgehensweise und erhöhen die Qualität und das öffentliche Ansehen. Der Aufwand ist abhängig von dem Erkenntnisinteresse, der gewählten Methode und dem jeweiligen Stichprobenumfang. In Abhängigkeit von der Größe der Grundgesamtheit stehen unterschiedliche Stichprobenauswahlverfahren zur Verfügung, mit denen einzelne Stichprobenelemente aus einer Grundgesamtheit gezogen werden können. Insbesondere bei der Situationsanalyse wird zur Gewinnung relevanter Informationen über den Markt auf die Methoden der Marktforschung zurückgegriffen.

✱ Wichtige Schlagwörter

Primärforschung, Sekundärforschung, quantitative Marktforschung, qualitative Marktforschung, Grundprinzipien der Marktforschung, Stichprobenauswahl

✱ Wiederholungsfragen

[1] In welcher Reihenfolge sollten Sie Primär- und Sekundärforschung betreiben und warum?

[2] Welche Daten stehen Ihnen aus der Gesundheitsberichterstattung des Bundes zur Verfügung und wo finden Sie diese?

[3] Was sollten Sie hinsichtlich der Verwendung von Sekundärdaten aus qualitativer Hinsicht beachten?

[4] Wann wenden Sie quantitative und wann quantitative Methoden der Marktforschung an?

[5] Welche Richtlinie(n) sollten Sie (insbesondere) bei Marktforschungsaktivitäten (im Gesundheitswesen) beachten?

✱ Literaturempfehlungen

Koch J, Gebhardt P, Riedmüller F (2016). Marktforschung – Grundlagen und praktische Anwendung. 7. Auflage, Berlin/Boston: Walter de Gruyter.

Magerhans A (2016). Marktforschung – Eine praxisorientierte Einführung, Wiesbaden: Springer Verlag.

Scherenberg V (2016). Gesundheitsökonomische Evaluationen kompakt – Für Studium, Prüfung und Beruf. Bremen: APOLLON University Press Verlag.

5 Strategische Aspekte des Präventionsmarketings

In diesem Kapitel erfahren Sie,

- auf welcher Basis Sie strategische Marketingentscheidungen treffen sollten.
- welche Analyseinstrumentarien Ihnen zur Entscheidungsunterstützung zur Verfügung stehen.
- wie Sie Ihren relevanten Markt eingrenzen, Marketingziele und Zielgruppen definieren.

5.1 Situationsanalyse

Um überhaupt strategische Marketingentscheidungen treffen zu können, ist eine fundierte Analyse der Ausgangssituation, sprich eine fundierte Situationsanalyse notwendig. Bei Analyse der Situationsanalyse für eine spezifische Präventionsintervention sind sowohl alle

- **externen Einflussfaktoren** (z. B. gesamtgesellschaftliche, epidemiologische, politische und rechtliche Rahmenbedingungen sowie technologische Entwicklungen) als auch alle
- **internen Einflussfaktoren** (z. B. Qualifikation der Mitarbeiter, Unternehmensimage)

einzubeziehen und gegenüberzustellen. Im Einzelnen wird zwischen vier unterschiedlich übergreifenden Formen der Situationsanalyse unterschieden. Dabei werden die externen Faktoren in der Umfeldanalyse, der Marktanalyse und der Wettbewerbsanalyse (zusammen Umweltanalyse) und interne Faktoren in der Kompetenz- und Ressourcenanalyse beleuchtet und mithilfe einer Risiko-Chancen-Analyse und einer Stärken-Schwächen-Analyse zusammengefasst in einer Strategic-fit-Analyse gegenübergestellt (vgl. Wirtz 2013: 133) (siehe → Abb. 8). Durch einen solchen Abgleich zwischen den interner Unternehmensressourcen und den Möglichkeiten und Grenzen der externen Umweltbedingungen soll auf diese Weise eine möglichst optimale strategische und damit vorteilsgenerierende Stimmigkeit (das sogenannte *stategic fit*) im Rahmen der Situationsanalyse ermittelt und auf dem Markt erreicht werden.

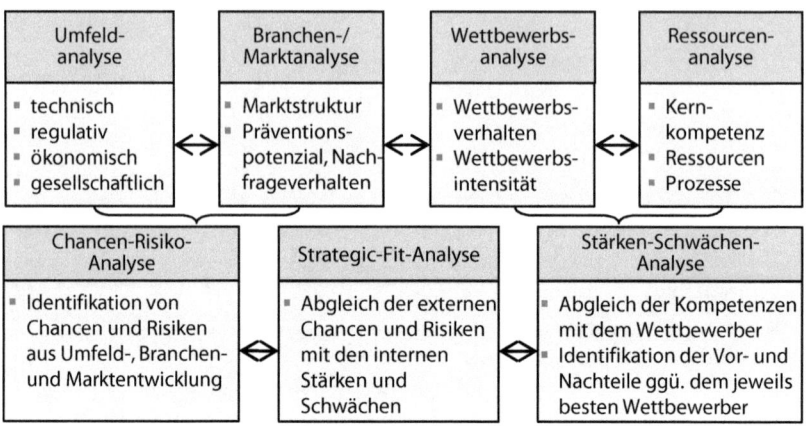

Abb. 8: Situationsanalyse
Quelle: Eigene Darstellung in Anlehnung an Wirtz 2013: 133.

Besonders wichtig für Präventionsinterventionen und die Zielgruppenerreichung und dauerhafte Motivation ist die Analyse des Entscheidungsverhaltens von (potenziellen) Teilnehmern als Teilbereich der Marktanalyse. Fragen, die im Rahmen der Analyse des Entscheidungsverhaltens stehen, sind (vgl. Schweiger/Schrattenecker 2017: 21f.):

▪ Nach welchen Kriterien erfolgt die Beurteilung der Alterativen (sachbezogene Merkmale, gefühlsbetone Eindrücke, wahrgenommene Risiken, eigener Leidensdruck etc.)?

▪ Wie beurteilen die Teilnehmer das eigene Angebot im Vergleich zu Mitbewerberangeboten?

▪ Wie werden die Teilnahmeentscheidungen gefällt (extensiv, gewohnheitsmäßig, impulsiv etc.)?

▪ Wie werden Informationen aufgenommen (aktiv oder passiv, über welche Medien)?

▪ Welche Bedeutung haben soziale Faktoren (Gruppeneinfluss, Meinungsführer, Leitbilder, Rollenverhalten etc.)?

▪ Wie groß ist das Interesse für bestimmte Dienstleistungskomponenten bzw. präventive Handlungsfelder?

▪ Wie wird die Werbebotschaft aufgenommen und verarbeitet? Was bewirkt sie?

Der Blick auf die marktbezogenen Stärken und Schwächen und die unternehmens- bzw. produktbezogenen Chancen und Risiken soll dabei helfen, wichtige Erkenntnisse über die aktuelle und zukünftige Positionierung zu identifizieren und ggf. eine Interventionsmodifikation bzw. eine Interventionsvariation (durch z. B. veränderte Bestandteile) oder eine Interventionsdifferenzierung (durch z. B. eine selektive Zielgruppenausrichtung) ableiten zu können. Mithilfe der **SWOT-Analyse** können die Stärken (**S**trengths) und Schwächen (**W**eaknesses) der Präventionsintervention den Chancen (**O**pportunities) und Risiken (**T**hreats), die sich aus der Umwelt ergeben, gegenübergestellt werden (vgl. Simon/Gathen 2002: 214). Wie eine Chancen-Risiken-Analyse für eine Online-Coaching-Maßnahme im Bereich der Prävention beispielhaft aussehen kann, zeigt die → Tab 11.

Tab. 11: Chancen-Risiken-Analyse: Beispiel Online-Coaching
Quelle: Eigene Darstellung.

Threats (Risiken)	Opportunities (Chancen)
▥ Schwächung der Wettbewerbsfähigkeit und der Wettbewerbs-Image-Struktur durch eindringen in etablierte Märkte	▥ Gewährleistung der Wettbewerbsfähigkeit durch neue bzw. zusätzliche Möglichkeiten der Gewinnung und -bindung von Teilnehmern
▥ Image- und Teilnehmerverlust bei Initiierung qualitativer schlechter Maßnahmen (Gefahr der Negativpropaganda) (z. B. in Bewertungsplattformen)	▥ Imagesteigerung durch öffentlichkeitswirksames gesundheitsförderndes Engagement der jeweiligen Institution
▥ Trend zur Intransparenz und Orientierungslosigkeit potenzieller Teilnehmer durch zunehmende Angebotsvielfalt	▥ Wissens- und Erfahrungsvorsprung und Wettbewerbsvorteil durch frühzeitige Initiierung einer innovativen Maßnahme (First-Mover-Advantage/Lerneffekte)
▥ erschwerte Re-Motivierung und erhöhte Kosten durch Sättigungserscheinung und erhöhtes Anspruchsdenken	▥ Steigerung des Gesundheitsbewusstseins und des Präventionsgedankens sowie positive Einflussnahme auf das Gesundheitsverhalten und auf die Lebensqualität der Teilnehmer
▥ erhöhte Kosten durch a.) mögliche Verfehlung der Zielgruppe und b.) hoher Initiationsaufwand	

Charakteristisch für eine vollständige SWOT-Analyse ist die Entwicklung einer kompletten Vier-Felder-Tafel, um alle Stärken und Schwächen sowie Chancen und Risiken auf einen Blick gegenüberzustellen. Die vollständige SWOT-Analyse hat somit zum Ziel, die Wettbewerbssituation inklusive der möglichen Gefahren und Bedrohungen übersichtlich darzustellen, um auf dieser Basis Empfehlungen für zukünftige Handlungen ableiten zu können. Zentrale Fragen, die bei der Erstellung der SWOT-Analyse herangezogen werden können, finden sich in der → Tab. 12 und können sich sowohl auf das präventiv agierende

Unternehmen selbst als auch auf ein Produkt bzw. eine spezifische Präventionsintervention beziehen.

Tab. 12: Zentrale Fragen einer SWOT-Analyse
Quelle: Kreutzer 2017: 94.

interne Perspektive / externe Perspektive	eigene Stärken	eigene Schwächen
Chancen am Markt	Welche Chancen am Markt können aufgrund von eigenen Stärken genutzt werden? **strategisches Fenster**	Welche Chancen am Markt können aufgrund von Schwächen nicht genutzt werden?
Risiken am Markt	Welche Risiken im Markt können aufgrund von eigenen Stärken profitabel sein?	Welche Risiken im Markt können aufgrund eigener Schwächen riskant sein? **strategisches Risiko**

Aufgrund der Marktdynamik werden Stärken-Chancen-Kombinationen oft auch
als strategisches Zeitfenster (oder *Window of Opportunity*) bezeichnet, da für Unternehmen nur ein begrenztes Zeitfenster zur Verfügung steht, um das *Fit* zwischen den Marktchancen und der optimalen Entfaltung herzustellen (vgl.
Eschen 2002: 229). Neben der SWOT-Analyse steht auf der analytischen In-
strumentalebene die Analyse des allgemeinen Kunden- bzw. des bisherigen
Teilnehmerverhaltens, das Benchmarking und die **Lebenszyklusanalyse** zur
Verfügung. Das **Benchmarking** kann als Problemwahrnehmungs- und Prob-
lemlösungsinstrument verstanden werden, bei dem branchenexterne und bran-
cheninterne Best-practice- und Worst-practice-Verfahren identifiziert werden,
um die eigene präventive Intervention zu optimieren. Zur Motivierung langfristiger Verhaltensänderungen ist der **Bedarfslebenszyklus** von besonderer Bedeutung. Mithilfe von Bedarfslebenszyklen können differierende Bedürfnisse
einzelner Lebensphasen bestimmter Zielgruppen sowie präventive Interventionsmöglichkeiten über den gesamten Lebensweg eines Individuums (zwischen
Geburt und Tod) genauer strukturiert werden. Dieser umfassende konzeptionelle Ansatz der Bedarfsanalyse hat die Aufgabe,

▪ eine gegenwartsorientierte Steuerung der Präventionsinterventionen (z. B.
durch einzelne Interventionskomponenten) und der Bedürfnisbefriedigung
(z. B. durch die Motivationsgestaltung) zu gewährleisten und

▪ neue Erkenntnisse für eine zukunftsorientierte Steuerung im Sinne des Rela-
tionship-Managements ableiten zu können (vgl. Meffert/Bruhn 2006: 190).

Für die Gestaltung des Prozessablaufs kommt der **Teilnehmerlebenszyklus** (im Rahmen der Präventionsmaßnahmen) für das Gewinnungs-, Bindungs- und Rückgewinnungsmanagement der Teilnehmer in Betracht. Denn entgegen der Fokussierung auf einzelne Transaktionen stellt eine transaktionsübergreifende und nachfrageorientierte Perspektive den nachhaltigen Präventionserfolg sicher. Die Ergebnisse der Lebenszyklusanalyse tragen durch die Identifizierung spezifischer Teilnehmerbedürfnisse entscheidend zur zielgruppengerechten Positionierung und zur Überwindung von Teilnehmerbarrieren bei. Zudem sollten die Ergebnisse der Lebenszyklusanalyse in die Konzeptionierung und Gestaltung der Interventionsbestandteile (**Produktdesign**) und in den Ablauf (**Prozessdesign**) münden, um so den Prozessmechanismen, sprich die Organisationsstruktur definieren und gewährleisten zu können. Auch bei der Ausgestaltung der Kommunikation (**Kommunikationsdesign**) kann die Berücksichtigung der Informations-, Beeinflussungs- und Steuerungsziele zu einer dauerhaften Aktivierung der anvisierten Zielgruppe beitragen. Denn neben der Akzeptanzschaffung und Sicherstellung der Teilnehmerbereitschaft („individuelles Wollen") muss bei der Konzeption präventiver Intervention auch die Vermittlung der relevanten Fähigkeiten bzw. die Teilnahmefähigkeit („persönliches Können") (**Unterstützungsdesign**) berücksichtigt werden. Dies setzt voraus, dass bei der Gestaltung eine langfristige Sicht eingenommen wird und die Erhaltung und der Ausbau eines Gesundheitsbewusstseins fokussiert werden. Die gesammelten Informationen der dargestellten Analysen gehen so in die Definition des Alleinstellungsmerkmals, der Zielgruppen- und Marktsegmentierung und der strategischen Entscheidung ein, bevor die konkrete operative Umsetzung der Präventionsintervention (siehe → Kapitel 7) erfolgen kann.

5.2   Alleinstellungsmerkmal

Ziel der Situationsanalyse ist es, aufgrund der Bestandsaufnahme einen Wettbewerbsvorteil abzuleiten. Der fachspezifische Terminus für die Positionierungsherausstellung wird Alleinstellung oder auch **Uniqueness** genannt. Dabei stellt das sogenannte **Unique Selling Proposition** (kurz USP) das einzigartige und unverwechselbare Nutzen- und Teilnehmerversprechen der Präventionsintervention (Benefit) gegenüber Angeboten des Wettbewerbers dar. Dabei kann sich die Unverwechselbarkeit auf drei unterschiedliche Formen beziehen (vgl. Elste 2009: 31):

▪ **Absolute Einzigartigkeit:** Die absolute Einzigartigkeit ist gegeben, wenn das Angebot einmalig auf dem Markt ist.

- **Relative Einzigartigkeit:** Die relative Einzigartigkeit liegt vor, wenn in einer spezifischen Ausprägung des Präventionsangebotes (z. B. Service, inhaltliches Konzept) eine Überlegenheit vorhanden ist.

- **Situative Einzigartigkeit:** Die situative Einzigartigkeit ist gegeben, wenn potenziellen Teilnehmern über die Vergleichsangebote des Wettbewerbs keine konkreten Informationen vorliegen.

Dem USP liegen objektiv bewertbare und damit für die anvisierte Zielgruppe deutlich wahrnehmbare Nutzenaspekte der Präventionsintervention (z. B. durch Maßnahmen zur Produktqualität) zugrunde. Erst wenn dieser im Vergleich zum Wettbewerb genannte komparative Konkurrenzvorteil (KKV) bzw. die Einzigartigkeit und Bedeutsamkeit einer präventiven Dienstleistung inkl. der Dienstleistungselemente definiert worden ist, kann auf operativer Ebene agiert werden. Während das USP als eine reine Behauptung angesehen werden kann, stellt das **Reason Why** (oder Reason-to-Believe) die nachvollziehbare und glaubhafte Begründung für das einzigartige Nutzenversprechen dar (vgl. Fuchs/Unger 2014: 152). Insbesondere bei der Präferenzstrategie (Qualitätsführerschaft) geht es im Vergleich zur Preis-Mengen-Strategie (Kostenführerschaft) darum, mithilfe qualitativ herausragender Präventionsinterventionen ein USPs zu erarbeiten und teilnahmefördernd darzustellen. Bei Pionieren und frühen Folgern sind eindeutige Nutzen- und Konkurrenzvorteile durch den hohen Innovationsgrad gegeben. Späte Folger hingegen müssen stärker durch eine **Unique Advertising Proposition** (UAP) oder auch **Unique Communication Proposition** (UCP) eine Differenzierung zu ihrem Wettbewerb schaffen (vgl. Bruhn 2015: 147). Im Gegensatz zum USP kann das UAP nicht vom Wettbewerber imitiert werden, da Nachahmer vom Wettbewerb schnell entlarvt werden (vgl. Pepels 2012: 98). Akteure, die auf eine Preis-Mengen-Strategie setzen, sind demnach gezwungen, sich stärker durch eine werbliche Inszenierung zu positionieren. Eine einzigartige und aufmerksamkeitsstarke Kommunikationsbotschaft zeichnet sich durch emotional bedeutsame Botschaften aus. Oft steht bei der potenziellen Teilnahme an präventiven Interventionen nicht der gesundheitliche Nutzen, sondern der Beitrag zum eigenen Lebensstil sowie zusätzliche Erlebniswerte im Vordergrund. Verdeutlicht werden kann dieser Aspekt damit, dass viele Menschen Erlebnisparks einfachen Schwimmbädern vorziehen (vgl. Kroeber-Riel 1993, 21). Ein weiterer Ansatz, der gerade für (präventive) Dienstleistungsunternehmen relevant ist, stellt die **Unique Passion Proposition** (UPP) dar. Das UPP kann als eine Art *Spirit* verstanden werden, der sich in leidenschaftlichem Engagement der Akteure bezüglich ihrer Dienstleistung, dem Service (vgl. Kreutzer 2017: 400) und insbesondere der präventiven Sache an sich äußert. Das UPP trägt damit zur Stärkung der Glaubwürdigkeit der präventiv agierenden Unternehmen bei. Sowohl das USP, das UCP als auch das UPP münden in einer Alleinstellung des gesamten Marketingkonzeptes (**Unique Marketing Proposition**) (siehe → Abb. 9).

UMP = Unique Marketing Proposition = *Alleinstellung durch die Einzigartigkeit des Marketingkonzepts*		
USP = *Unique Selling Proposition*	**UCP** = *Unique Communication Proposition*	**UPP** = *Unique Passion Proposition*
Alleinstellung durch die produktbezogene Einzigartigkeit	Alleinstellung durch die kommunikative Einzigartigkeit	Alleinstellung durch die leidenschaftliche Einzigartigkeit

Abb. 9: Unique Marketing Proposition
Quelle: Eigene Darstellung in Anlehnung an Kreutzer 2017: 401.

5.3 Zielgruppen- und Marktsegmentierung

Um passgenaue Präventionsprodukte und Marketingmaßnahmen für Präventionsdienstleistungen entwickeln und umsetzen zu können, bietet sich die Spezifizierung auf eine abgegrenzte Zielgruppe, die sogenannte *Marktsegmentierung* an. Die Segmentierung des Marktes bzw. der Zielgruppe nach bestimmten Clustern sollte [1] möglichst gleich (intern homogen) sein aber sich [2] von anderen Teilsegmenten unterscheiden (extern heterogen) (vgl. Bruhn 2014: 59). Die genaue Segmentierung des Marktes kann dabei auf unterschiedliche Art und Weise erfolgen (vgl. Steffenhagen 2008: 39ff.):

- **Marketingsegmentierung nach Anbietermerkmalen:** Bei der Segmentierung nach Anbietermerkmalen wird der Markt nach Geschäftsmodellen unterteilt (z. B. onlinegestützte Präventionskurse versus klassische Präventionskurse).
- **Marktsegmentierung nach Produkt- und Leistungsmerkmalen:** Von einer Segmentierung nach Produkt- oder Leistungsmerkmalen ist die Rede, wenn die Segmentierung beispielsweise nach präventiven Handlungsfeldern (z. B. Bewegung, Ernährung) erfolgt.
- **Marktsegmentierung nach Bedürfnismerkmalen bzw. Funktionen:** Wird die Unterteilung des Marktes bei präventiven Angeboten beispielsweise nach Leistungsorientierung, Freizeit- und Spaßorientierung oder Präventions-

orientierung vorgenommen, so wird von einer Marktsegmentierung nach Bedürfnismerkmalen gesprochen.

▨ **Marktsegmentierung nach Kundenmerkmalen:** Bei einer Marktsegmentierung nach Kundenmerkmalen erfolgt eine Unterteilung beispielsweise nach geografischen (z. B. Bundesland, Stadt), soziodemografischen (z. B. Alter, Geschlecht), sozialpsychologischen (z. B. Lifestyle) oder verhaltensspezifischen Merkmalen (z. B. Bewegung).

Die Marktsegmentierung hat dabei die Aufgabe, [1] die Identifikation und [2] die Definition von Marktsegmenten als Basis für eine zielgruppen- und bedarfsspezifisch maßgeschneiderte Interventionsstrategie (**Target-Marketing**) vorzubereiten (vgl. Simon/Gathen 2002: 273ff.; Meffert/Bruhn 2006: 153ff.). Neben spezifischen Daten zur bedürfnisgerechten Ansprache stehen als Schlüssel für die erste Ansprache oft soziodemografische Daten zur Verfügung. Zudem werden mithilfe des Präventionsmarketings eigene Daten erhoben. Ziel ist es, jedem Teilnehmer die bestmögliche Betreuung zur (dauerhaften) Stimulierung des Gesundheitsverhaltens zukommen zu lassen. Profildaten innerhalb von Präventionsinterventionen können sein:

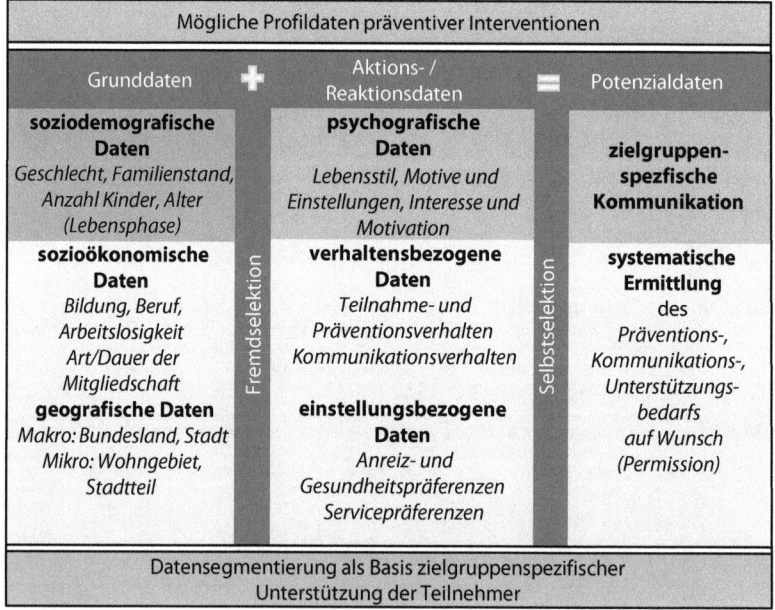

Abb. 10: Profildaten präventiver Interventionen
Quelle: Scherenberg 2008: 116 in Anlehnung an Wirtz 2005: 224.

Die so gebildeten Zielgruppen fungieren als eine Art Kompass für die zielge-richtete Verhaltensmobilisierung der potenziellen Teilnehmer. Auf Basis der Erkenntnisse der dargestellten Analyseinstrumente lässt sich systematisch eine Beziehung (Relationship Management) aufbauen. Zentrales Ziel sollte es sein, anhand der Segmentcharakteristika (z. B. unterschiedliches Präventionsverhalten je nach Geschlecht und Alter) und der Bedarfsprofile eine zielgerichtete Betreu-ung vorzunehmen. Anstatt einer Fokussierung auf einzelne Transaktionen soll eine transaktionsübergreifende und nachfrageorientierte Perspektive den nach-haltigen Erfolg sicherstellen. Nur so erfüllen aufgestellte Ziele eine

- **Orientierungs- bzw. Lenkungsfunktion** der Maßnahmen,
- **Kontrollfunktion** durch die Bewertungsmöglichkeit sowie
- **Motivationsfunktion** durch zielgerichtete Handlungen der Institutionen (sowie der Teilnehmer) (vgl. Kreutzer 2006: 54).

Voraussetzung für die Marktsegmentierung ist, dass spezifische Grundsätze beachtet werden sollten, die eine hohe Zielorientierung gewährleisten (vgl. Kot-ler/Bliemel 2006: 451f.; Freter 2008: 90ff.; Meffert et al. 2012: 194f.):

- **Verhaltensrelevanz:** Die Segmentierungskriterien sollten einen unmittelba-ren Zusammenhang (zum Kauf- und Konsumverhalten bzw.) in Bezug zur jeweiligen Präventionsintervention z. B. zum Präventions- und Risikoverhal-ten aufweisen.
- **Zeitliche Stabilität:** Die Segmentierungskriterien sollten in Bezug auf die Verhaltensweisen der Zielgruppen für einen längeren Zeitraum stabil sein.
- **Ausreichende Segmentgröße**: Die Segmentierungskriterien sollte die Teil-menge nicht soweit eingrenzen, dass eine gezielte Ansprache nicht mehr möglich ist.
- **Bezug zur Marktbearbeitung:** Die Segmentierungskriterien stellen die Basis für die operationale Marktbearbeitung dar und sollen differenzierte Hinweise für den Einsatz der Marketinginstrumente geben.
- **Ansprechbarkeit und Zugänglichkeit:** Die Segmentierungskriterien sollten so ausgewählt werden, dass die Teilmenge mit den Marketinginstrumenten und ausgewählten Medien ansprechbar ist.
- **Messbarkeit:** Die Segmentierungskriterien sollten so gewählt werden, dass die Marktsegmente quantifizierbar sind.

Aus der Marktsegmentierung ergeben sich Marktsegmente, die es ermöglichen, den anvisierten Markt mit unterschiedlichen Marktsegmenten zu bearbeiten. Bevor eine geeignete Markteintritts- und Marktbearbeitungsstrategie festgelegt wird, ist es notwendig, Marketingziele festzulegen, aus denen dann die jeweilige Strategie abgeleitet wird.

5.4   Marketingziele und -strategie

Strategische Marketingziele lehnen sich an übergeordnete Unternehmensziele an, sie stellen die Ausgangsbasis für die Strategiefestlegung und die Planung der Marketingkonzeption dar. Damit sind strategische Marketingziele ein übergeordnetes Zielsystem für das jeweilige Unternehmen, von denen operative Marketingziele einzelner Marketingbereiche systematisch abgeleitet und umgesetzt werden (vgl. Hermanns et al. 2012: 71). Zur Operationalisierbarkeit von Zielen ist es notwendig, Ziele zu präzisieren. Entsprechend sollten Ziele sowohl quantitativ wie auch qualitativ nach dem **SMART-Prinzip** spezifiziert werden. Somit müssen Ziele klar definiert (**s**pecific bzw. **s**tated), messbar (**m**easurable), erreichbar (**a**chievable), relevant und realistisch (**r**elevant bzw. realistic) und mit eindeutigen Terminen (**t**argeted bzw. time-oriented) versehen werden (vgl. Angermeier 2005: 409).

Werden Marketingmaßnahmen für Präventionsinterventionen geplant, so muss definiert werden, welche inhaltlichen Ziele als Voraussetzung für eine kurz-, mittel- und langfristige Erreichung und Motivierung der Zielgruppen notwendig sind. Die zeitlichen Ziele sind so zu definieren, dass sie die finanzielle Zielerreichung (z. B. Deckungsbeitrag, Umsatz, Kosteneinsparung) sicherstellen. Finanzielle Ziele orientieren sich dabei an den ökonomischen Interessen der jeweiligen Institution. Während beispielsweise Krankenkassen durch die positive Gesundheitsbeeinflussung der jeweiligen Zielgruppe Krankheitskosten einsparen möchten, stehen für Institutionen aus der Privatwirtschaft oft eher umsatzspezifische Aspekte im Vordergrund. Dabei werden ökonomische Ziele durch nichtmonetäre, vor-ökonomische bzw. psychographische Zielgrößen (z. B. Bekanntheitsgrad, Teilnehmerzufriedenheit und -bindung, Loyalität, Weiterempfehlungsrate) beeinflusst, die oft schwer quantifizierbar sind. Zu den psychographischen Zielen zählen ebenfalls die für die Prävention so wichtige Änderung des gesundheitlichen Risikoverhaltens oder die Zunahme an Gesundheitskompetenzen der Teilnehmer, die im Rahmen der jeweiligen Intervention geplant ist. Je nach Setting und Präventionsintervention sind die Zielgrößen passgenau zu bestimmen. Wie unterschiedlich Zielgrößen in Abhängigkeit von der jeweiligen Präventionsintervention aber auch dem gewählten Setting aussehen können, zeigen die in der → Tab. 13 beispielhaft dargestellten Zielgrößen einer Intervention im Bereich der betrieblichen Gesundheitsförderung.

Tab. 13: Zielgrößen im Bereich der betrieblichen Gesundheitsförderung
Quelle: Eigene Darstellung.

Zielgrößen: Präventionsinterventionen	
ökonomische Zielgrößen	außerökonomische Zielgrößen
Krankheitskosteneinsparung	Steigerung des Bekanntheitsgrads und des Images
Reduzierung von Fehlzeiten	Erhöhung der Teilnehmergewinnung und -bindung
Senkung der Unfallversicherungs- und Ausgleichzahlungsprämien	Verbesserung der innerbetrieblichen Kooperation und des Arbeitsklimas
Steigerung der Produktivität	Steigerung der Mitarbeiterzufriedenheit und der Mitarbeitermotivation
Senkung der Fluktuationsrate	Verbesserung der Innovationsfähigkeit
Return-On-Investment	

Bei Präventionsinterventionen steht die positive Verhaltensbeeinflussung im Mittelpunkt. Entsprechend bietet sich für die Festlegung wirksamer Präventionsbestandteile, die einen großen Einfluss auf die gesundheitliche Zielsetzung im Rahmen von Maßnahmen im Bereich des Präventionsmarketings haben, neben dem SMART-Prinzip bei der Definition von Zielen als Orientierung zudem die **RUMBA-Regel** an. Denn nach der RUMBA-Regel sollten zugrundeliegende Gesundheits- bzw. Verhaltensprobleme bedeutsam (**R**elevant), für die potenziellen Teilnehmer nachvollziehbar (**U**nderstandable), mit hoher Zuverlässigkeit messbar (**M**easurable), in Bezug auf das angestrebte Gesundheitsverhalten erreichbar (**B**ehavioral) und von allen Teilnehmern beeinflussbar (**A**ttainable) sein (vgl. Schrappe 2001: 389). Die so definierten messbaren Ziele sind in Form von Veränderungsindikatoren innerhalb festgelegter Zeitfenster gleichzeitig im Rahmen der späteren Kontrolle überprüfbar. Die Ziele sind auf der Basis der Situationsanalyse (siehe → Kapitel 5.1) abzuleiten. Die → Tab. 14 zeigt, wie qualitative und quantitative Ziele für eine Präventionsintervention aussehen können, um anschließend operative Marketingmaßnahmen (siehe → Kapitel 7) ableiten zu können.

Tab. 14: Kurz-, mittel- und langfristige Zielsetzung
Quelle: Eigene Darstellung.

	qualitative und quantitative Ziele
kurzfristig 1 Jahr	▪ Vermarktung der Präventionsintervention (Werbung, PR) ▪ Vertrauensaufbau (bei Teilnehmern und Multiplikatoren) ▪ Schaffung eines Bekanntheitsgrades bei der Zielgruppe: ca. 30 % ▪ Einschreibung in das Präventionsprogramm Männer: ca. 5 bis 10 % Frauen: ca. 0,5 bis 2 % ▪ erste Aktivitäten
mittelfristig < 3 Jahre	▪ Vertrauensintensivierung ▪ Wissensvermittlung und dauerhafte Aktivierung ▪ Generierung weiterer Neueinschreibungen: ca. 2–3 % ▪ Bindung der Teilnehmer und Zufriedenheitssteigerung:: ca. 25–30 % ▪ sporadische Teilnahme: ca. 30 %
langfristig > 3 Jahre	▪ Generierung weiterer Neueinschreibungen ▪ Sicherung der dauerhaften Akzeptanz bzw. Teilnahme ▪ Verstärkung der Aktivitäten durch Empfehlungen (Mund-propaganda) und Verstärkungseffekte der Teilnehmer untereinander sowie durch Akzeptanz bei den Multiplikatoren (Ärzte etc.) ▪ Verhaltensänderung aufgrund von Wissensvermittlung und gegenseitiger Aktivierung

Bei der späteren Überprüfung von selbstgesteckten Zielen kann die sogenannte Goal Attainment Scaling (GAS) Hilfestellung leisten, bei der die Zielerreichung mithilfe einer 5-stufigen Skala (angefangen von „viel mehr als erwartet" bis „viel weniger als erwartet") kontrolliert wird (vgl. Schäfer/Kolip 2010: 67). Der Leitfaden „Goal Attainment Scaling (Zielerreichungsscala)" ist auf der Internetseite des Landeszentrums Gesundheit NRW in der Rubrik Methodenkoffer (⌁ *www.lzg.nrw.de*) zu finden (vgl. Schäfer/Kolip 2015).

Grundsätzlich haben Präventionsinterventionen den Anspruch, durch systematische Wissensvermittlung positive Verhaltensänderung zu stimulieren. Neben der Steigerung der Lebensqualität und -dauer soll die Lebensstiländerung zur Reduzierung der Folgekomplikationen und damit zur Kostenreduktion führen. Für einen möglichst hohen Return on Investment (ROI) sind Evaluationen unerlässlich (siehe → Kapitel 8.3). Intention ist es, durch Evaluationen eine dauerhafte Kontrolle (siehe → Kapitel 8.4) zur zeitnahen Optimierung initialisieren zu können. Kostenziel ist es, Maßnahmen zu erstellen, die zu möglichst geringen Kosten bei höchstmöglicher Erreichung der qualitativen und quantitativen Ziele eine hohe Zielgruppenerreichbarkeit gewährleisten. Das Risiko für Investitionsfehlentscheidungen soll auf diese Weise möglichst geringgehalten werden. Auf Basis der definierten Marketingziele kann nun eine **Marketingstrategie** abgeleitet werden, die als langfristiger, globaler Verhaltensplan zur Erreichung der Marketingziele angesehen werden kann (vgl. Meffert et al. 2014: 21). Hierbei werden übergreifend vier strategische Fragestellungen nach allgemeinen Stoßrichtungen als Grundlage für das operative Marketing beantwortet (vgl. Kreutzer 2013: 179):

[1] **Marktfeldstrategie:** Welche Produkte und Dienstleistungen im Bereich der Prävention und Gesundheitsförderung werden angeboten?

[2] **Marktarealstrategie:** Wo werden die Produkte und Dienstleistungen im Bereich der Prävention und Gesundheitsförderung angeboten?

[3] **Marktsegmentierungsstrategien:** Wer soll als Zielgruppe für die Produkte und Dienstleistungen im Bereich der Prävention und Gesundheitsförderung fungieren?

[4] **Marktstimulierungsstrategie:** Wie werden die potenziellen Teilnehmer stimuliert, um die Produkte und Dienstleistungen im Bereich der Prävention und Gesundheitsförderung nachzufragen?

Die genannten Strategien führen nach der Beantwortung der vier Entscheidungsfelder zusammenfassend zu einer zentralen Positionierungsstrategie für den jeweiligen Präventionsanbieter. Dabei kann jedes Entscheidungsfeld als Entscheidungskontinuum aufgefasst werden (vgl. Tomczak 1989: 141ff.), bei dem die Endpole „Beibehaltung der Marktposition" bis hin „Neupositionierung" in Frage gestellt werden. Die Mitte des Kontinuums stellt eine „Umpositionierung" dar.

[1] Marktfeldstrategie

Mit der Marktfeldstrategie wird festgelegt, mit welcher Produkt-Markt-Kombination in Zukunft das Wachstumsziel erreicht werden soll. In Abhängigkeit davon, ob auf dem aktuellen oder auf einem neuen Markt agiert, oder ob neue oder bestehende präventive Interventionen angeboten werden, bestehen unterschiedliche marktfeldstrategische Optionen, die bei der operativen Umsetzung des Marketingmix Berücksichtigung finden. Für eine Institution, die bisher zertifizierte Ernährungskurse (der Zentralen Prüfstelle Prävention) auf dem Präsenzmarkt (vor Ort) angeboten hat, stehen beispielsweise die in der → Tab. 15 dargestellten Optionen zur Verfügung.

Tab. 15: Ansoff-Matrix
Quelle: Eigene Darstellung in Anlehnung an Ansoff 1966: 162.

	Angebote gegenwärtige Präventionsangebote	Hinzunahme neuer Präventionsangebote
Bedienung gegenwärtiger Märkte	**Marktdurchdringung** Das Angebot wird intensiver vermarktet.	**Produktentwicklung** Neue Angebote werden bspw. im Bereich Bewegung angeboten.
Bedienung zukünftiger Märkte	**Marktentwicklung** Das Angebot wird online angeboten (Erschließung des Onlinemarkts).	**Produktdiversifikation** Neue Angebote werden für spezifische Zielgruppen (z. B. Kinder, Chroniker) entwickelt.

Bei der Angebotsausweitung und damit der Ausrichtung von Institutionen auf neue Märkte und neue Produkte und Dienstleistungen wird zwischen der horizontalen, vertikalen und lateralen Diversifikation differenziert (vgl. Meffert/Bruhn/Hadwich 2015: 228; Yip 1982: 129f.):

- **Horizontale Diversifikation:** Bei der horizontalen Diversifikation werden Produkte und Dienstleistungen angeboten, die einen direkten Bezug zum bestehenden Angebot aufweisen und die gleiche Teilnehmergruppen anvisieren. Beispielsweise liegt eine horizontale Diversifikation vor, wenn neben Bewegungskursen auch Ernährungskurse offeriert werden.

- **Vertikale Diversifikation:** Die vertikale Diversifikation liegt bei einer Erweiterung des Leistungsspektrums entlang der Wertschöpfungskette vor, sprich bei Produkten und Dienstleistungen, die vor- oder nachgelagert sind. Dies ist beispielsweise der Fall, wenn Anbieter von Bewegungsangeboten gleichzeitig eine Akademie betreiben und staatlich anerkannte Fitnesstrainer für den Eigenbedarf ausbilden.

- **Laterale Diversifikation:** Bei der lateralen Diversifikation werden Produkte und Dienstleistungen angeboten, die außerhalb des bisherigen Leistungsspektrums liegen. Beispielsweise liegt die laterale Diversifikation vor, wenn Anbieter im Bereich Stressprävention gleichzeitig als Reiseanbieter aktiv sind.

Die konzentrische und konglomerate Diversifikation stellt eine Unterform der lateralen Diversifikation dar. Während bei der konzentrischen Diversifikation ähnliche Kundenbedürfnisse (im Falle des Reiseanbieters z. B. Sporturlaub) vorhanden sind, besteht bei der konglomeraten Diversifikation keinerlei Verbindung zum bestehenden Leistungsspektrum (vgl. Ansoff 1965: 132ff). Neben der Frage nach der Produkt- und Unternehmensdiversifikation stellt sich die Frage nach der räumlichen bzw. geografischen Marktausrichtung.

[2] Marktarealstrategie

Bei der Marktarealstrategie fällt die strategische Entscheidung darüber, ob die Produkte und Dienstleistungen auf dem nationalen oder sogar internationalen Markt angeboten werden sollen. Die grundsätzlichen geopolitischen Optionen für spezifische Marktareale sind in der → Tab. 16 zusammengefasst.

Tab. 16: Regionale Ausrichtung
Quelle: Eigene Darstellung in Becker 2001: 301.

Ausrichtung		Beispiele
national = *Domestic Marketing*	lokal	Stadtgebiet von Bremen
	regional	Stadt Bremen
	überregional	Bundesland Nordrhein-Westfalen
	national	deutschlandweit
überregional = *International Marketing*	international	wenige, z. B. deutschsprachige Länder
	multinational	mehrere Länder
	transnational	europaweit
	global	weltweit

Anzumerken ist, dass insbesondere bei gesundheitsbezogenen Dienstleistungen und Produkten nationale Gesetze und Bestimmungen zu berücksichtigen sind, so dass Präventionsdienstleistungen oft auf nationale Marktareale ausgerichtet sind. Ein Beispiel für eine überregionale Marktarealstrategie stellt das Abnehmprogramm BodyChange dar, dass auch in Brasilien und in den USA vermarktet wird (vgl. Welt/NTV24 2014). Wichtig ist, dass gerade bei überregionalen Marktaktivitäten kulturelle, rechtliche und wirtschaftliche Besonderheiten bei der Marktbearbeitung Berücksichtigung finden. Aber auch schon auf nationaler Ebene können die regionalen Vorlieben (z. B. Ernährung, Bewegung) mitunter stark differenzieren und sind bei der Marktbearbeitung, bei der Entwicklung und der Umsetzung von Präventions- und Marketingmaßnehmen stets zu berücksichtigen. Grundsätzlich können Gebietsausweitungen nach einem erfolgreichen Markteintritt drei unterschiedliche Ausprägungsformen aufweisen (vgl. Becker 2001: 462):

- **konzentrische Gebietsausweitung:** Bei der konzentrischen Gebietsausweitung wird der Markt und damit die potenziellen Teilnehmer von Präventionsinterventionen ringförmig um das bestehende Marktareal erschlossen.

- **selektive Gebietsausweitung:** Werden einzelne Gebiete in der Nähe des bestehenden Marktareals erschlossen, um so regionale Lücken zu schließen, dann ist von einer selektiven Gebietsausweitung die Rede.
- **inselförmige Gebietsausweitung:** Von einer inselförmigen Gebietsausweitung wird gesprochen, wenn bei der Marktbearbeitung z. B. zuerst wichtige Ballungszentren erschlossen werden, um anschließend eine Vernetzung der Zentren untereinander vorzunehmen.

Welche Form der Gebietsausweitung gewählt wird, hängt von unterschiedlichen Aspekten, beispielsweise dem vorhandenen Präventionspotenzial, der regionalen Erfahrung, möglichen und vorhandenen Kooperationspartnern, der Logistik sowie von den zur Verfügung stehenden Personalkapazitäten in den jeweiligen Regionen ab.

[3] Marktsegmentierungsstrategie

Bei der Marktsegmentierungsstrategie (oder Marktparzellierungsstrategie und Zielmarktstrategie) werden marketingstrategische Entscheidungen über die grundsätzliche Marktabdeckung getroffen. Dabei geht es um die Beantwortung der zentralen Fragen nach der Marktabdeckung, dem Differenzierungsgrad und der Segmentierung des Marktes (vgl. Kreutzer 2013: 190):

- **Marktabdeckung:** In welchem Ausmaß soll der Markt abgedeckt werden?
- **Differenzierung:** In welchem Umfang soll das Angebot differenziert werden?
- **Segmentierung:** Nach welchen Segmentierungskriterien und in welche Segmente soll der Markt aufgeteilt werden?

Die beiden ersten Fragen stellen zentrale Entscheidungen über die managementorientierte Marktorientierung dar und führen automatisch zu Schlussfolgerungen im Bereich der Kommunikations- und Produktpolitik. Die dritte Frage befasst sich mit der taxonomischen Marktsegmentierung (vgl. Kreutzer 2013: 190), bei der große, heterogene Zielgruppen in kleinere, möglichst homogene Zielgruppen mit größeren Ähnlichkeiten (z. B. im Hinblick auf den Präventionsbedarf, die Verhaltensmuster oder die Bedürfnisse) (siehe → Kapitel 5.2) unterteilt werden. Die → Tab. 17 bietet einen Überblick über die möglichen Marktsegmentierungsstrategien.

Tab. 17: Marktsegmentierungsstrategie
Quelle: Eigene Darstellung in Anlehnung an Herrmann/Huber 2013: 114.

Marktabdeckung / Differenzierung des Marketingprogramms	vollständig	teilweise
undifferenziert Massenmarktstrategie	**undifferenziertes Marketing** Abdeckung des Gesamtmarktes mit einer spezialisierten Präventionsintervention	**konzentriertes differenziertes Marketing** Abdeckung eines Teilmarktes mit einer spezialisierten Präventionsintervention
differenziert Marktsegmentierungsstrategie	**differenziertes Marketing** Abdeckung des Gesamtmarktes mit unterschiedlicher Präventionsintervention	**selektiv-differenziertes Marketing** Abdeckung eines Teilmarktes mit differenzierter Präventionsintervention

Die Marktsegmentierungsstrategie stellt die Grundlage für die Marktsegmentierung bzw. die differenzierte Marktbearbeitung dar. Bei der Marktsegmentierung kommt automatisch das Thema „Individualisierung von präventiven Dienstleistungen" und damit auch die Schaffung eines unverwechselbaren Alleinstellungsmerkmales zum Tragen (siehe → Kapitel 5.2).

[4] Marktstimulierungsstrategie

Innerhalb der Marktstimulierungsstrategie bzw. Marktbeeinflussungsstrategie wird entschieden, ob die Marktbeeinflussung der anvisierten Zielgruppe über Qualitäts- oder Preisaspekte dominiert wird (vgl. Froböse/Thurm 2016: 73). Die Marktstimulierungsstrategie geht damit auch im Rahmen von Präventionsinterventionen von den Teilnehmermotiven Qualität oder Preis aus und differenziert zwischen der Präsenzstrategie und der Preis-Mengen-Strategie (vgl. Froböse/Thurm 2016: 73):

- **Präferenzstrategie (oder Qualitätsstrategie):** Bei der Präferenzstrategie wird ein Präventionsangebot so differenziert, dass qualitativ bzw. leistungsmäßig aus Sicht der Teilnehmer eine Einzigartigkeit *(Besser-Prinzip* oder *Anders-Prinzip)* geschaffen wird. Die Anbieter begeben sich bei dieser leistungsfokussierten Vorgehensweise in einen Präsenzwettbewerb, der auf langfristige Differenzierungsvorteile und einen überlegenen Wettbewerbsvorteil setzt. Als Beispiel sind regionale Premium-Fitness-Clubs zu nennen.

- **Preis-Mengen-Strategie (oder Discountstrategie):** Bei der Preis-Mengen-Strategie wird eine umfassende Kostenführerschaft angestrebt, bei dem durch dauerhafte und permanente Reduktion der Kosten der Preisvorteil an die Teilnehmer weitergegeben wird *(Billig-Prinzip)*. Bei einer preisfokussierten Vorgehensweise begeben sich die Anbieter in einen Preiswettbewerb. Große Unternehmen, so beispielsweise Fitness-Ketten mit günstigen Angeboten (z. B. McFIT) verfolgen diese Strategie. Kosteneinsparungen können durch den Verzicht auf kostenintensive Beratungs- und Serviceangebote, eine hohe Standardisierung oder die Beschränkung der Angebotsbreite und -tiefe erreicht werden.

Die Präferenz- und Preis-Mengen-Strategie kann sich sowohl auf den Gesamtmarkt als auch auf einen ausgewählten Teilmarkt beziehen. Dabei handelt es sich nicht per se um eine Entweder-oder-Entscheidung, sondern vielmehr kann das Preis-Leistungs-Verhältnis in Form eines Kontinuums dargestellt werden (siehe → Abb. 11). Bei der Mittellagen-Strategie wird jeweils das durchschnittliche Preis- und Leistungsniveau angeboten (vgl. Froböse 2016: 73). Anzumerken ist, dass Marken (→ Kapitel 7.2) mit Leistungs- und Qualitätsvorteilen oft eine längere Lebenszeit als Marken mit einem Preisvorteil haben, da Leistungs- und Qualitätsvorteile schwerer zu imitieren sind als Preisvorteile (vgl. Becker 1998: 110f.). Dabei können die wahrgenommenen Leistungs- und Preisvorteile nicht real existieren, sondern lediglich im Vergleich zum Wettbewerb rein subjektiv empfunden werden (vgl. Kreilkamp 1987: 114ff.). Der Vorteil der Preisstrategie liegt darin, dass sich niedrige Preise leichter vermarkten lassen als erklärungsbedürftige Qualitätsaspekte eines Produktes oder eine Dienstleistung (vgl. Froböse/Thurm 2016: 74).

Leistungsvorteile, die im Rahmen der Präferenzstrategie durch eindeutige Leistungsvorteile vorgenommen werden, beziehen sich auf die Qualitätsaspekte (z. B. Beständigkeit, Verantwortung), Convenience-Aspekte (z. B. Beratung, Service) oder Erlebnisaspekte (z. B. Abenteuer, Events, Entertainment). Bezogen auf Präventionsinterventionen spielen Erlebnisaspekte beispielsweise bei Bewegungsangeboten (z. B. Gemeinschaftserlebnis, Spaß am Sport) eine besondere Rolle (vgl. Leyk et al. 2010: 129), aber auch im Rahmen von Onlineinterventionen sind erlebnisbezogene Komponenten förderlich für die Verhaltensmotivierung von Teilnehmern.

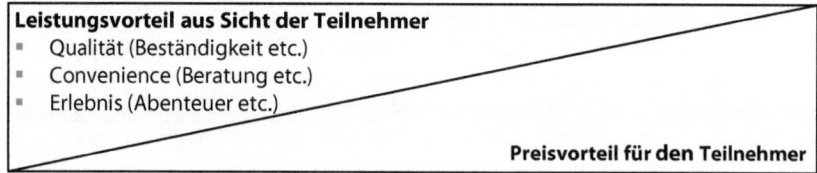

Abb. 11: Leistungs- und Preisvorteil
Quelle: Eigene Darstellung in Anlehnung an Kreilkamp 1987: 118.

utb.

Die genannten Positionierungsstrategien sind nicht isoliert voneinander zu betrachten, sondern führen in der Summe zu einer der beispielhaft genannten Gesamtstrategien (vgl. Tomczak/Kuß/Reinecke 2014: 192):

- **Präferenzorientierte Marktsegmentierungsstrategie:** innovativer und aggressiver Strategiestil, Teilmarktabdeckung, Präferenzstrategie
- **Präferenzorientierte Massenmarktstrategie:** innovativer und aggressiver Strategiestil, Gesamtmarktabdeckung, Präferenzstrategie
- **Aggressive Preis-/Mengen-Strategie:** innovativer und aggressiver Strategiestil, Gesamtmarktabdeckung, Preis-/Mengen-Strategie

Oft sind gerade innovative und aggressive Positionierungsstrategien erfolgreich. Preis-Mengen-Strategien sind dann erfolgsversprechend, wenn sie sich auf einen nationalen Gesamtmarkt beziehen, während Präferenzstrategien auch auf Teil- und Gesamtmärkten durchschnittliche Erfolge erzielen können (vgl. Tomczak/Kuß/Reinecke 2014: 192). Akteure, die sich durch Qualitäts- und Leistungsmerkmale positionieren möchten, verfolgen die Pionierstrategie. Denn neben der Definition des Marktfeldes, des geografischen Marktes, der Marktabdeckung und des zentralen Wettbewerbsvorteils müssen sich Akteure im Präventionsumfeld Gedanken darüber machen, wie sie sich in zeitlicher Hinsicht gegenüber dem Wettbewerb positionieren wollen. Grundsätzlich können drei unterschiedliche Timing-Strategien unterschieden werden:

- **Pionierstrategie (First-Mover-Strategy):** Bei der Pionierstrategie treten Akteure als Innovator auf. Während bei Produkten der Innovationsschutz durch Patente möglich ist, bestehen Schutzmöglichkeiten bei Präventionsinnovationen nur selten. Durch die frühzeitige Marktpositionierung können Pioniere ihr Marktsegment ohne Rücksicht auf Konkurrenten frei wählen, verschaffen sich Markt-Know-how, sammeln wichtige Erfahrungswerte, strategische Kostenvorteile und können eine Markentreue zu Teilnehmern aufbauen (vgl. Berndt/Altobelli/Sander 2016: 187). Diese Vorteile sind indes nur durch hohe Investitionen bei der Markterschließung zu erreichen, zudem können Imageschäden bei unausgereiften Dienstleistungen (mit Kinderkrankheiten) entstehen, von denen Folger profitieren (vgl. Dahm 1995: 127; Tomczak/Kuß/Reinecke 2014: 104).
- **Frühe-Folger-Strategie (Second-to-Market-Strategy):** Bei der Frühen-Folger-Strategie (oder Follower-Strategie) kopieren Akteure im Bereich der Prävention Innovationen ohne größere zeitliche Verzögerung. Dabei kann es sich um ein optimiertes Angebot (*second-but-better entry*) oder um ein reines Duplikat (*mee-too entry*) handeln (vgl. Schnaars 1986: 28; Rüth/Haag 2015: 82). Die frühen Folger (*early follower*) können anhand des Marktverhaltens des Pioniers bestehende Risiken und Chancen identifizieren (reduzierte Markt-

Ungewissheit), um Ableitungen für die eigene Marktbearbeitung vorzunehmen.

▪ **Spät-Folger-Strategie (Late-to-Market-Strategy):** Bei der Spät-Folger-Strategie kopieren Akteure im Bereich der Prävention Brancheninnovationen nach erfolgreicher Marktetablierung. Späte Folger (*late follower*) profitieren auf diese Weise von etablierten Standards. Vorteilhaft ist die Spät-Folger-Strategie, wenn eigenes Entwicklungs-Know-how fehlt oder technologische Entwicklungen oder Teilnehmerbedürfnisse schwer abschätzbar sind (vgl. Backhaus 1999: 257f.).

Bei technikbezogenen Präventionsleistungen (z. B. Präventions-Apps) kann davon ausgegangen werden, dass die Pionierstrategie besonders vorteilhaft ist, da sich die Anbieter einen Zeitvorteil verschaffen. Wird die vorübergehende Monopolstellung genutzt, um Standards zu etablieren, um Markteintrittsbarrieren aufzubauen und um eine hohe Marktdurchdringung zu erzielen, dann können die Wettbewerbsvorteile gesichert werden (vgl. Weiber/Kollmann/Pohl 1999: 167).

✳ Zusammenfassung

Um strategische Marketingentscheidungen treffen zu können, ist eine fundierte Situationsanalyse bestehend aus der Umfeld-, Markt-, Wettbewerbs- und Ressourcenanalyse notwendig, um eine SWOT-Analyse erstellen zu können. Das Ergebnis des Abgleichs der internen Stärken und Schwächen mit den externen Chancen und Risiken ist die Darstellung der IST-Situation, um das Alleinstellungsmerkmal (USP) ableiten zu können. Die Definition der Zielgruppe (inkl. Zielgruppensegmentierung), der Marketingziele sowie der Marketingstrategien stellen die weiteren Schritte der zu treffenden strategischen Entscheidungen dar. Innerhalb der Strategiefestlegung wird genau bestimmt, welche Produkte und Dienstleistungen (Marktfeldstrategie) in welchem regionalen Markt (Marktarealstrategie) und mit welcher Marktabdeckung (Marktsegmentierungsstrategie) angeboten werden und auf welche Weise die Zielgruppe beeinflusst wird (Marktstimulierungsstrategie). Die Timing-Strategie legt zudem die Höhe des Innovationsgrads fest und damit, ob sich die präventiv agierenden Institutionen als Pioniere, frühe Folger oder als späte Folger auf dem Markt positionieren möchten.

✳ Wichtige Schlagwörter

Situationsanalyse, SWOT-Analyse, Zielgruppensegmentierung, Marketingziele, SMART-Prinzip, Alleinstellungsmerkmal, RUMBA-Regel, Goal Attainment Scaling, Marketingstrategie, Produktdiversifikation, Timing-Strategie

✳ Wiederholungsfragen

[1] Welche externen Einflussfaktoren müssen Sie bei der Situationsanalyse als Grundlage für ein Präventionsprogramm zur Hautkrebsvorsorge berücksichtigen?

[2] Wo besteht der zentrale Unterschied zwischen der Chancen-Risiko- und der Stärken-Schwächen-Analyse?

[3] Nach welchen Merkmalen können Märkte segmentiert werden?

[4] Zählen Sie jeweils drei psychografische, verhaltensbezogene und einstellungsbezogene Merkmale auf!

[5] Welche Eigenschaften sollten Ziele aufweisen?

[6] Wann wenden Sie eine undifferenzierte Marktstrategie an?

✳ Literaturempfehlungen

Meffert H; Bruhn M; Hadwich K (2015). Dienstleistungsmarketing: Grundlagen – Konzepte – Methoden. 8. Auflage, Wiesbaden: Springer Verlag.

Tomczak T, Kuß A, Reinecke S (2014). Marketingplanung – Einführung in die marktorientierte Unternehmens- und Geschäftsfeldplanung. Wiesbaden: Springer Verlag.

Kreutzer, RT (2017). Praxisorientiertes Marketing: Grundlagen – Instrumente – Fallbeispiele. Wiesbaden: Springer Verlag.

6 Anwendungsbezogene Aspekte: Marketingstrategische Hintergründe zu spezifischen Präventionsformen

✳ Lernziele

In diesem Kapitel erhalten Sie einen praxisorientierten Einblick darüber,

■ welche Marketingstrategien und -ziele bei universellen, selektiven und indizierten Präventionsinterventionen sowie Settinginterventionen angewendet werden.

■ wie vielschichtig und wie komplex Präventionsinterventionen angelegt werden können.

■ wie untrennbar die Präventionsformen miteinander verbunden sind und welche unterschiedlichen Methoden aufgrund der spezifischen Bedürfnislagen der Zielgruppen Verwendung finden.

6.1 Universelle Präventionsinterventionen

Präventionsmaßnahmen, die auf keine spezifische Zielgruppe ausgerichtet sind, bewegen sich im Bereich der universellen oder kollektiven Prävention. Diese **Bevölkerungsgruppenstrategie** kann sich auf Maßnahmen für typische Lifestyle-Faktoren (z. B. Bewegung, Ernährung, Sucht oder Stress) oder auf Themen mit einer generellen populationsübergreifenden Relevanz (z. B. HIV-Aufklärungskampagnen, Impfkampagnen, Anti-Raucher-Kampagnen, Kampagnen zur Verkehrssicherheit oder Verkehrserziehung) beziehen. Bei Präventionsmaßnahmen, die sich auf einen Gesamtmarkt ohne einen spezifischen Zielgruppenbezug konzentrieren und nicht auf segmentspezifische Besonderheiten eingehen, kommen bei der Marktbearbeitung meist **undifferenzierte Marketingstrategien** mit vollständiger oder teilweiser Marktabdeckung (Massenmarktstrategie oder *Schrotflintenmethode*) (siehe → Kapitel 5.4) zum Einsatz (vgl. Busch et al. 2013: 122). Zu nennen sind insbesondere Maßnahmen der gesundheitlichen Aufklärung und Bildung (*health literacy*), die über massenmediale Kampagnen an die breite Öffentlichkeit getragen werden. Die breite (Teil-)Bevölkerung erhält beispielsweise bei universellen Interventionen eingehende Informationen und Anleitungen zur gesundheitlichen Verhaltensänderung bei-

spielsweise über Onlineportale oder mithilfe von Präventions-Apps. Die
→ Tab. 18 verdeutlicht die Variationsvielfalt der Themen, die im Rahmen von
Aufklärungs- und Informationskampagnen zum Tragen kommen können. Die
BZgA hat eine Internetplattform (⁀ *www.wegweiser.bzga.de*) errichtet, die übergrei-
fend Transparenz über die mehr als 270 überregional tätigen Fachinstitutionen
aus 25 Themenbereichen und die Beschreibungen von acht gesundheitsrelevanten Bereichen schafft. Anzumerken ist, dass sich allgemeine Aufklärungs- und
Informationskampagnen im Handlungsfeld Sucht nicht nur auf stoffgebundene
Süchte (Alkohol-, Nikotin-, Drogen-, Medikamentensucht etc.) beschränken,
sondern sich auch auf stoffungebundene Süchte (z. B. Internet-, Handy-, Spiel-,
Kauf-, Arbeits-, Esssucht) beziehen können. Denn stoffungebundene Süchte
lösen ähnliche Belohnungseffekte im Gehirn aus wie die Einnahme stoffgebun-
dener Drogen (vgl. Tretter 2012: 7ff.) und gehen mit unterschiedlichen psychischen, körperlichen und finanziellen Folgeprobleme bei den Betroffenen (und
dem sozialen Umfeld) einher.

Tab. 18: Beispiele für universelle Präventionskampagnen
Quelle: Eigene Darstellung.

Institution	Präventionsthema	Internetseiten
	HIV-Aufklärung	www.gib-aids-keine-chance.de
	Liebesleben	www.liebesleben.de
BZgA	Sexualaufklärung	www.sexualaufklärung.de
	Schwangerschaft	www.zanzu.de
	sexueller Missbrauch	www.trau-dich.de
BZgA	Glückspiel	www.drugcom.de
	Glückspiel	www.check-dein-spiel.de
RKI	Hygiene im Alltag	www.wir-gegen-viren.de
BZgA	Organspende	www.organspende-info.de
BMVI, Verkehrssicherheitsrat	Verkehrssicherheit	www.runtervomgas.de
TAC	Geschwindigkeit	www.meetgraham.com.au
Mobil in Deutschland e.V.	gegen Handy am Steuer	www.besmart-mobil.de

Da universelle Präventionsinterventionen nach dem Gießkannenprinzip unspe-
zifisch vorgehen, bergen sie hohe Streuverluste in sich. Dabei konzentriert sich
die undifferenzierte Marktbearbeitung aufgrund der hohen Homogenität des

Marktes auf die Gemeinsamkeiten und nicht auf die Unterschiede der Motivationsstruktur der breiten Öffentlichkeit (vgl. Busch et al. 2013: 122). Aufgrund z. B. des Informations- und Aufklärungscharakters von Kampagnen streben undifferenzierte Marketingmaßnahmen zwar eine totale Marktabdeckung an, hinsichtlich der konkreten Zielgruppe und dem jeweiligen Präventionszweck decken sie den Markt allerdings oft nur partiell ab (z. B. „Be smart - mobil" – Autorfahrer) (vgl. Busch et al. 2014: 156). Befördert werden die zahlreichen Kampagnen universeller Präventionsinterventionen unterschiedlicher Institutionen durch offline- und onlinegestützte Kommunikationsmaßnahmen (z. B. Social-Media-Marketing via Facebook, YouTube), die auf diese Weise für mehr Traffic sorgen sollen. Dabei stellt das virale Marketing und damit die Weiterleitung von Inhalten nach dem Schneeballsystem die Königsdisziplin des Social-Media-Marketings dar, da durch die virale Verbreitung die Hebelwirkung um ein Vielfaches höher ist als bei traditionellen Marketinginstrumentarien (vgl. Ceyp/Scupin 2013: 141). Entsprechend wird deutlich, wie wichtig das **Multi-Channel-Marketing** (bzw. Multi-Channel-Management oder Cross-Media-Management) zur Erhöhung der Reichweite, der Markenwahrnehmung und der breiten Imagewirkung ist. Social-Media-Aktionen (z. B. spezifische Facebook-Seiten, YouTube-Channel) und E-Mail-Newsletter stellen universelle Marketinginstrumente dar, die sich folglich weder auf eine spezifische Akquisitionsstufe beziehen, noch auf eine spezifische Zielgruppe ausgerichtet sind. Die eingesetzten massenkommunikativen Marketingmaßnahmen (z. B. Werbemittel: Fernsehen, Hörfunk, Zeitschriften; Werbemittel: Hörfunk-, TV-Spots, Plakate) (**Zusatzmedium**) greifen ineinander und tragen dazu bei, den Bekanntheitsgrad der Kampagnen für eine universelle Präventionsintervention (**Basismedium**) zu erhöhen und so Aufmerksamkeit zu erzielen. Um größtmögliche Synergieeffekte durch den Einsatz massenkommunikativer Maßnahmen erzielen zu können, ist eine Orchestrierung der unterschiedlichen Kanäle in inhaltlicher, formaler und zeitlicher Hinsicht notwendig (vgl. Bruhn 2016: 88f.). Die Orchestrierung der Marketinginstrumentarien ist damit nichts anderes als der harmonische und damit gleichzeitige und aufeinander abgestimmte Einsatz der einzelnen Marketinginstrumentarien zur Erhöhung der Wirkung und Wirksamkeit. Zusammenfassend verfolgen undifferenzierte Marketingmaßnahmen im Bereich der universellen Prävention die folgenden Ziele (vgl. Kreutzer 2014: 286f.):

- Schaffung eines hohen Bekanntheitsgrades
- Generierung von Traffic (z. B. für Homepage, Gesundheits-Apps)
- Übergreifende Aufklärung aller Bevölkerungsgruppen
- Gewinnung von Interessenten bzw. Teilnehmern
- Anregung von Spontanteilnehmern
- Realisierung von Kosteneinsparungen durch die breite Streuung

▪ Aktualisierung/Anreicherung von Interessenten- bzw. Teilnehmerdaten

▪ Markenkommunikation

Hinsichtlich des Zeitpunktes ist anzumerken, dass undifferenzierte Marketing-strategien nicht nur bei bundesweiten Informations- und Aufklärungskampagnen unterschiedlicher Institutionen (z. B. Bundesministerium für Gesundheit) zum Tragen kommen, sondern oft auch in der Einführungsphase von neuen präventiven Dienstleistungen (vgl. Kreutzer 2014: 247) eingesetzt werden. Dabei können besonders wirkungsvolle und kreative Marketingstrategien auch übergreifende Mythen erzeugen, die sich langfristig in den Köpfen der breiten Öffentlichkeit manifestieren, wie der heute noch aktuelle rote Weihnachtsmann-Mantel aus der Coca-Cola-Werbung aus den 1930er-Jahren (vgl. Kirchgeorg et al. 2010: 38) sowie der folgende gesundheitsbezogene Exkurs verdeutlicht.

✴ Exkurs | Der 10.000-Schritte-Mythos

Wie erfolgreich Botschaften universeller Marketingkampagnen sein können, zeigt das japanische Unternehmen Yamasa Tokei. Als im Jahre 1964 in Tokio die Olympischen Spiele stattfanden, kam der Schrittzähler „Man-po-kei" auf den Markt. Dabei „Po" für „Schritt", „kei" für „Maß" und „man" für die Zahl 10.000. Aus marketingstrategischen Gründen wurde dieser einprägsame Name mit der magischen Zahl 10.000 gewählt (vgl. Cao 2015: 6). Zwischenzeitlich gilt der Schwellenwert von 10.000 Schritten als anerkannt und wird von vielen Experten und anerkannten Institutionen (z. B. SBK-Kampagne: ⌁ *www.10000-schritte.de*) offiziell empfohlen. Allerdings stellen sich die praktischen Empfehlungen je nach Alter und dem aktuellen Aktivitätsniveau differenzierter dar. Während Kinder rund 10.000 Schritte (Mädchen: 10.000–14.000 Schritte und Jungen: 12.000–16.000 Schritte) gehen sollten (vgl. Tudor-Locke et al. 2011), liegt bei Senioren (50+) eine Spannweite je nach gesundheitlicher Vorbelastung bei 2.000 bis 9.000 Schritte (vgl. Tudor-Locke et al. 2011). Bei Erwachsenen liegt die aktuelle Schrittrange zwischen 1.800 bis 8.800 Schritte, die empfohlenen Richtwerte differieren in Abhängigkeit des aktuellen Aktivitäts-niveaus (bei Inaktiven: weniger als 5.000 Schritte; bei wenig Aktiven: 5.000 bis 7.500 Schritte; bei mäßig Aktiven: 7.500–10.000 Schritte, bei Aktiven: 10.000–12.500 Schritte und bei sehr Aktiven mehr als 12.500 Schritte) (vgl. Tudor-Locke 2004: 1f.).

6.2   Selektive Präventionsinterventionen

Während bei universellen Präventionsmaßnahmen ein spezifischer Zielgruppenbezug und eine genauere Segmentierung des Marktes nicht notwendig sind, stellt sie bei selektiven Präventionsmaßnahmen eine zwingende Voraussetzung dar. Denn die Ausrichtung auf spezifische Marktsegmente durch eine entsprechende Segmentierung (siehe → Kapitel 5.3) und damit auf umrissene Zielgruppen mit spezifischen Risikofaktoren, bei denen sich noch kein Krankheitsbild manifestiert hat, legitimiert erst Maßnahmen der selektiven Prävention. Im Gegensatz zu universellen Präventionsinterventionen liegt damit eine geringe Interferenz (Überschneidung) mit nicht betroffenen Zielgruppen vor (vgl. Walter et al. 2008: 199). Die **Risikopersonenstrategie** (oder *Low-risk*-Strategie) für ausgewählte Zielgruppen können sich beispielsweise auf Vorsorge- oder Früherkennungsmaßnahmen, auf spezifische Aufklärungskampagnen für sexuell hochaktive Jugendliche und Erwachsene, Grippeschutzimpfungen für exponierte Berufsgruppen und ältere Menschen oder auch auf Mammographie-Screenings bei Frauen mit einer familiären Krebsbelastung beziehen (vgl. Franzkowiak 2008: 199). Die Konzentration auf bestimmte Risikogruppen und damit Marktsegmenten ermöglicht eine zielgerichtete Präventionsintervention, bei der die beiden folgenden Marketingstrategien zum Tragen kommen können:

- **Konzentrierte differenzierte Marketingstrategie:** Bei der konzentrierten differenzierten Marketingstrategie fokussieren sich die jeweiligen Institutionen auf einen Teilmarkt mit einer spezifischen Präventionsintervention. *Beispiel*: Suchtprävention für Jugendliche
- **Selektiv-differenzierte Marketingstrategie:** Bei der selektive-differenzierten Marketingstrategie setzt die jeweilige Institution auf die unterschiedlichen Bedürfnisse und entwickelt für die Zielgruppe differenzierte Präventionsinterventionen. Dienstleistung. *Beispiel*: Suchtinterventionen für Jugendliche, junge Erwachsene, Schwangere etc.

Dabei bedienen sich selektive wie universelle Präventionsinterventionen häufig massenmedialer Kommunikationsinstrumentarien zur Reichweitenerhöhung und zur Entanonymisierung spezifischer Ziel- und Risikogruppen. Hinzu kommt, dass bei vielen Themen und Zielgruppen eine direkte Risikopersonenstrategie mitunter einer Diskriminierung (siehe → Kapitel 3.4.3) gleich käme und aus diesem Grund eine Massenmarktstrategie und damit eine **passive Rekrutierung** gewählt wird. Gemäß der Pull-Strategie (zu deutsch: ziehen) wird durch den Einsatz von Massenmedien (z. B. die Internetseite der selektiven Präventionsintervention) versucht, bei der anvisierten Zielgruppe einen Nachfragesog zu erzeugen (vgl. Kotler 2011: 825) (siehe → Kapitel 7.1.5). Eine **aktive Rekrutierung** erfolgt durch eine direkte Ansprache bestimmter Personengruppen per Face-to-Face-Kontakt oder Telefon. Ein Beispiel ist der Einsatz von Betroffenen und freiwilligen Laienhelfern (sogenannte *outreach worker*) oder Werbung durch Nachbarn (*neighborhood canvassing*) (vgl. Walter et al. 2008: 202). Auch Roadshows sind häufig genutzte Maßnahmen, um in Großstädten Aufklärungsarbeit vor Ort zu leisten. Anzumerken ist, dass auch hier das Präventionsdilemma und damit eine Selbstselektion oft ein starker Bias zugunsten gesundheitsbewusster Gesunder zum Tragen kommt (vgl. Walter et al. 2008: 201). Um auf die unterschiedlichen Zielgruppenbedürfnisse spezifisch eingehen zu können, können beispielsweise onlinegestützte Fragebögen zum Einsatz kommen. Eine Login-Registrierung kann anonym mithilfe eines Pseudonyms (Nickname) erfolgen, um die Hemmschwelle gering zu halten. Denn selektive Präventionsinterventionen können unkritische aber auch heikle Themen ansprechen, denn die Bandbreite kann AIDS-Aufklärungskampagnen für homosexuelle Männer, Grippeschutzimpfungen für ältere Menschen (vgl. Tröster 2009: 25) bis hin zu Vorsorge-Apps für türkischstämmige Migranten einnehmen. Wie die Beispiele aktueller Präventionskampagnen zeigen (→ Tab. 19), können die Risikofaktoren sehr vielschichtig sein, indirekt vorliegen und müssen sich dabei nicht zwangsläufig auf die traditionellen Lifestyle-Faktoren (wie Sucht, Stress, Bewegungsmangel oder falsche Ernährung) beschränken. Denn die Risikofaktoren können sich sowohl auf das risikobehaftete Verhalten selbst als auch auf die Verhältnisse beziehen, in denen sich Menschen befinden (z. B. suchtbelastete Familien), die letztlich die Ursache für das gesundheitsschädliche Verhalten darstellen. Entsprechend ist die genaue Ursachen-Wirkungs-Kette der Risikofaktoren genau zu analysieren, um belastungs- und risikoerhöhende und damit gesundheitsschädigende Wirkungen an ihrer Quelle entgegenzuwirken (siehe strukturelle Präventionsinterventionen → Kapitel 6.5). Die Anfälligkeit für gesundheitsgefährdende Verhaltensweisen wird durch die Vulnerabilität (Gesamtheit der Risikofaktoren) und die Resilienz (Gesamtheit der Ressourcen) beeinflusst, entsprechend bemüht sich die selektive Prävention um eine begründete Zielgruppeneingrenzung aufgrund einer erhöhten Gefährdung (negative Risiko-Ressourcen-Bilanz) (vgl. Meili 2006: 118). Bei der Eingrenzung der Zielgruppen sowie bei der Kommunikation sind unterschiedliche gender- und altersspezifische Motivlagen zu berücksichtigen. So wurde Rauchen von Jugendlichen mit den Attributen cool, sexy, abenteuerlustig und extravagant assoziiert, während bei älteren Menschen die Attribute Weisheit, Erfahrung und Besonnenheit im Vordergrund standen (vgl. Kessler 2015: 267). Auch gesellschaftliche Schönheitsideale können variieren, während für Frauen Schlankheit als Ernährungs- und Bewegungsmotiv wesentlich ist, ist für Männer der athletische Körperbau von Bedeutung (vgl. Kautzky-Willer 2012: 98).

Tab. 19: Beispiele für selektive Präventionsinterventionen
Quelle: Eigene Darstellung.

Institution	Präventi-onsthema	Zielgruppe	Risikofaktor	Internet-seiten
DZSKJ, DISuP	Sucht (Alkohol)	Kinder	suchtbelas-tete Familien	www.projekt-trampolin.de
Drogenhilfe Köln	Sucht (Medien)	Familien mit Kindern	problemati-sche Medi-ennutzung	www.escapade-projekt.de
Villa Schöpflin gGmbH	Sucht (Glücks-spiel)	Multi-plikatoren	suchtbelas-tete Jugend-liche und Erwachsene	www.villa-schoepflin.de (Projekt Joker)
Drogenhilfe Köln e.V., KOALA e.V.	Sucht häusliche Gewalt	Kinder	„Problem-eltern"	www.kidkit.de
DAK Deutschen Krebshilfe	Sucht (Rauchen)	Jugendliche junge Erwachsene (Raucher)	Rauchen	www.justbesmokefree.de

Sowohl universelle, selektive als auch induzierte Präventionsinterventionen können ebenfalls direkt in gesundheitsbezogenen Lebenswelten (siehe Settingin-terventionen → Kapitel 6.5) ansetzen.

6.3 Indizierte Präventionsinterventionen

Indizierte oder gezielte Präventionsinterventionen richten sich an Hochrisiko-gruppen, bei denen gesicherte Risikofaktoren vorliegen (Sekundärprävention), oder an Personen, bei denen sich eine Erkrankung bereits manifestiert hat (Terti-ärprävention) (vgl. Leppin 2004: 32; Walter et al. 2008: 199). Damit bietet bei der **Hochrisikopersonenstrategie** (oder *High-risk*-Strategie) sich je nach Zielgrup-pengröße (bzw. vorliegender Prävalenz) und in Abhängigkeit des Bekanntheits-grades der Risikozielgruppe eine Massenmarktstrategie oder eine konzentrierte Marketingstrategie an. Mithilfe der Hochrisikostrategie können so die äußerst spezifischen Bedürfnisse, Ängste und Hoffnungen der Risikozielgruppe berück-sichtigt werden. Die Besonderheit im Vergleich zu selektiven Präventionsinterven-tionen ist, dass nur geringe bis keine Interferenz mit Nicht-Betroffenen vorliegt. Andererseits sind selektive Präventionsinterventionen mit höheren Kosten bei den Betroffenen verbunden. Aufgrund der bereits vorliegenden Verankerung im medizinischen System kann einerseits eine höhere Akzeptanz erwartet werden, andererseits stellt die Etikettierung als Risikoträger eine besondere Herausforderung bei der Zielgruppenerreichung dar (vgl. Walter et al. 2008: 199). Die Ziele indizierter Präventionsinterventionen sind sehr vielfältig und können sich auf die Erarbeitung und Sicherung einer Abstinenz, der Verantwortungsübernahme bis hin zur Befähigung der Selbstorganisation der Lebenssituation der Betroffenen beziehen (vgl. Schay 2013: 44). Hochrisikopersonenstrategien, die auf spezifische Risikopersonen vorsorgend, frühbehandelnd oder schadensminimierend (bzw. rückfallpräventiv) einwirken, sind beispielsweise Rückenschulungen für Personen mit chronifizierten Rückenschmerzen, Mentorenprogramme für erstauffällige jugendliche Drogenkonsumenten, Elterntrainings für betroffene Eltern, Kondomgebrauch bei sexuell aktiven HIV-Infizierten, Diätempfehlungen und (Selbsthilfe-)Gruppen zur Reduktion von Hypercholesterinämie (d. h. ein zu hohen Cholesterinspiegel im Blut), regelmäßige Kontrollen bei Hypertonikern oder Screening und Früherfassung von gesundheitlich auffälligen Menschen zur Einleitung von Behandlungen und Rehabilitationsmaßnahmen konzentrieren (vgl. Franzkowiak 2008: 199). Die genannten Maßnahmen erfordern eine hohe Anpassung der Maßnahmen auf die individuellen Belange die gezielt ausgewählte Zielgruppe (vgl. Walter et al. 2008: 199). Zu berücksichtigen sind bei der Kommunikation auch genderspezifische Unterschiede: Während beispielsweise chronisch erkrankte Frauen einen größeren Wert auf emotional bestimmte Lösungsstrategien (z. B. soziale Unterstützungen, Einbeziehung psychischer Faktoren, Stärkung der Fähigkeit zum Selbstmanagement) legen, präferieren männlichen Chronikern problemorientierte Strategien (z. B. klare Anweisungen, strukturierte Schulungen) (vgl. Kautzky-Willer 2012: 86). Die → Tab. 20 zeigt beispielhaft Präventionsinterventionen, die spezifisch auf Hochrisikogruppen ausgerichtet sind.

Tab. 20: Beispiele für indizierte Präventionsinterventionen
Quelle: Eigene Darstellung.

Institution	Hochrisikogruppe / Thema	Internetseiten
Novatis Pharma	Menschen mit Asthma (Asthmaprävention)	www.luftstoss.de
TU Dresden	Menschen mit psychischen Störungen (Prävention bei Depression, Panik, Soziale Phobie, Angststörung)	www.icare-online.eu
Universitätsklinik für Psychiatrie & Psychotherapie	Schwangere mit Suchterkrankungen (Suchtprävention)	www.iris-plattform.de

Delphi – Gesellschaft für Forschung, Beratung & Projektentwicklung mbH	Eltern von Kindern und Jugendlichen, die suchtgefährdet / süchtig sind (Suchtprävention)	www.elternberatung-sucht.de (ELSA)
Scottish Association for Mental Health (SAMH)	Menschen mit psychischen Störungen (Suizidprävention)	www.seemescotland.org
Bundesverband Frauenberatungsstellen und Frauennotrufe Frauen gegen Gewalt e.V.	Frau mit Gewalterfahrungen (Gewaltprävention)	www.frauen-gegen-gewalt.de

Bei näherer Betrachtung der Tabelle wird deutlich, dass die selektive und indizierte Prävention (sowie die strukturelle Prävention) nicht immer klar voneinander zu trennen sind und ineinanderfließen. So stellen beispielsweise Suchterkrankungen chronische Erkrankungen dar, da diese nicht selten mit chronischen Verläufen einhergehen, mit Rückfällen verbunden sind (vgl. Wolter 2011: 182f.) und einen Zwangscharakter aufweisen. Oft lassen sich im Bereich der Sucht die beiden Interventionsformen – wenn überhaupt – nur anhand des Risikogrades abgrenzen. Alle Interventionsformen können

- auf die Zielgruppe selbst (**zielgruppenzentrierter Ansatz**),
- auf einflussnehmende Umfeld (z. B. Eltern, *peer groups*, Multiplikatoren) (**umfeldzentrierter Ansatz**) oder
- auf die Zielgruppe als auch auf das Umfeld (**multimodaler Ansatz**) ausgerichtet werden (vgl. Hennemann et al. 2017: 54).

Der englische Begriff *peer* bedeutet Gleichrangige, Gleichgestellte oder Gleichaltrige. Damit stellen *peer groups* informelle Gruppen (oder auch Cliquen, Freundschaftskreise, Netzwerke etc.) dar, in denen sich in der Regel altershomogene Personen mit ähnlichen Interessen und Bedürfnissen befinden (vgl. Ecarius et al. 2011: 113). Voraussetzung dafür, dass eine bedürfnisgerechte und damit auf die sehr individuellen Belange und Umfeldfaktoren eingegangen wird, ist auch hier die Entanonymisierung der Zielgruppe. Denn gerade indizierte Präventionsinterventionen sind sehr komplex und erfordern eine intensive Anpassung der Intervention, zudem können sie zum Teil sehr intensiv und belastend für die Zielgruppe sein (vgl. Walter et al. 2012: 209).

6.4   Strukturellen Präventionsinterventionen

Strukturelle Präventionsinterventionen setzen nicht bei dem Verhalten (Verhaltensprävention), sondern bei den Verhältnissen (Verhältnisprävention) der Zielgruppe an. Damit bezieht sich die strukturelle Prävention auf Veränderungen des ökologischen, sozialen, ökonomischen oder kulturellen Umfelds bzw. der Umweltfaktoren. Denn der Ansatz der strukturellen Prävention beruht auf der Annahme, dass ein gesundheitsschädigendes Verhalten von Individuen durch ein komplexes Bündel von äußeren Einflüssen beeinflusst wird. Strukturelle Präventionsmaßnahmen konzentrieren sich somit auf die Schaffung von Voraussetzungen für gesundes Verhalten, da die Verhältnisse, in denen sich Menschen befinden, oft die Ursache für gesundheitsschädigende Verhaltensweisen darstellen. Verhältnisprävention bedeutet folglich, die gesundheitsgerechte Gestaltung des Lebensumfeldes der Menschen zu schaffen. Gesetzliche Vorgaben wie beispielsweise das Jugendschutzgesetz und das Rauchverbot in öffentlichen Einrichtungen aber auch die Anerkennung von Diversität und damit der Schutz vor gesellschaftlicher Ausgrenzung bestimmter Gruppen (siehe → Tab. 21) fallen ebenfalls unter die Verhältnisprävention (vgl. Wilke/Timmersmanns 2015: 265).

Tab. 21: Beispiele für strukturelle Präventionsinterventionen
Quelle: Eigene Darstellung.

Institution	Strukturansatz	Internetseiten
DAK	Antidiskriminierung Adipositas	www.aktion-schwereslos.de
BZgA	Antidiskriminierung HIV	www.welt-aids-tag.de
Polizeipräsidium Ludwigsburg	gegen Rechtsextremismus	www.radikalisierung.info
VBG	Ausrüstung, Fair Play im Profisport	www.sei-kein-dummy.de

Maßnahmen, wie beispielsweise die Bereitstellung von Fahrradständern oder Umkleidemöglichkeiten etc. im Betrieb können **verhältnisgestützte Verhaltensprävention** tituliert werden, da sie zum Ziel haben, das Verhalten der Mitarbeiter positiv zu beeinflussen (vgl. Walter et al. 2012: 200). Das angeführte Beispiel macht deutlich, dass im Alltag in der sozialen und institutionellen Umgebung kombinierte Präventionsinterventionen – insbesondere in Settings – notwendig sind.

utb.

6.5   Settinginterventionen

Der Settingansatz wird als die wichtigste Umsetzungsstrategie der Gesundheitsförderung angesehen (vgl. Altgeld/Kolip 2010: 49). Spezifische Settinginterventionen setzen in sozialen Räumen an, in deren Menschen laut Ottawa-Charter der WHO Menschen spielen, lernen, leben, arbeiten und lieben (vgl. WHO 1986: 5). Settinginterventionen werden als aufsuchende Strategien bezeichnet, sie bergen den Vorteil in sich, dass schwer erreichbare – insbesondere ältere und sozial benachteiligte – Personen auf diese Weise in ihren jeweiligen Lebenswelten erreicht werden können (vgl. Reifegerste 2014: 174f.). Die Erreichung spezifischer Risikozielgruppen für Präventionsinterventionen kann über Kindertagesstätten, Schulen, Betriebe, Quartiere, Gemeinden, Krankenhäuser oder auch sozialen Wohnräume (wie z. B. Alten- und Pflegeheime, Kinderheime, Wohnheime für Einwanderer, Gefängnisse) erfolgen. Im Gegensatz zum zielgruppenspezifischen Ansatz setzt der settingorientierte Ansatz bei den Sozialräumen unterschiedlicher Zielgruppen an und geht von der Grundannahme aus, dass Gesundheitsförderung im Alltag hergestellt und aufrechterhalten wird (vgl. Altgeld/Kolip 2010: 49). Demnach stellen Settings Orte dar, die sowohl positive als auch negative Auswirkungen auf die Gesundheit ausüben können. Bei der Umsetzung können die folgenden beiden Strategien differenziert werden (vgl. Rosenbrock/Michel 2007: 7):

- **Gesundheitsförderung in einem Setting:** Hierbei handelt es sich um die Einführung von gesundheitsfördernden und präventiven Maßnahmen in einem Setting.
- **Gesundheitsförderndes Setting:** Bei einem gesundheitsfördernden Setting stehen die Partizipation und die Organisationsentwicklung im Mittelpunkt. Hierbei handelt es sich um einen grundsätzlichen Politik- und Strategiewechseln, der durch die Einbeziehung aller Beteiligten (Partizipation) und die Integration gesundheitsförderlicher Aspekte in den täglichen Alltag innerhalb des Settings gekennzeichnet ist.

Die Gesundheitsförderung in Settings ist ein integraler Bestandteil gesundheitsfördernder Settings. Die → Tab. 22 verdeutlicht zusammenfassend die Unterschiede zwischen den beiden möglichen Umsetzungsstrategien.

Tab. 22: Umsetzungsstrategien der Gesundheitsförderung im Vergleich
Quelle: Paulus/Dadaczynski 2016.

	Gesundheitsförderung in einem Setting	gesundheitsförderndes Setting
Ausgangslage	gesundheitliche Problemstellung	gesundheitliche Problemstellung
Zielgruppe	einzelne Personengruppen	alle schulischen Personengruppen
Sichtweise	Setting als Ort, an dem man die Zielgruppe erreicht	Setting als Ort, der gesundheitsförderlich gestaltet werden kann
Konzept	Gesundheitsförderung in das Setting	Gesundheitsförderung durch das Setting
Motto	Gesundheit zum Thema einzelner Zielgruppen machen	Gesundheit zum Thema des Settings machen
Strategie	Veränderung individueller Determinanten von Gesundheit	Veränderung strukturell-systemischer Determinanten von Gesundheit
Outcome	Wissen, Einstellungen, Verhalten	Rahmenbedingungen und Strukturen

Die unterschiedlichen Möglichkeiten, die Gesundheit von Menschen in unterschiedlichen Settings zu beeinflussen, kann sich demnach auf die Verhältnisprävention (Gesundheitsförderung in einem Setting) als auch auf die Verhaltens- und Verhaltensprävention (Gesundheitsförderndes Setting) beziehen. Wie stark sich die Zielsetzung, die Zielgruppe sowie die jeweiligen Maßnahmen je nach der Umsetzungsstrategie differenzieren können, verdeutlicht die → Tab. 23 anhand eines Beispiels aus der **Betrieblichen Gesundheitsförderung**. Während sich zielgruppenbezogene Ansätze auf das Individuum und dessen Verhalten konzentrieren, steht zum einen im Fokus strukturbildender Ansätzen (der Betrieblichen Gesundheitsförderung), die Ursachen für gesundheitsschädliche Verhaltensweisen zu reduzieren, und zum anderen, gesundheitsfördernde Rahmenbedingungen im jeweiligen Setting zu fördern.

Tab. 23: Beispiele für präventive Ansätze im Betrieb
Quelle: Eigene Darstellung in Anlehnung an Franzkowiak 2006: 122.

zielgruppenbezogener settingorientierter Ansatz	strukturbildender settingorientierter Ansatz
Fokus der Veränderung	
Wissen, Einstellungen und Verhalten der Zielgruppe	Betriebsstrukturen und Prozesse
Zielgruppe	
Arbeitnehmer	Arbeitnehmer/Führungskräfte
Ziel	
Erhöhung der persönlichen Coping-Strategien zur Bewältigung der Anforderungen	Optimierung der Aufbau- und Ablauforganisation zur flexiblen Gestaltung der Arbeitsfähigkeit der Mitarbeiter
Maßnahme	
Sensibilisierungskampagne und Coping-Kurse	Prozessgestaltung und Organisationsentwicklung

Auf Meso- und Mirkoebene existieren demzufolge Settings, in denen Präventionsinterventionen initiiert werden können und für die auf nationaler Ebene übergreifende Initiativen zur Förderung der Gesundheit gegründet wurden. Die Interventionen in Settings betreffen alle menschlichen Lebensphasen und Lebensbereiche. Exemplarisch sollen an dieser Stelle ausgewählte Interventionen vorgestellt werden.

▨ **Gemeinde- und quartiersbezogene Interventionen:** Gemeinde- und quartiersbezogene Interventionen können für bestimmte (selektive) Zielgruppen als auch für übergreifende (universell) und mit den Bewohnern initiiert werden, um Bewohner zu aktivieren. Ziel von Gesunde-Städte-Netzwerken ist es, durch Kooperation relevanter Akteure positive Synergieeffekte zu erzielen. So engagieren sich im Gesunde-Städte-Netzwerk (*Healty Cities*) zwischenzeitlich 75 deutsche Großstädte (✍ *www.gesunde-staedte-netzwerk.de*), um durch Kooperationen und gemeinsame Abstimmung positive Synergieeffekte zu erzielen. Dabei geht es um eine kollektive Marketingstrategien aller Akteure, um die Gesundheit vor Ort im Verbund zu stärken.

▨ **Interventionen in Kindertagesstätten (Kitas) und Grundschulen:** Kitas und Schulen stellen Settings dar, die nur geringe Schnittstellen zwischen dem Bildungs- und Gesundheitssektor bieten. Zu nennen sind die gesetzlich verpflichtende Gruppenprophylaxe zur Prävention von Zahnerkrankungen und die Schuleingangsuntersuchungen (vgl. Altgeld/Kolip 2010: 52). Eine Verankerung der Prävention in den Schulgesetzen steht noch weitgehend aus. Die meisten der zahlreichen Präventionsinterventionen, die sich auf das Setting Schule konzentrieren, sind derzeit in erster Linie auf die Themen Ernährung, Bewegung, Sucht und Gewalt ausgerichtet (Tigerkids: ⫶ *www.tigerkids.de;* Bio-Brotbox: *www.bio-brotbox.de;* Papilio: ⫶ *www.papilio.de;* Klasse2000: ⫶ *www.klasse2000.de).* Ein weiteres Beispiel für eine bundesweite Initiative stellt die Plattform „Fit von klein auf" der BKKn dar (⫶ *www.fitvonkleinauf.de).*

- **Interventionen in Hochschulen:** Bei Präventionsinterventionen im Setting Hochschule geht es im Sinne der Betrieblichen Gesundheitsförderung zum einem um die Mitarbeiter der Hochschule selbst und zum anderen zunehmende auch um die Gesundheit der Studierenden (vgl. Felbinger 2009: 143). Dabei beschränkten sich die Präventionsinterventionen längst nicht mehr auf den Hochschulsport. Eine bundesweite Initiative, die sich stark um das Thema Gesundheitsförderung in Hochschulen bemüht, stellt der Arbeitskreis gesundheitsfördernde Hochschule (⫶ *www.gesundheitsfoerdernde-hochschule.de)* dar.

- **Betriebliche Interventionen:** Mit am meisten verbreitet sind präventive Bemühungen im Bereich des Settings Betrieb. Die Variationsvielzahl ergibt sich nicht nur aus der bestehenden Gesetzeslage oder dem ökonomischen Interesse der Arbeitgeber (z. B. Minimierung von Fehlzeiten, Produktivitätsverlust, Mitarbeitergewinnung und -bindung), sondern ist der Tatsache geschuldet, dass Strategien und präventive Interventionen sehr spezifisch auf die jeweiligen Belange der Branche, Zielgruppe und beruflichen Belastung angepasst werden müssen. Die Deutsche Gesetzliche Unfallversicherung e.V. (DGUV) (⫶ *www.praevention-arbeitswelt.de)* die Initiative Gesundheit und Arbeit (IGA) (⫶ *www.iga-info.de),* die Universität Heidelberg mit der Plattform „Maßnahmen und Empfehlungen für die gesunde Arbeit von morgen" (MEgA) (⫶ *www.gesundearbeit-mega.de)* stellen nur einige der zahlreichen Initiativen dar, die sich um die betriebliche Gesundheitsförderung bemühen.

Zusammenfassend ist anzumerken, dass sich Settingprojekte zwar schnell verbreitet haben, die Programme indes mitunter aufgrund der zunehmenden Diversifizierung an klarer Zielorientierung verloren haben. Die Weiterentwicklung von Methoden und Instrumentarien ist weder auf nationaler noch auf internationaler Ebene sehr weit vorangeschritten. Bemühungen bestehen darin, dass gerade bewährte Instrumentarien der betrieblichen Gesundheitsförderung auf andere Settings übertragen und angepasst werden. Grundsätzlich besteht bei allen Präventionsinterventionen ein besonderer Handlungsbedarf hinsichtlich des Präventionsmarketings bei der Ausrichtung am größten Bedarf (vgl. Altgeld/Kickbusch 2012: 192f.).

✳ Zusammenfassung

Insbesondere bei universellen Präventionsinterventionen (Bevölkerungsgruppenstrategie) sind digitale Marketingmaßnahmen unter Einbeziehung des Social-Media-Marketings nicht mehr wegzudenken. Eine besondere Bedeutung zur maximalen Streuung nimmt das Multi-Channel-Marketing ein, dabei gilt es, die einzelnen Maßnahmen so aufeinander abzustimmen, dass durch die **Orchestrierung der Marketinginstrumente** (vgl. Holland 2004: 44) hohe Synergieeffekte erzielt werden. Identifiziert werden können Zielgruppen nach ihren Verhaltensmustern, nach den vorliegenden Krankheitsrisiken (bzw. Krankheitsbild), biographischen Ereignissen, Lebensräumen oder soziodemographischen Merkmalen (vgl. Walter et al. 2012: 211). Die folgenden Kriterien können zusammenfassend – auch in Kombination – bei marketingstrategischen Entscheidungen und Zielgruppenselektion herangezogen werden (vgl. Walter et al. 2012: 208):

- geschlechtsbezogen: Frauen, Männer mit erhöhtem Gesundheitsrisiko
- Altersgruppen mit erhöhtem Risiko (z. B. Säuglinge, Kinder, Jugendliche, Ältere, Hochbetagte)
- Bevölkerungsgruppen in risikoerhöhten Lebensphasen, z. B. Schwangere, Personen im Übergang zum „Ruhestand", Personen nach Trennung bzw. Tod eines Partners, pflegende Angehörige
- Bevölkerungsgruppen in Settings mit speziellen Risikokonstellationen, z. B. Wohnquartiere, Schultypen, bestimmte Betriebe oder Branchen,
- Bevölkerungsgruppen mit spezifischen erhöhten Krankheitsrisiken, z. B. Herz-Kreislauf-Erkrankungen, Osteoporose
- vulnerable oder sozial benachteiligte Bevölkerungsgruppen, z. B. Arbeitslose, Obdachlose, Migranten.

Selektive und indizierte Präventionsinterventionen sind *(Low-risk*-Strategie und *High-risk*-Strategie) in der Praxis mitunter schwer voneinander abzugrenzen und zeichnen sich bei der Identifizierung durch den Risikograd und bei der Umsetzung durch den Individualisierungsgrad der jeweiligen Präventionsintervention ab. Da Präventionsinterventionen sich meist mit sehr sensiblen Thematiken auseinandersetzen, ist gerade die empathische Umsetzung (z. B. im Rahmen der Kommunikationspolitik) zur Vermeidung von negativen Gefühlen bei der jeweiligen Zielgruppe von enormer Bedeutung.

✳ Wichtige Schlagwörter

Universelle Prävention, selektive Prävention, indizierte Prävention, Settinginterventionen, gesundheitsfördernde Settings, Gesundheitsförderung in Settings, Initiativen

✳ Wiederholungsfragen

[1] Warum kann dem Social-Media-Marketing eine hohe Bedeutung bei universellen Präventionsinterventionen zugesprochen werden?

[2] Über welche unterschiedlichen marketingspezifischen Maßnahmen können Zielgruppen selektiver Präventionsinterventionen rekrutiert werden?

[3] Welche Besonderheiten weisen induzierte Präventionsinterventionen im Vergleich zu selektiven Präventionsinterventionen auf und müssen daher bei der Konzeption beachtet werden?

[4] Auf welche unterschiedlich übergreifenden Zielgruppen können Präventionsinterventionen ausgerichtet werden und wie werden die dazugehörigen Ansätze bezeichnet?

[5] Welche Konsequenzen hat die Differenzierung „Gesundheitsförderung in Settings" und „gesundheitsförderlichen Settings" für das Marketing?

✳ Literaturempfehlungen

Hennemann T, Hövel D, Casale G, Hagen T, Fitting-Dahlmann K (2017). Schulische Prävention im Bereich Verhalten, Reihe Fördern lernen, Band 19, 2. Auflage. Stuttgart: Kohlhammer GmbH.

Kautzky-Willer (2012). Gendermedizin. Wien/Köln/Weimar: Böhlau Verlag GmbH.

Pundt J, Scherenberg V (Hrsg.) (2016). Erfolgsfaktor Gesundheit in Unternehmen: Zwischen Kulturwandel und Profitkultur, APOLLON University Verlag.

Schwartz FW, Badura B, Busse R, Leidl R, Raspe H, Siegrist J, Walter U (Hrsg.) (2012). Public Health – Gesundheit und Gesundheitswesen, München/Jena: Urban & Fischer Verlag.

7 Operative Aspekte des Präventionsmarketings

✳ Lernziele

In diesem Kapitel erfahren Sie,

- wie die operative Marktbearbeitung anhand unterschiedlicher Marketingstrategien bei spezifischen Zielgruppen vorgenommen werden kann.
- welche Kommunikationsinstrumentarien bei der undifferenzierten und differenzierten Marktbearbeitung favorisiert werden.
- welche unterschiedlichen Marketingstrategien einer gezielten Ausrichtung und Kanalisierung von operativen Maßnahmen zugrunde liegen können.

7.1 Marketingmix

Institutionen, die Präventionsdienstleistungen anbieten und Präventionsmarketing betreiben möchten, stehen unterschiedliche klassische (aus dem erwerbswirtschaftlichen Bereich stammende) Instrumente des *Marketingmix* zur Verfügung. Hier ist der klassische Marketingmix des Transaktionsmarketings von McCarty zu nennen, das zwischen den Bereichen

- **product** (Leistungspolitik),
- **promotion** (Kommunikationspolitik),
- **place** (Distributionspolitik),
- **price** (Preispolitik)

sowie ergänzend die Bereiche

- **personal** (Personalpolitik),
- **physical facilities** (Ausstattungspolitik) und
- **process management** (Prozesspolitik)

differenziert (vgl. Meffert/Bruhn 2006: 387; Zollondz 2004: 24). Mitunter wird der Bereich

- **public voice** (sprich die Öffentlichkeitspolitik)

ebenfalls einbezogen. Die einzelnen Teilelemente des Marketingmix sind eng miteinander verbunden und fließen ineinander über. Dabei sollte das klassische

Marketingmix auf die Anwendungszwecke des Präventionsmarketings nicht unreflektiert übertragen werden, denn die gängige Einteilung in Preis-, Produkt-, Distributions- und Kommunikationspolitik bedarf einer inhaltlichen Anpassung an z. B. gesetzliche Restriktionen sowie an die Spezifika des Marktes, die jeweilige Zielsetzung und Zielgruppe. Denn auch das ergänzte *Freiburger Management-Modell* für Non-Profit-Organisationen (NPO) mit seinen sechs P´s (people, performance, price, politics, promotion, place) (vgl. Purtschert 2005: 216ff.) lässt trotz der sozialen Charakteristika der Akteure präventiver Interventionen keine Eins-zu-eins-Übertragung auf den Präventionsbereich zu. Da keine anerkannte Marketingmix-Systematik für den Präventionsbereich existiert, erfolgt bei der nachfolgenden Beschreibung der Teilelemente des Marketingmix ein Rückgriff auf die strategische Marketingprozess-Definition aus dem Public-Health-Bereich von Siegel und Doner (Siegel/Doner 2004: 57):

> *„The components of the process of defining, positioning, packaging and framing the public health product, then the promise or the benefit that products should offer; developing an image for the product that is consistent with the promise; and providing support for the promise. "*

Die Produktpolitik kann als Kernelement des Marketingmix angesehen werden, da ohne das Produkt bzw. die Dienstleistung die kommunikations-, distributions- und preispolitische Legitimation fehlt (vgl. Ziouziou 2010: 79) und ohne ihre Existenz alle weiteren Elemente des Marketingmix nicht wirksam werden (vgl. Rennhak/Opresnik 2016: 61)

7.1.1   Leistungspolitik (Produktpolitik)

Die Produktpolitik wird im Dienstleistungsbereich konsequenterweise als Leistungspolitik bezeichnet. Dabei umfasst die Leistungspolitik alle unternehmerischen Maßnahmen, die sich auf die Gestaltung der Dienstleistungen sowie der Ausgestaltung der präventiven Intervention (**Leistungsprogrammpolitik**) beziehen – angefangen von der Neuentwicklung, der Variation, der Eliminierung bis hin zur **Servicepolitik**. Der **Beschwerdepolitik** kommt aufgrund der Bedeutung der Integration des externen Faktors (vgl. Meffert/Bruhn 2003: 364) und des Partizipationsgedankens bei Präventionsinterventionen eine besondere Bedeutung zu. Innerhalb der Ausgestaltung der Leistungsprogrammpolitik werden sowohl die Breite als auch die Tiefe der Dienstleistungsangebote festgelegt und ausgestaltet. Während die Programmbreite Aufschluss über die z. B. Anzahl verschiedener Präventionskurse in unterschiedlichen Handlungsfeldern (z. B. Ernährung, Bewegung) gibt, schlägt sich die Programmtiefe in der Anzahl verschiedener Vertiefungskurse (z. B. für unterschiedliche Zielgruppenbedürfnisse) eines ausgewählten präventiven Handlungsfeldes nieder (z. B. Ernährung). Die Programmtiefe und -breite drückt dabei je nach strategischer Entscheidung den

Spezialisierungsgrad und die Angebotsvielfalt des jeweiligen Anbieters aus. Dabei reduziert sich die Leistungsprogrammpolitik nicht auf die Entwicklung und Einführung neuer Präventionsinterventionen (**Launch**). Denn wie die → Abb. 12 zeigt, geht es vielmehr auch um die Innovation, Elimination und Variation bzw. Modifikation bestehender Präventionsinterventionen. Neben der Einstellung (Elimination) können Interventionen neu entwickelt (Innovation) oder bestehende Interventionen modifiziert werden (Variation). Eine **Programmpflege** liegt vor, wenn Mängel behoben, Aktualisierungen vorgenommen und so eine oder mehrere weniger relevante Programmeigenschaften verändert werden, ohne das Grundprogramm zu tangieren (vgl. Meffert/Burmann 2014: 418; Rennak 2017: 170). Eine erkennbare Aufwertung der Intervention wird als **Programm-Facelift** (oder aufgrund der Wiederbelebung durch eine Aktualisierung auch als **Programm-Revival**) bezeichnet, hingegen führt eine umfassende konzeptionelle Umpositionierung zu einem **Programm-Relaunch** (vgl. Pepels 2012: 448, Rennak/Opresnik 2016: 67).

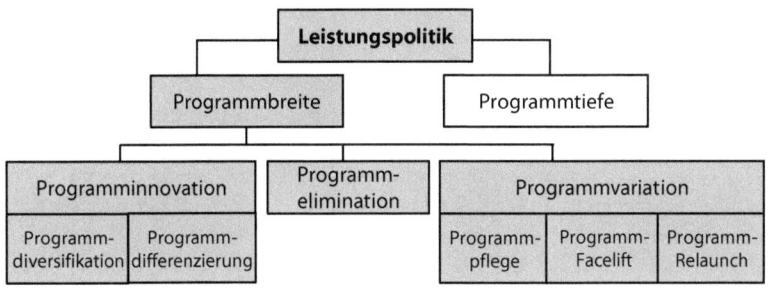

Abb. 12: Leistungspolitische Entscheidungsalternativen
Quelle: Tomczak/Kuß/Reinecke 2014 in Anlehnung an Engelhardt/Plinke 1979: 160.

Von einer Strukturveränderung wird dann gesprochen, wenn eine Änderung der Gewichtung der angebotenen Interventionen (z. B. die Teilnehmernachfrage im Bereich Ernährung steigt zu Ungunsten der Teilnehmernachfrage im Bereich Bewegung) vorliegt (vgl. Freiling/Reckenfelderbäumer 2009: 401).

Nachdem die grundsätzlichen Ausstattungsmöglichkeiten der Leistungspolitik beleuchtet worden sind, steht nun die Entwicklung von Präventionsinterventionen im Vordergrund. Das Hauptanliegen präventiver Interventionen ist die Förderung gesundheitlicher Verhaltensweisen, daher ist auch die Entwicklung der Präventionsinterventionen innerhalb der Leistungsprogrammpolitik angesiedelt. Dabei findet idealtypisch das Produktdesign bzw. die Ausgestaltung präventiver Interventionen auf zwei Ebenen statt: Während die Grund- und Minimalleistungen als **Kernleistungen** definiert werden, stellen **Zusatzleistungen** ergänzende Nutzenkomponenten (vgl. Kotler/Bliemel 1995: 660ff.; Meffert 2000: 333; Meffert/Bruhn 2006: 392; Normann 2000: 77) zur Sicherstellung des Leistungsversprechens innerhalb der Kommunikationspolitik (siehe → Kapitel 7.1.5) dar (siehe → Abb. 13).

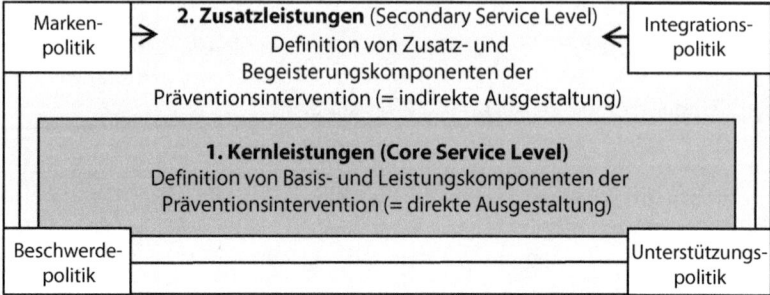

Abb. 13: Leistungsdefinition
Quelle: Eigene Darstellung in Anlehnung an Scherenberg 2008: 99.

Kernleistungen sichern die Minimalqualität, während mögliche **Zusatzleistungen** rund um die präventive Dienstleistung die Werterhöhungsqualität steigern sollen. Ein wesentlicher Aspekt bei der Bestimmung der Kernleistungen ist es, ein Verständnis dafür zu entwickeln, welche Zielgruppen warum ihr Verhalten ändern (bzw. nicht ändern). Die Ausgestaltung der Präventionsintervention kann basierend auf den Erkenntnissen der Situationsanalyse, der Bedürfnisanalyse sowie der Lebensbedarfszyklusanalyse der jeweiligen Zielgruppe(n) vorgenommen werden. Häufig nehmen nicht die gewünschten Risikogruppen Präventionsangebote wahr, sondern vor allem gesunde Menschen, die sich ohnehin schon gesundheitsbewusst verhalten. Die Ausgestaltung sollte daher detailliert geplant werden und besonders die Problemlagen von Risikogruppen berücksichtigen. Kernelemente, die definiert werden müssen, sind beispielsweise das präventive Handlungsfeld bspw. das Risikoverhalten (je nach Risikogruppe oder Indikation), der Interventionstypus, die fokussierte Zielgruppe, die Zielsetzungen, die Zielprioritäten sowie die Nutzenkomponenten.

[1] Festlegung des Interventionstypus

Präventionsinterventionen können prinzipiell drei groben Interventionstypologien zugeordnet werden:

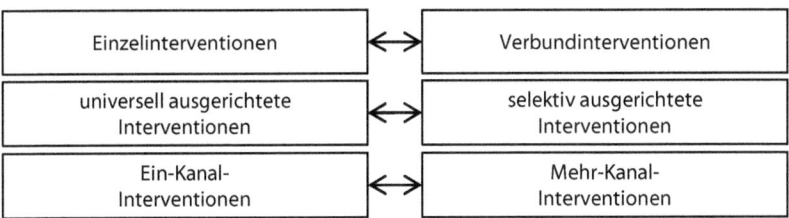

Abb. 14: Typologien Präventionsinterventionen
Quelle: Eigene Darstellung.

Für die Institutionen besteht die Möglichkeit, ein eigenes Programm oder im Verbund mit anderen Institutionen ein Gemeinschaftsprogramm zu initiieren. Eine Kooperation ist nicht nur angesichts des Präventionsgesetzes ausdrücklich vom Gesetzgeber gewünscht, sondern trägt dazu bei, mögliche Risiken zu reduzieren und so eine Aufwands- und Kostenminimierung zu erzielen. Zudem können Präventionsinterventionen universell oder selektiv auf spezifische Zielgruppen ausgerichtet werden. Selektiv ausgerichtete Interventionen sind in der Regel mit einem höheren logistischen Aufwand verbunden, führen indes dazu, dass sich die jeweilige Zielgruppe besser angesprochen fühlt. Auch können Präventionsinterventionen hinsichtlich der Mitgliedschaft formell oder informell gestaltet sein. Die formelle Teilnahme setzt eine offizielle Registrierung voraus. Allerdings kann eine Teilnahmeerklärung mitunter als Hemmschwelle wahrgenommen werden, so dass die Teilnehmeranzahl geringer ausfällt. Andererseits kann eine Mitgliedschaft die Ernsthaftigkeit der Präventionsintervention unterstreichen, die Selbstverpflichtung der Teilnehmer erhöhen und die Basis für eine unterstützende Kommunikation schaffen. Eine weitere Differenzierung kann darin erfolgen, über welche Kanäle die Präventionsintervention erfolgt (online, offline oder online/offline etc.). Die Abwägung der jeweiligen Vor- und Nachteile einzelner Interventionstypen ist abhängig von der Zielgruppe, dem Setting, den Rahmenbedingungen und der Zielsetzung.

[2] Festlegung der fokussierten Ziel- und Risikogruppen

Die Grundlage für eine positive Beeinflussung der Einstellung und des Verhaltens potenzieller Teilnehmer ist die Spezifizierung der Zielgruppe. Um eine Passgenauigkeit des Angebotes vornehmen zu können, ist neben dem Alter, dem soziokulturellen Hintergrund und der sozialen Lage insbesondere das Geschlecht bei der Kanalisierung und Lenkung gesundheitsförderlicher Verhaltensweisen sinnvoll. Speziell die Geschlechterperspektive sollte bei Präventionsangeboten mehr berücksichtigt werden, da hier – neben schichtspezifischen Merkmalen – das Präventionspotenzial besonders hoch ist (vgl. Altgeld/Kolip 2006: 15f.). Untersuchungen zeigen, dass beispielsweise die Inanspruchnahme von Früherkennungsmaßnahmen bei Frauen höher ausfällt als bei Männern. Nur mithilfe einer differenzierten Zielgruppendefinition ist folglich eine Anreiz- und Förderungseffizienz gesundheitsbewusster Verhaltensweisen möglich. Die Zielgruppenspezifizierung unter besonderer Berücksichtigung der Chancengleichheit schließt nicht nur die Bedürfnisse, Präferenzen und gesundheitliche Verhaltensweisen mit ein, sondern beinhaltet die bevorzugten kommunikativen Zugangswege aller Zielgruppensegmente, um so eine bedarfsgerechte Dialogkommunikation (online wie offline) vornehmen zu können.

[3] Festlegung der Zielsetzung, der Zielprioritäten und des Zeitbezugs

Gesundheitliche Interventionsziele sollten neben dem Schweregrad und dem zeitlichen Aufwand auch positive Verhaltensentwicklungen der Teilnehmer berücksichtigen, um eine dauerhafte Verhaltensmotivation zu stimulieren. Die Erreichung vorgegebener oder selbstgesteckter Zielgrößen sollten verbal belohnt werden. Um die Koppelung von gesundheitlichen Handlungen und Belohnungen unmittelbar erfahrbar zu machen, bietet sich eine direkte Wertschätzung ohne zeitliche Verzögerung an. Eine Möglichkeit stellen onlinegestützte Statusmeldesysteme zur Transparenz sichtbarer Erfolge dar (z. B. mithilfe von Apps), die eine direkte Motivationsfunktion auslösen. Anzumerken ist, dass Statusmeldungen auch negative motivationale Effekte hervorrufen können. Denn eine Transparenz kann dann als negativer Anreiz empfunden werden, wenn die Teilnehmer ihre Negativfortschritte betrachten, mit Resignation reagieren und schwer zu reaktivieren sind. Um die Teilnehmer stets reaktivieren zu können, empfiehlt sich eine Motivierung, die wahlweise positive Erfolge würdigt, oder bei Stagnation bzw. Rückschritten ermutigt. Beteiligt sich der Teilnehmer innerhalb eines angekündigten Zeitfensters wieder an einer Intervention, ist eine Wertschätzung umso wichtiger. Während dauerhafte Teilnahme (z. B. durch Gratulationen) kurzfristig eine lineare oder gar konvexe Funktion aufweisen sollte, wird auf langfristige Sicht ein konkaver Verlauf empfohlen (vgl. Drumm 2004: 556). Summa summarum sollten Ziele bzw. Zielprioritäten und der zeitliche Kontext der Zielerreichung aufgrund weitreichender psychologischer Effekte exakt geprüft werden.

[4] Festlegung der Mehrwerte

Die Bereitschaft zur Verhaltensänderung wird bei den Teilnehmern dann aktiviert, wenn sie erwarten können, dass durch ihre Verhaltensänderung ein Nutzen erzielt wird, der zu einer persönlichen Bedürfnisbefriedigung beiträgt. Somit kommt der Auswahl z. B. verbaler Anreize (je Teilnehmergruppe) eine besondere Bedeutung für die Funktionsfähigkeit der Intervention zu. Um mehr Eigenverantwortung bei den Teilnehmern zu erzeugen, sollten immaterielle Nutzenkomponenten implementiert werden, die einen emotionalen Wirkungseffekt bei der Zielgruppe erzielen (vgl. Glusac 2005: 73). Statuslevel und Abzeichen können je nach Teilnahmeengagement (durch Präventionsstatuslevel z. B. in Gold, Silber und Bronze) nicht nur bei Kindern und Jugendlichen dazu führen, Stolz für die eigene Leistung aufzubauen. Bei dem Vielfliegerprogramm *Miles & More* der Lufthansa können Kunden bspw. zum *Frequent Traveler* oder *Senator* aufsteigen und erhalten besondere Privilegien (vgl. Lauer 2004: 94). Auch bei weit verbreiteten Gesundheits-Apps (z.B. Fitbit) erhalten die Nutzer unterschiedlichste Abzeichen für erreichte persönliche Meilensteine. Symbolische Belohnungen tragen (wie unerwartete kleine Gesten der Anerkennung) so zur Motivationssteigerung bei und aktivieren gleichzeitig die intrinsische Motivation (vgl. Rheinberg 2006: 338). Symbolische und inhaltliche Anreize sind wichtige Mehrwerte zur Unterstützungsgestaltung und können zur Nachhaltigkeit der Präventionsintervention beitragen. Unterstützungs- und Serviceleistungen und ein ausgeprägtes Beschwerdemanagement sind dementsprechend wichtige Zusatzleistungen. Grundsätzlich lassen sich drei Verstärkungsarten unterscheiden: Attraktivitätsverstärker (z. B. durch Unterstützungsleistungen), Personenverstärker (z. B. durch besondere Zuwendungen durch symbolische Belohnungen) und materielle Verstärker (z. B. durch Prämien) (vgl. Korte 1996: 80).

Im Vergleich zur klassischen Produktpolitik zeichnet sich die „direkte" Produktpolitik (des Beziehungs- und Erfahrungsmanagements) durch eine hohe Kunden- bzw. Teilnehmerintegration aus (vgl. Wirtz/Blockus 2006: 213). Die Teilnehmerintegration ist das Resultat einer ständigen Interaktion, bei der Bedürfnisse, Erwartungen und Zufriedenheiten der Teilnehmer erhoben werden, bedürfnisgerecht in die kommunikativen Maßnahmen einfließen und so Teilnehmernähe und Teilnehmerorientierung geschaffen wird. Durch eine hohe Integration ist es zudem möglich, user-generierten Content zu schaffen, um das Engagement zu erhöhen (vgl. Kreutzer/Land 2017: 139f.). Die Möglichkeiten zur Integration der (potenziellen) Teilnehmer in Kreativprozesse im Sinne einer **Co-Produktion** bei Präventionsinterventionen können vielfältig sein, angefangen von Fotowettbewerben, einem Aufruf für die Suche nach einem Sport-Maskottchen bis hin zu Slogans für eine zielgruppenspezifische Ernährungsintervention. Der starke Interaktionsgrad und die individuellen Serviceleistungen tragen als Zusatznutzen auf diese Weise zu einer Erhöhung der Teilnehmerzufriedenheit bei (vgl. Holland 2004: 170). Dabei sind gerade emotionale Zusatzleistungen bei zunehmender Ähnlichkeit von Dienstleistungen bedeutsam, um sich vom Wettbewerb positiv abzuheben (vgl. Meffert/Bruhn 2006: 402). Die inhaltliche Ausgestaltung der Kern- und Zusatzleistungen können inhaltlicher und emotionaler Natur sein und sowohl zum Ziel haben, Aufmerksamkeit zu erregen, als auch Impulse für eine Verhaltensänderung zu setzten. Die → Abb. 15 zeigt beispielhaft die Vielfalt der inhaltlichen Ausgestaltung (**Content-Marketing**), die innerhalb im Rahmen einer onlinebasierten Präventionsintervention vorgenommen werden kann. Dabei hängt die Positionierung der Inhalte immer auch von der inhaltlichen Ausgestaltung der jeweiligen Infotainment-, Edutainment- und Servotainment-Elemente der Plattform ab.

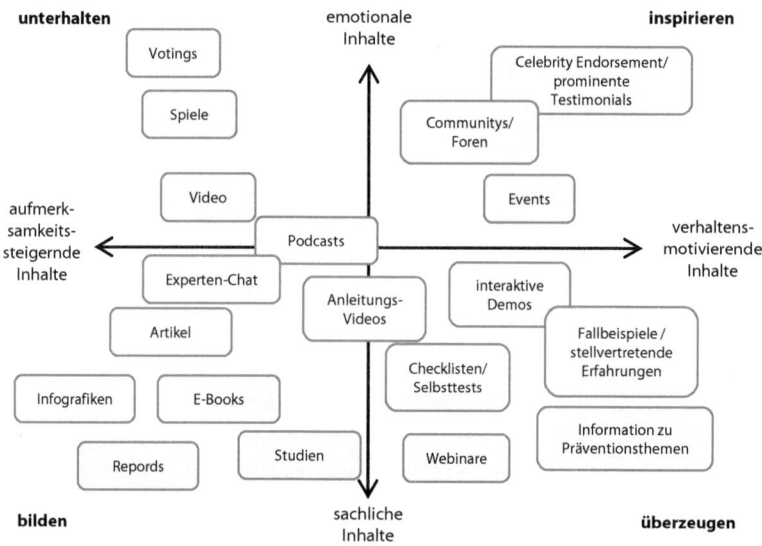

Abb. 15: Beispiele für Content einer Onlineplattform
Quelle: Eigene Darstellung in Anlehnung an Horzetzky 2015: 18; Kreutzer/Land 2017: 162

Untrennbar mit den präventiven Dienstleistungen und der jeweiligen inhaltlichen Ausgestaltung verbunden sind die Prozesse vor, während und nach der Teilnahme. Denn aus Teilnehmersicht werden Dienstleistungen als Prozess erlebt. Aus diesem Grund ist die Darstellung der Gestaltung teilnehmermotivierender Prozesse für die Prävention elementar.

7.1.2   Prozesspolitik

Neben der inhaltlichen Gestaltung werden die (potenziellen) Teilnehmer maßgeblich durch die Ablauforganisation (process) positiv wie auch negativ beeinflusst, da die Teilnehmer die angebotene Dienstleistung als Prozess wahrnehmen. Bei der Definition und Strukturierung der Prozesse sollte folglich die Teilnehmersicht maximal einbezogen werden: „*A process should be designed to product outputs that satisfy the requirements of customer.*" (Davenport 1993: 15). Insofern kann die Prozessorientierung bzw. die Prozesspolitik als ein integraler Bestandteil der Teilnehmerorientierung verstanden werden, bei dem die Teilnehmer in den Mittelpunkt institutioneller Entscheidungen gestellt werden. Die an den Teilnehmerbedürfnissen ausgerichteten Abläufe (**process customization**) (vgl. Davenport 1993: 77f.) führen aus Teilnehmerperspektive zu einem prozessbezogenen Differenzierungsvorteil (vgl. Büttgen 2002: 151). Damit stellt das zentrale Merkmal der Prozessgestaltung die ganzheitliche Betrachtung aller Teilprozesse über den gesamten Teilnehmerzyklus der Interventionsteilnahme. Die Art und Weise der Dienstleistungsprozesse entscheiden über die Qualitätswahrnehmung der Teilnehmer. Die Beurteilung der Prozessqualität und die mögliche Dauer der Interventionsteilnahme hängen folglich von der positiven Wahrnehmung der angebotenen Präventionsmaßnahme mit zunehmendem Zeiterleben ab. Parasuraman, Berry und Zeithaml identifizierten fünf *key issues*, die eine gute Dienstleistung auszeichnen (**SERVQUAL-Ansatz**) (vgl. Parasuraman/Zeithaml/ Berry 1998: 12/23):

- **Tangibles:** Die Annehmlichkeiten des tangiblen Umfelds basiert auf materiellen, technischen und personellen Realitäten (Erscheinungsbild/Ausstattung der Dialogmedien, Wirkung der Betreuung, Attraktivität der Präventionsmaßnahme usw.).
- **Reliability:** Die Zuverlässigkeit zeigt sich in der korrekten Ausführung zugesicherter Leistungen (z. B. durch eine niedrige Fehler- bzw. Reklamationsquote).
- **Responsiveness:** Die Reaktionsfähigkeit zeichnet sich aus durch das Entgegenkommen, auf Teilnehmerbedürfnisse und -probleme zeitnah zu reagieren (z. B. durch kurze Wartezeiten (Callcenter) und Reaktionszeiten (z. B. Anfragen)).
- **Assurance:** Die Leistungskompetenz spiegelt sich in der Fach- und Problemlösungskompetenz und der Höflichkeit bzw. Serviceorientierung (Mitarbeiter) wider und trägt durch die Vermittlung von Sicherheit und Vertrauen zur Akzeptanz bei.

■ **Empathy:** Das Einfühlungsvermögen äußert sich durch eine aufmerksame und individuelle Betreuung auf allen Kommunikationsebenen (Würdigung und Verständnis bei der Umstellung behavioraler Risikofaktoren durch Serviceunterstützung etc.).

Die beschriebenen Dimensionen des SERVQUAL-Ansatzes beruhen auf einem Befragungsinstrument mit insgesamt 22 Items, die Kundenerwartung nach den o. g. Aspekten der Dienstleistungsqualität erhebt. Die Dimensionen (assurance und empathy) repräsentieren dabei sieben Originaldimensionen, bestehend aus: *„communication, credibility, security, competence, courtesy, understanding / knowing customers and access"* (vgl. Parasuraman/Zeithaml/Berry 1998: 12/23; Homburg/Krohme 2006: 980; Hartmann/Kreuzer/Kuhfuß 2004: 54). Alle fünf Dimensionen üben einen Einfluss auf die Prozessgestaltung aus. Aus diesem Grund wird der SERVQUAL-Ansatz oft als Instrument zur Konzeptualisierung der Dienstleistungsqualität herangezogen (vgl. Homburg/Krohmer 2006: 981). Allerdings beschränkt sich die Prozessgestaltung umfangreicher Interaktionsbeziehungen nicht nur auf den Anmelde- oder Abmeldemechanismus, sondern schließt die Gesamtheit aller Aktivitäten *vor, während und nach* der Teilnahme einer Präventionsaktivität mit ein. Vom Erstkontakt bis zur Abmeldung kann der Ablauf in sieben Prozessstufen unterteilt werden (vgl. Wirtz/Blockus 2006: 215) (→ Abb. 16).

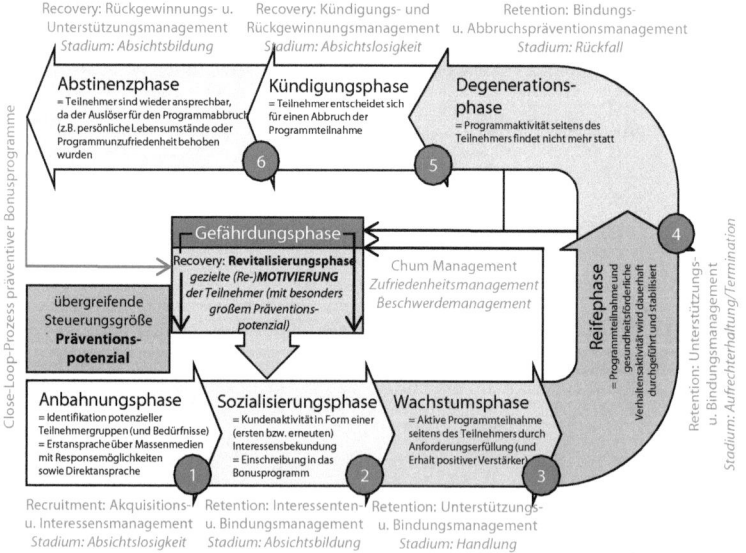

Abb. 16: Leistungsdefinition
Quelle: Scherenberg 2008: 106 in Anlehnung an Wirtz/Blockus 2006: 215; Strauss 2000: 16.

Die einzelnen Prozessstufen lehnen sich an den Teilnehmerlebenszyklus an und können auf die Kernprozesse der Teilnehmergewinnung (**recruitment**), der Teilnehmerbindung (**retention**) und der Teilnehmerrückgewinnung (**recovery**) heruntergebrochen werden. Diese Beziehungsphasen werden auch als die „3 Rs" bezeichnet (vgl. Bruhn 2004: 36), teils wird als viertes Element **reclamation** hinzugefügt („4 Rs") (vgl. Renker 2005: 114). Die chronologische Abfolge der Teilnehmeraktivitäten und die ständige Orientierung an den Bedürfnissen der (potenziellen) Teilnehmer ermöglicht neben der Erhebung der individuellen Rahmenbedingungen eine permanente Überprüfung und Weiterentwicklung des Präventionskonzepts. Da sich die Bereitschaft zur gesundheitlichen Verhaltensänderung und die Beziehungsintensität während der Teilnahme unterschiedlich entwickeln, sollten teilnehmerorientierte Prozesse durch die frühzeitige Überwindung von Hindernissen möglichst zu einer gewohnheitsetablierenden Verhaltenskonstanz führen. Auch verhaltenstherapeutische Ansätze, wie bspw. das **Transtheoretische Modell der Verhaltensänderung** (kurz TTM, auch Stages-of-Change-Modell) nach Prochaska und DiClement, beschreiben Verhaltensänderungen als einen Prozess, bei der die fünf unterschiedlichen Stufen der Motivation Absichtslosigkeit (Präkontemplation), Absichtsbildung (Kontemplation), Vorbereitung, Handlung, Aufrechterhaltung und Termination (teils auch Rückfall) unterteilt werden (vgl. Knoll et al. 2005: 54). Diese Phasen sollten zur Aufrechterhaltung der Motivation der Teilnehmer bei der Gestaltung der Prozesspolitik durch die Implementierung spezifischer Gestaltungselemente zur Überwindung möglicher Hindernisse berücksichtigt werden.

Tab. 24: Phasen der Verhaltensänderung
Quelle: Knoll et al. 2005: 54.

Phase	mögliche Elemente
1. Absichtslosigkeit	▪ Wissensvermittlung
2. Absichtsbildung	▪ Vermittlung eines Problembewusstseins
3. Vorbereitung	▪ Darstellung der Vorteile der Verhaltensänderung
	▪ Hilfestellung der Auflösung von Ambivalenzen
4. Handlung	▪ Lenkung auf Erfolge
	▪ Belohnung
	▪ Ermittlung der Auslöser
	▪ Entwicklung von Techniken der Stimuluskontrolle
5. Aufrechterhaltung	▪ Lenkung auf wahrnehmbare Erfolge
	▪ Vermittlung von Strategien bei „Ausrutschern"

Werden die Phasen des TTM übersprungen, ist die Gefahr eines Rückfalls in alte Gewohnheitsmuster besonders hoch. Dabei besteht die höchste Rückfallquote in den Phasen Handlung und Aufrechterhaltung (vgl. Hoffmann/Faselt 38). Werden Rückfälle in alte Gewohnheitsmuster in die Prozesspolitik mit einbezogen, dann sollten die in → Tab. 25 beschriebenen vier zentralen Phasen und möglichen Einflussmöglichkeiten integriert werden (vgl. Marlatt 1985 zit. n. Klos/Görgen 2009: 39).

Tab. 25: Methoden zur Rückfallprophylaxe
Quelle: Klos/Görgen 2009: 39.

Phase	Beispiele für mögliche Methoden
Förderung eines ausgewogenen Lebensstils	▪ Identifizierung und Abbau belastender Alltagsfaktoren ▪ Planung angenehmer Dinge ▪ Techniken zur Stressbewältigung
Identifizierung von Rückfallrisiken	▪ Darstellung der Vorteile der Verhaltensänderung ▪ Hilfestellung der Auflösung von Ambivalenzen ▪ Analyse früherer Rückfälle und emotionaler Zustände
Verbesserung der Bewältigungskompetenz	▪ Ressourcenaktivierung (Vorwegnahme des Verhaltens) ▪ Selbstkontrollstrategien und Ablenkungstrainings ▪ Notfallhilfen (Notfallplan, Ausrutscher-Vertrag)
Veränderung der rückfallbezogenen Kognitionen	▪ Umdeutung von Ausrutschern ▪ Entkatastrophisierung ▪ Erstellung einer Entscheidungsmatrix

Ausgehend vom Teilnehmerlebenszyklus sollte bei der **Teilnehmergewinnungsphase** grundsätzlich die Aufmerksamkeit und das Interesse für die Präventionsintervention geweckt werden, um Log-in-Effekte (bzw. eine Einschreibung) zu erzielen. Dabei kann die **Anbahnung** über anonyme Massenmedien (z. B. Kundenzeitschriften) und durch eine direkte Ansprache potenzieller Teilnehmer erfolgen. Kommt es zu einer ersten Transaktion zwischen den Teilnehmern und dem Initiator, führt dies dazu, dass die Teilnehmer erste Erfahrungen (**Sozialisation**) sammeln (vgl. Strauss 2000: 16). In dieser Prozessstufe findet die eigentliche Überzeugungsarbeit durch eine vertrauenerweckende Heranführung der Präventions- bzw. Interventionssinnhaftigkeit z. B. durch die Zusendung eines Welcome-Packages oder durch eine Schnuppermitgliedschaft statt. Die **Teilnehmerbindungsphase** zielt darauf ab, durch eine Teilnehmer-

bindung eine dauerhafte Stabilisierung der gesundheitlichen Verhaltensaktivitäten zu erreichen. Die kontinuierliche Erfüllung der Anforderungen bzw. die
stabile Verhaltensaktivität (**Wachstum**) kann durch Erinnerungssysteme, die an
den Bedürfnissen der Teilnehmer ausgerichtet sind, gestützt werden. Auch eine
verstärkte Integration der Teilnehmer oder sogenannte Value-Added-Services
(sprich Mehrwertleistungen, wie z. B. erweiterte Beratungsangebote) können
dazu führen, den Nutzen dauerhaft zu sichern. Werden die Anforderungen von
den Teilnehmern im Sinne der Aufrechterhaltung und Termination dauerhaft
erfüllt, so wird das Stadium der **Reife** erreicht. Da die ersten Präventionsziele
erreicht sind, die Initiatoren indes daran interessiert sind, zusätzliche Kunden-
bindungseffekte (zur Verstetigung des Verhaltens) zu erzielen, wird in der Rei-
fephase versucht, durch Wechselbarrieren eine Gebundenheit aufzubauen (vgl.
Bruhn 2006: 522). Werden keine Teilnehmeraktivitäten verzeichnet (**Degenera-
tion**), gilt es, einem möglichen Teilnahmeabbruch bzw. einer Kündigung proaktiv vorzubeugen. Da die Abbruchauslöser persönlicher und institutioneller Natur sein können, gilt es durch ein Zufriedenheits- und Beschwerdemanagement
zu prüfen, welche möglichen Mängel beseitigt werden können. Abbruchgefähr-
dungen sind grundsätzlich in allen Phasen gegeben. Mithilfe der Erhebung von
Frühwarnindikatoren (Churn Management) besteht die Möglichkeit, Abbruchge-
fährdungen frühzeitig wahrzunehmen, um gezielte Gegenmaßnahmen zur Stabilisierung der Verhaltensaktivitäten einzuleiten. Mithilfe einer **Churn-Analyse**
(zusammengesetzt aus den Begriffen **Ch**ange und **Turn**) kann auf Basis des
Teilnahmeverhaltens im Zeitverlauf eine Abbruchwahrscheinlichkeit prognosti-
ziert werden, so dass abbruchwillige Teilnehmer identifiziert und gezielt angesprochen werden können (vgl. Hippner/Hoffmann/Wilde 2007: 593). Ist z. B.
das Vertrauen zwischen dem Initiator und Teilnehmer gestört oder der Sätti-
gungsgrad angebotener Anreize erreicht, kann es zur **Abstinenz** oder **Kündigung** kommen. In der **Teilnehmerrückgewinnungsphase** wird versucht,
gefährdete oder verlorene Teilnehmer durch eine aktive Kontaktaufnahme und
Unterstützung in das alte Aktivitätsniveau zurückzuführen. Der beschriebene
Nutzungsprozess der Präventionsmaßnahme greift entsprechend unmittelbar in
den gesundheitlichen Entwicklungsprozess der Teilnehmer ein.

Als zentrale Steuerungsgröße der Maßnahmen sollte das Präventionspotenzial
(der unterschiedlichen Bedarfs- bzw. Risikogruppen) herangezogen werden.
Denn eine undifferenzierte Verfahrensweise ohne eine Fokussierung würde in
vielen Fällen Streuverluste und Ressourcenverschwendung bedeuten und ist
daher durch eine zielgerichtete Steuerung zu ersetzen. Mit der Standardisierung
der beschriebenen Prozesse wird eine wahrgenommene individualisierte Form
der Präventionsunterstützung (**mass customization based prevention**) erzeugt, die bei Teilnehmern ein Gefühl der Verbundenheit (**Commitment**) her-
vorruft, ohne sie durch vertragliche, ökonomische oder technische Gegebenhei-

ten zu binden. Je nach Bindungsursache kann die Teilnehmerbindung verbundenheitsgetrieben oder gebundenheitsgetrieben erfolgen. Die Verbundenheit bzw. die freiwillige Teilnehmerbindung basiert auf emotionalen Ursachen (z. B. Überzeugung) und ist maßgeblich durch die Beziehungs- und Transaktionsqualität zu beeinflussen. Die Gebundenheit erfolgt durch technische, vertragliche oder ökonomische Barrieren, die eine Bindung erzwingt (vgl. Strauss 2006: 436f.). Diese verbundenheitsgetriebene Bindungsform weist dauerhaft nicht nur eine stärkere Überzeugungskraft auf, sondern hat eine positive Wirkung auf die Zufriedenheit der Teilnehmer. Denn ohne **Verbundenheit** wird eine mehr oder minder **erzwungene Gebundenheit** nur solange aufrechterhalten, wie die ökonomischen, technisch-funktionalen oder vertraglichen Mechanismen des Programms wirken (vgl. Lorbeer 2003: 57f.).

Das Ausmaß der Individualisierung kann durch den Integrations- und Interaktionsgrad der Teilnehmer bestimmt werden. Für die Teilnehmer spiegelt sich die Prozessbedeutsamkeit neben der Intensität der Integration in erster Linie durch den wahrgenommenen Nutzen der Einbeziehung wider (vgl. Büttgen 2002: 147). Die interne Erfahrens- und Wissensweitergabe der Teilnehmer kann wichtige Impulse für die (gemeinschaftliche) Weiterentwicklung der Präventionsintervention (im Sinne eines **collaboratives development**) liefern. Insofern kann die Integration der Teilnehmer helfen, mögliche Trade-offs zwischen der Maximierung des teilnehmerbezogenen Nutzens und der Minimierung der betriebswirtschaftlichen Kosten offenzulegen. Interaktionen und damit Kontaktpunkte (**customer touchpoints**) stellen für die Teilnehmer Augenblicke der Wahrheit (sogenannte **moments of truth**) dar, die es besonders an *customer touchpoints* ermöglichen, durch die Identifizierung der Probleme und Erwartungen der Teilnehmer, eine verbesserte Steuerung des präventiven Geschehens zu erreichen (vgl. Schreiner 2004: 46). Da die Teilnehmerakquise und -betreuung im *Frontoffice* (Onstage-Prozesse), die Interventionsabwicklung jedoch im *Backoffice* (Backstage-Prozesse) stattfindet, ergibt sich zwangsläufig die Notwendigkeit der engen Verzahnung der beiden Bereiche. *Frontoffice*-Prozesse (oder *Client-Facing*-Prozesse) stellen Prozesse dar, bei denen die Initiatoren in einem direkten Kontakt zum Teilnehmer stehen, während *Backoffice*-Prozesse im Hintergrund ablaufen. Während die relativ autonomen *Backstage*-Prozesse ohne direkten Teilnehmereinfluss vorhersehbar sind, hängen die integrativen Onstage-Prozesse vorwiegend von den (differierenden) Wünschen der Teilnehmer ab (vgl. Kleinaltenkamp/Ehret 1998: 79; Bruhn 1998: 177). Je ausgeprägter der Interaktions- und Integrationsgrad ist, umso mehr Aktivitäten sind auf die spezifischen Teilnehmerbedürfnisse auszurichten. Der Teilnehmerprozess mit definierten Service- und Unterstützungsphasen sollte immer ein geschlossener Regelkreislauf (**close loop**) nach den Ansätzen des CRMs (Customer-Relationship-Management, sprich dem Kundenbeziehungsmanagement) und des CEMs (Customer-

Experience-Management) darstellen, um das Präventionspotenzial durch gezielte Aktivitäten auf der analytischen, operativen, kollaborativen und kommunikativen Ebene ausschöpfen zu können. Aufgabe des CEM im Rahmen des CRMs ist es, aufgrund der erhobenen Bedürfnisse der Teilnehmer positive Erfahrungen und Erlebnisse an allen Kontaktpunkten und über den gesamten Teilnehmerzyklus zu schaffen (vgl. Kreutzer/Land 2017: 108f.). Denn das analytische CRM liefert auf der Basis von ausgewerteten Teilnehmer- und Transaktionsdaten wichtige Hinweise zur Verbesserung der Teilnahmeaktivitäten, die in die operative Umsetzung (operatives CRM) einfließen können. Während sich das operative CRM unterschiedlicher Kommunikationskanäle bedient, ist es die Aufgabe des kommunikativen CRM, eine gezielte Steuerung und Unterstützung sowie die Synchronisierung aller Kommunikationskanäle zu den Teilnehmern (Inbound wie Outbound) zu gewährleisten. Das kollaborative CRM setzt verstärkt auf die aktive Zusammenarbeit und Unterstützung der Partner (und Teilnehmer) durch Integration (vgl. Winkelmann 2006: 303; Ahlert/Hesse 2002: 17). Der Brückenschlag (**place**), sprich die Übermittlung des Leistungsversprechens (durch z. B. Flyer) und der Leistungen (durch z. B. Beratung) kann direkt (unmittelbar: Internet-Homepage und mittelbar: Geschäftsstellen) oder indirekt über Co-Produzenten erfolgen (vgl. Meffert/Bruhn 2006: 599ff.). Da z. B. Ärzte als Multiplikatoren einen großen Einfluss auf das Leistungsgeschehen ausüben, liegt es nahe, diese zu integrieren und zu informieren, um die Akzeptanz zu erhöhen und eine wechselseitige Unterstützung im Sinne eines kollaborativen CRMs zu gewährleisten. Summa summarum dient die vorgestellte Prozessunterteilung dazu, die Abläufe so zu strukturieren, um die Handhabbarkeit der Intervention im Zeitverlauf für die Teilnehmer zu optimieren. Denn neben dem wahrgenommenen Nutzen sind für den Interventions- und Projekterfolg spezielle Faktoren, wie die Bequemlichkeit und Einfachheit maßgeblich, die sich in einem nicht zu unterschätzenden Maße in einem bedürfnisorientierten Prozessing widerspiegeln.

7.1.3   Preispolitik (Gegenleistungspolitik)

Im kommerziellen Marketing wird die Gestaltung der Entgelte (Beiträge und sonstige Konditionen) unter die Begriffe Preis-, Finanzierungs-, Entgelt- oder Kontrahierungspolitik zusammengefasst (vgl. Hesse et al. 2007: 20). Die **Kontrahierungspolitik** (lat. contrahere: zusammenziehen, übereinkommen, eine geschäftliche Verbindung eingehen) beinhaltet alle vertraglich fixierten – meist monetären – Elemente (vgl. Meffert et al. 2008: 544ff.), die von der jeweiligen Institution für die jeweilige Präventionsintervention festlegt werden. Handelt es sich um Maßnahmen im Bereich des Sozialmarketings, kommt zudem oft der Begriff **Gegenleistungspolitik** ins Spiel. Denn häufig werden gerade im Bereich der Prävention Gegenleistungen (z. B. regelmäßige Teilnahme, gesundheitliche Verhaltensänderungen) für eine angebotene Leistung erwartet und erhofft, die taktisch und strategisch geplant werden müssen (vgl. Busch et al. 2013: 251). Demzufolge reduziert sich die Preispolitik nicht auf die Festlegung des Preises (z. B. Kursgebühren), sondern schließt zudem weitere preispolitische Aspekte, wie z. B. Zahlungsbedingungen, kostenlose Angebote (Testzugang, Probemonat etc.), zeitliche Rabattaktionen (z. B. Sommer, Weltgesundheitstag), Weiterempfehlungsprämien, Teilnahmebedingungen bis hin zu Sonderrabatten für spezifischen Zielgruppen mit ein. Die Preis- oder Gegenleistungsstrategie unterscheidet sich stark, je nachdem ob es sich um ein Non-Profit- oder ein Profit-Unternehmen handelt. Bei Profit-Unternehmen ist die preisstrategische Entscheidung davon abhängig, ob eine Qualitätsführerschaft (eher Hochpreisstrategie) oder eine Kostenführerschaft (eher Niedrigpreisstrategie) angestrebt wird (siehe → Kapitel 5.4). Die Festlegung der Positionierung (Niedrig-, Mittel- oder Hochpreislage) wird als Preislagenstrategie bezeichnet (vgl. Müller 2016: 150). Für die Erreichung unterschiedlicher Teilnehmergruppen oder Märkte stehen zudem als Instrumentarium zeitliche, räumliche, personenbezogene, leistungsbezogene oder mengenbezogene Preisdifferenzierungsstrategie im Vordergrund (vgl. Bruhn 2016: 81):

▪ **Zeitliche Preisdifferenzierung:** Von einer zeitlichen Preisdifferenzierung wird gesprochen, wenn die Preise zu bestimmten Teilnahmezeit*punkten* (z. B. Wochenendkurse) differieren. Hingegen bezieht sich die zeitraumbezogene Preisdifferenzierung anlassbezogen auf die Teilnahmeentscheidung innerhalb einer spezifischen *Zeitperiode* (z. B. Januar – Stichwort: Gute Vorsätze) (vgl. Simon/Fassnacht 2016: 246). Auch bei der Markteinführung neuer präventiver Dienstleistungen werden oft niedrige Preise zur Marktdurchdringung (Penetrationsstrategie) angesetzt. Saisonale Preisdifferenzierungen sind insbesondere im Tourismusbereich (z. B. Präventionsreisen) gängige Mittel, um saisonale Nachfrageschwankungen aufzufangen (vgl. Meffert/Bruhn 2012: 544f.).

▪ **Räumliche Preisdifferenzierung:** Unterscheidet sich der Preis in geografisch abgegrenzten Teilmärkten (z. B. aufgrund unterschiedlicher (Personal-) Kosten oder Teilnehmerpräferenzen, so liegt eine räumliche Preisdifferenzierung vor. Aber auch bei unterschiedlichen Standorten einer präventiv agierenden Institution können unterschiedliche Preise angesetzt werden. Bei präventiven Onlineangeboten spielen räumliche Preisdifferenzierungen keine Rolle, da im Internet keine räumliche Selektion möglich ist (vgl. Simon/Fassnacht 2016: 501).

▪ **Personenbezogene Preisdifferenzierung:** Bei der personenbezogenen Preisdifferenzierung werden spezifischen Zielgruppen, z. B. Schülern, Auszubildenden, Studierenden, Rentnern, Schwerbehinderten unterschiedliche Preise bzw. Rabatte gewährt. Zudem können sich Preisdifferenzierungen auch auf Teilnehmermerkmale beziehen, wie beispielsweise Treuerabatte in Form von gestaffelten Teilnahmebeiträgen oder Preisunterschiede für Mitglieder und Nicht-Mitglieder (vgl. Simon/Fassnacht 2016: 255). Auch Bonusprogramme stellen personenbezogene Preisdifferenzierungen dar.

- **Leistungsbezogene Preisdifferenzierung:** Von einer leistungsbezogenen oder nutzenorientierten Preisdifferenzierung ist dann die Rede, wenn unterschiedliche Varianten einer präventiven Dienstleistung (z. B. spezifische Servicekomponenten, wie medizinische Untersuchungen) existieren und entsprechend kenntlich gemacht werden (Premium-Modelle etc.). Eine leistungsbezogene Preisdifferenzierung wird oft bei Gesundheits-Apps vorgenommen. Während Light-Versionen (bzw. die Grundversion) der App nicht selten kostenlos sind, müssen weiterführende Inhalte in Form von spezifischen Kursen oder zusätzlichen Themengebieten zusätzlich kostenpflichtig (App-in-Käufe) bezogen werden (vgl. Scherenberg 2015: 28).

- **Mengenbezogene Preisdifferenzierung:** Eine mengenbezogene Preisdifferenzierung liegt dann vor, wenn Preisdifferenzierungen bei der Inanspruchnahme von mehreren z. B. Kursangeboten offeriert werden. Eine Sonderform der mengenbezogenen Preisdifferenzierung stellt die mehrpersonenbezogene Preisdifferenzierung dar, die beispielsweise bei Partnern (Ehepartner, selbstgewählte Teampartner etc.) ein Rabatt gewährt (vgl. Simon/Fassnacht 2016: 248; 257). Jahresabonnements und 10er Karten fallen ebenfalls unter die mengenbezogene Preisdifferenzierung.

Preisbündelungen stellen eine weitere Form der Preisdifferenzierung dar, bei der mehrere Produkte oder Dienstleistungskomponenten zusammengefasst werden. Bei reinen Preisbündelungen (*pure bundling*) werden Dienstleistungen ausschließlich als Paket angeboten, während bei gemischten Preisbündelungen (*mixed bundling*) sowohl einzelne Dienstleistungskomponenten als auch das Gesamtpaket der Zielgruppe angeboten werden (vgl. Bruhn 2016: 174). Ist die Preisstrategie festgelegt worden, können die einzelnen Preise für die jeweiligen Produkte oder Dienstleistungen definiert werden. Hierbei sind sowohl die Deckung der Kosten, die Zahlungsfähigkeit und Zahlungsbereitschaft der zuvor definierten Zielgruppen zu bedenken, als auch, dass von Preisen hohe emotionale Wirkungen ausgehen (vgl. Pepels 2006: 26). Demnach sind bei der Bestimmung des Preises unternehmensbezogene (z. B. Kosten, Deckungsbeiträge, Unternehmensziele, Marketingstrategie) und konsumentenbezogene Preisdeterminanten (z. B. Nachfrageverhalten, Preisvorstellungen, Konkurrenzverhalten, rechtliche Bestimmungen) zu berücksichtigen. Im Folgenden werden die unterschiedlichen Methoden zur Preisbestimmung vorgestellt. Anzumerken ist, dass es sich nicht um Entweder-oder-Optionen handelt, sondern vielmehr um Orientierungen zur Preisfestsetzung (vgl. Kuhnle 2013: 150). Denn bei der Preisbestimmung sollten sowohl die Kosten, der Wettbewerb als auch das Nachfrageverhalten berücksichtigt werden (vgl. Rennhak/Opresnik 2016: 79, 91).

- **Kostenorientierte Preisbestimmung:** Bei der kostenorientierten Preisbestimmung (Inside-out-Perspektive) wird die Preisuntergrenze auf der Grundlage der vom Rechnungswesen zur Verfügung gestellten Kosteninformationen der Leistungserstellung (z. B. Personalkosten, Miete, Entwicklungskosten) festgesetzt (vgl. Günter/Hausmann 2012: 61).

- **Konkurrenzorientierte Preisbestimmung:** Orientieren sich die eigenen Preise oder Beiträge an denen der Konkurrenten (oder des Leitpreises des Marktführers), so wird von einer konkurrenzorientierten oder wettbewerbsorientierten Preisbestimmung gesprochen (vgl. Rennhak/Opresnik 2016: 92). Die Analyse der Preise und der Leistungen der Wettbewerber (Wettbewerbsanalyse; siehe → Kapitel 5.2) bildet in Abwägung der eigenen angebotenen Leistungen die Basis der Preisfestsetzung.

- **Nachfrageorientierte Preisbestimmung:** Wird von einer nachfrageorientierten Preisbestimmung (Outside-in-Perspektive) gesprochen, so wird die Nutzenerwartung und die mögliche Reaktion der Zielgruppen anhand der Zahlungsfähigkeit bzw. Zahlungswilligkeit und der Zahlungsfähigkeit aber auch der Wertvorstellungen und des Images der präventiv agierenden Institution einbezogen. Die Höhe der Preisbereitschaft der definierten Zielgruppe ist maßgeblich für die Festsetzung der Preisobergrenze verantwortlich (vgl. Günter/Hausmann 2012: 62). Dabei ist zu beachten, dass der Präventionsbedarf insbesondere bei Menschen aus unteren sozialen Schichten besonders hoch ist (siehe → Kapitel 2.1).

Wie bereits angeführt, gehen von Preisen emotionale Wirkungen aus. Emotionen, die bei den Teilnehmern ausgelöst werden, können sowohl positiv wie auch negativ die Nachfrage, die Motivation und die Bindung der (potenziellen) Teilnehmer beeinträchtigen. Dabei besitzen Preisemotionen drei operationalisierbare Hauptdimensionen: [1] Stärke (Intensität), [2] Richtung (positiv/negativ) und [3] Art (Inhalt/Qualität) (vgl. Trommsdorff 2004: 69ff.). In der → Tab. 26 finden sich zur besseren Veranschaulichung einige Beispiele für mögliche Preisemotionen.

Tab. 26: Beispiel für Preisemotionen
Quelle: Eigene Darstellung in Anlehnung an Diller 2008: 99.

Preisemotion	Beispiele
Preisfreude (+)	Positive Emotionen, die durch die wahrgenommenen günstigen Preise bei der Inanspruchnahme der Präventionsintervention (z. B. niedrigen Einführungspreis) oder ein kostenloses Angebot erlebt werden.
Preisbelohnung (+)	Positive Emotionen, die durch besondere Erlebnisse bei der Inanspruchnahme der Präventionsintervention (z. B. präventive Erfolge, soziales Erleben in der Gruppe, lange Anfahrtswege) erlebt werden.
Preisärger (-)	Negative Emotionen, die durch besondere Erlebnisse bei der Inanspruchnahme der Präventionsintervention (z. B. ausgebuchte Kurse) erlebt werden.
Preisneid (-)	Negative Emotionen, die durch eine wahrgenommene Bevorzugung bestimmter Personen (z. B. VIP-Status) bei der Inanspruchnahme der Präventionsintervention erlebt werden.

Preisemotionen werden mithilfe einer preiserlebnisbetonten Kommunikationspolitik bei den Teilnehmern aktiviert. Darstellungsformen von Preisemotionen können (zielgruppenspezifisch) [1] verbal durch die Veranschaulichung des Preises („ohne Aufnahmegebühr – ohne Risiko") und [2] durch die gestalterische Darstellung (z. B. durch Preisgegenüberstellung: „19,00 Euro statt 29,00 Euro pro Monat" oder „Kostenlos für Versicherte der BKK" sowie durch Preisangebote „3 Monate testen zum Festpreis von 99,00 Euro" oder „8-Wochen-Programm gratis") vorgenommen werden.

Ziele, die demnach im Rahmen der Preis- und Gegenleistungspolitik verfolgt werden, tangieren damit sowohl den Zielgruppenerreichungsgrad, die Kapazitätsauslastung, das wahrgenommene Preis-Leistungs-Verhältnisses also auch die ökonomische Sicherung bzw. Weiterführung der jeweiligen Präventionsintervention.

Zusammenfassend müssen damit im Rahmen der Preispolitik der preispolitische Spielraum analysiert, die preispolitischen Ziele konkretisiert, die preispolitische Strategie sowie die einzelnen preispolitischen Maßnahmen festgelegt und die preispolitische Entscheidung kontrolliert werden. Dabei unterscheidet sich Vorgehensweise von Institution zu Institution je nach dem ökonomischen Interesse sehr stark. Vielfach werden präventive Interventionen für Teilnehmer insbesondere bei Non-Profit-Unternehmen kostenlos angeboten, da es sich um Drittmittel- und Forschungsprojekte handelt (siehe ⌘ *www.gesundheitsforschung-bmbf.de*) oder wie bei den GKVn die Finanzierung staatlich geregelt ist. Denn gerade im Gesundheitswesen ist die Kontrahierungspolitik stark reglementiert, daher sind die dargestellten preispolitischen Instrumentarien nur bedingt auf alle Akteure, z. B. die GKVn, zu übertragen. Ein Blick auf die GKVn und die Verteilung der Mittel im Rahmen des Präventionsgesetzes ist bei der Initiierung von Präventionsmaßnahmen sinnvoll, sofern sich diese nicht auf den zweiten Gesundheitsmarkt konzentrieren.

✳ Exkurs | Gesetzliche Krankenversicherung

Im Bereich der GKVn wurde die Preispolitik in der Vergangenheit mit der Beitragspolitik gleichgesetzt. Doch seit der Einführung kassenspezifischer Zusatzbeiträge stellen neue gesetzliche Freiräume (Bonusprogramme, Wahltarife etc.) weitere preispolitische Stellhebel dar. Die kassenspezifischen Zusatzbeiträge stellen ein Preissignal für die Versicherten dar, die von den GKVn erhoben (bzw. ausgeschüttet) werden können, sofern die ihnen zugewiesene Versichertenpauschale den Ausgabenbedarf nicht deckt (bzw. überschreitet). Dabei beinhaltet die Kontrahierungspolitik zudem alle vertraglich fixierten (meist monetären) Elemente (Meffert et al. 2008: 544ff.), die z. B. im Rahmen von Selbstbehalten oder Bonusprogrammen festlegt werden. Da sich der Austauschprozess nicht auf monetäre Zahlungen beschränkt, wird auch von Gegenleistungspolitik gesprochen (vgl. Freiling 2004: 339, Busch et al. 2008: 271). Denn Einsparungen sind bei den GKVn nicht nur durch Senkung der Verwaltungskosten und durch die Kürzung von Mehrleistungen, sondern insbesondere über die Erschließung präventiver Rationalisierungspotenziale möglich. Gegenleistungen auf nicht monetärer Ebene stellen Beeinflussungsmaßnahmen dar, die durch eine Verhaltensänderung der Versicherten zu Einsparungspotenzialen führen sollen. Aufgrund der starken Bedeutung von Gegenleistungen hält das NPO-Modell die Dimension Anreiz- und Beitragspolitik vor (vgl. Purtschwert 2005: 296).

Die GKVn schreiben im Rahmen des Präventionsgesetzes über Vergabestellen Präventionsinterventionen auf verschiedenen Internetplattformen (Beispiel siehe ⌂ *www.praeventionskonzept.nrw.de*) aus. Per Gesetz stehen für unterschiedliche Maßnahmen Mittel zur Verfügung, die im SGV § 20 hinterlegt sind.

Tab. 27: Mittelverwendung im Rahmen des Präventionsgesetzes
Quelle: § 20 SGV.

Krankenkassen: Die Aufwendungen für Prävention und Gesundheitsförderung steigen von 3,09 Euro auf 7,00 Euro je Versicherten
▫ 2,00 Euro für betriebliche Gesundheitsförderung
▫ 2,00 Euro für Gesundheitsförderung in nichtbetrieblichen Settings (davon 0,45 Euro für die BZgA)
▫ Gesundheitliche Selbsthilfe: 1,64 Euro statt bisher 1,05 Euro je Versicherten
▫ Pflegekassen: 21 Millionen Euro für Unterstützung gesundheitsfördernder Verhältnisse in Pflegeeinrichtungen

7.1.4 Distributionspolitik

Unter der Distributionspolitik werden alle Entscheidungen und Handlungen subsumiert, die im Zusammenhang mit der **Übermittlung der präventiven Dienstleistungen** stehen (vgl. Meffert 2000: 600). Damit schließt die Distributionspolitik die Standortwahl, die Gestaltung der Kontaktstellen (z. B. Geschäftsstellennetz, Außendienst, Betreuer) sowie die Gestaltung des logistischen Systems (z. B. regionale Integration) und die Optimierung der Zusammenarbeit mit Multiplikatoren und Meinungsbildnern (Ärzte, Arbeitgeber, Selbsthilfegruppen etc.) mit ein (vgl. Hasitschka/Hrschka 1982: 118). Demzufolge sind zur Optimierung von Tauschprozessen und zur Reduzierung der Distanz zwischen den Institutionen und ihren potenziellen präventiven Teilnehmern zentrale Entscheidungen hinsichtlich der Art und Form des Teilnehmerkontaktes (z. B. Teilnehmerzuordnungen, Öffnungszeiten, Außendienst, Hotlines) zu treffen. Dabei bedingt der Dienstleistungscharakter von Präventionsinterventionen, dass nicht das Management der physischen Distribution, sondern die Gestaltung aller möglichen Kontakt- und Kommunikationskanäle (inkl. der Prozesse) und damit die Erreichbarkeit und der Zugang zu potenziellen Teilnehmern im Vordergrund der Distributionspolitik steht. Grundsätzlich kann bei der Distribution zwischen der **direkten Distribution** (oder Direktdistribution) und der **indirekten Distribution** differenziert werden (siehe → Abb. 17).

▫ **Direkte Distribution:** Bei der direkten Distribution wird die präventive Dienstleistung direkt von der präventiv agierenden Institution selbst erbracht und unmittelbar oder mittelbar den potenziellen Teilnehmern direkt zur Verfügung gestellt. Während bei der unmittelbaren direkten Distribution die Leistung an einer zentralen Stelle (z. B. Fitnessstudio) zur Verfügung gestellt wird, erfolgt bei der mittelbaren direkten Distribution die Leistung oder das Leistungsversprechen an unterschiedlichen Orten (z. B. Filialsystem, Franchising-System) (vgl. Schrögl 2012: 101). Auch gewinnen Onlineangebote und Präventions-Apps an Bedeutung, sie stellen eine Sonderform der direkten Distribution dar.

■ **Indirekte Distribution:** Bei der indirekten Distribution wird die Leistung oder das Leistungsversprechen über eine partnerschaftliche Zusammenarbeit mit einem Multiplikator, sprich mindestens einem Vermittler oder Co-Producer, und damit über mindestens eine Zwischenstufe an die eigentliche Zielgruppe offeriert (vgl. Bruhn 2013: 563). Beispielsweise können GKVn als Vermittler für die zertifizierten Präventionskurse der zentralen Präventionsdatenbank angesehen werden (z. B. ✍ *bkk.zentrale-pruefstelle-praevention.de/kurse*), auf die die GKVn auf ihren Internetseiten verweisen. Auch Arbeitnehmer können als Multiplikator auftreten, wenn sie beispielsweise im Rahmen der betrieblichen Gesundheitsförderung Sonderrabatte für ihre Mitarbeiter für Bewegungsangebote etc. ausgehandelt haben.

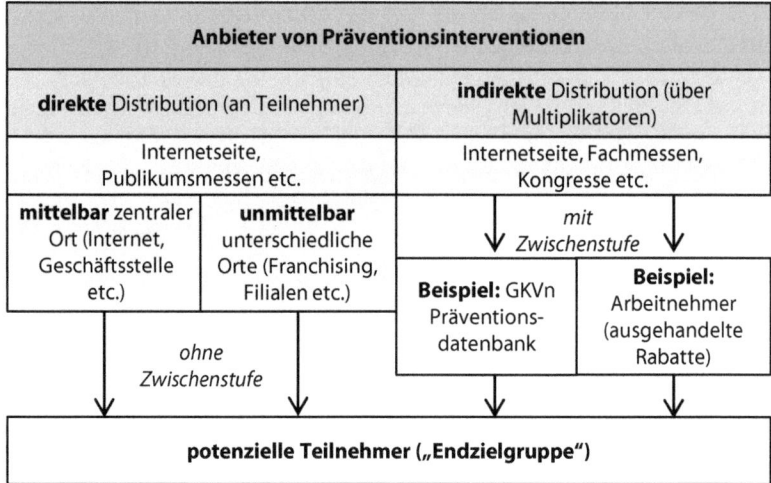

Abb. 17: Beispiel direkte und indirekte Distribution
Quelle: Eigene Darstellung.

Liegt sowohl die direkte als auch die indirekte Distribution vor, so wird von einem **Mehrkanalsystem** gesprochen. Übernimmt der Multiplikator eine Teilleistung im Leistungsprozess, kann von einem Co-Producer gesprochen werden. Dabei kann der Co-Producer und Vermittler entweder die präventive Dienstleistung selbst oder nur das präventive Leistungsversprechen, sprich das Anrecht auf die zukünftige Leistung, und damit die reine Information über den Inhalt und die Qualität der Leistung anpreisen. Die → Tab. 28 zeigt beispielhaft, welche unterschiedlichen Rollen und Aufgaben der Co-Producer oder der Vermittler im Rahmen einer Betrieblichen Gesundheitsförderung innehaben kann. Anzumerken ist, dass die Distributionsorgane grundsätzlich „Aushängeschilder" für die jeweilige Dienstleistung darstellen, da potenzielle Teilnehmer immer erst mit dem jeweiligen Distributionsorgan – direkt oder indirekt – Kontakt aufnehmen. Ist der erste Kontakt negativ, so schlägt sich der negative Eindruck auch auf Dienstleistungsproduzenten nieder (vgl. Hilke 1989: 26).

Tab. 28: Beispiele für Formen der indirekten Distribution
Quelle: Eigene Darstellung in Anlehnung an Bruhn 2013: 563.

	Rolle: Co-Producers Teilleistung durch Arbeitgeber	Rolle: Vermittler reine Vermittlung durch Arbeitgeber
Gegenstand: eigentliche Leistung	**indirekter Vertrieb der Leistung mittels Co-Producers:** Präventionsleistung eines externen Dienstleisters, die durch *interne Beratungen intern nachgefragt* werden (z. B. organisierter Gesundheitstag mit Leistungsangeboten)	**indirekter Vertrieb der Leistung mittels Vermittler:** Präventionsleistungen eines externen Dienstleisters, die durch den *Arbeitgeber vermarktet* und *intern angeboten* werden (z. B. aktive Pausen im Betrieb)
Gegenstand: Leistungs- versprechen	**indirekter Vertrieb des Leistungsversprechens mittels Co-Producers:** Präventionsleistungen eines externen Dienstleisters, die durch *interne Beratungen extern nachgefragt* werden (z. B. Suchtberatung)	**indirekter Vertrieb des Leistungsversprechens mittels Vermittler:** Präventionsleistungen eines externen Dienstleisters, die *durch den Arbeitgeber vermarktet und extern nachgefragt* werden (z. B. Gutscheine für Mitarbeiter für Fitnessstudios)

Auch Standortentscheidungen, die Gestaltung von Räumlichkeiten und damit die Schaffung einer angenehmen Atmosphäre bei Präsenzinterventionen sind Aspekte, die im Rahmen der Distributionspolitik geklärt werden. Die Einsparungsnotwendigkeiten, die Konsolidierungsprozesse und die steigende Akzeptanz digitaler Medien bedingen, dass eine zunehmende kommunikative Verlagerung auf das Internet (z. B. virtuelle Berater, Coaches) vollzogen wird. Dabei kann zwischen einer **eDistribution im weiteren und engen Sinne** (vgl.

Schmidt 2007: 153) sowie einer hybriden Distribution differenziert werden (vgl. Meier/Stormer 2012: 161):

▪ **eDistribution im weiteren Sinne:** Unter eDistribution im weiteren Sinne wird die Verbreitung des Angebotes der präventiven Dienstleistung über ein elektronisches Netzwerk verstanden (z. B. Onlinebuchung).

▪ **eDistribution im engeren Sinne:** eDistribution im engeren Sinne stellt die komplette Bereitstellung einer präventiven Dienstleistung über ein elektronisches Netzwerk dar (z. B. Präventions-Apps, Onlinetraining- und Coaching-Plattformen).

▪ **Hybride Distribution:** Von einer hybriden Distribution wird gesprochen, wenn Online- und Offlinekomponenten von präventiven Dienstleistungen sinnvoll (auch im Sinne eines hybriden Lernarrangements – **Blended Learning**) miteinander kombiniert werden und dadurch die Vorteile von Präsenzveranstaltungen und E-Learning genutzt werden.

Im Gegensatz zu präventiven Präsenzinterventionen werden an onlinebasierte Präventionsangebote andere Anforderungen an die Distributionspolitik gestellt. Die folgenden beispielhaften Fragen sollten gestellt werden, wenn eine Entscheidung hinsichtlich des Distributionskanals herbeigeführt werden muss (vgl. Bieberstein 2001: 280f.):

▪ **Dienstleistungsbezogene Faktoren:** Was ist hinsichtlich der Erklärungsbedürftigkeit, des notwendigen Grades an persönlicher Anleitung bzw. Interaktion oder des notwendigen Interaktionsbedarfs bei dem einzusetzenden Distributionskanal zu berücksichtigen?

▪ **Teilnehmerbezogene Faktoren:** Kann und wenn ja, auf welche Weise kann die Zielgruppe (aufgrund des Mediennutzungsverhaltens: online oder offline) vorzugsweise erreicht werden? Wie sieht die geografische Zielgruppenverteilung aus? Welche Teilnahmegewohnheiten liegen bei Off- und Onlineinterventionen bei der Zielgruppe vor?

▪ **Kanalbezogene Faktoren:** Wie hoch sind die Bereitstellungskosten bei den unterschiedlichen Distributionskanälen (offline/online)? Wie ist die direkte Erreichbarkeit bei Standortentscheidungen?

▪ **Institutionsbezogene Faktoren:** Wie ist die Marktstellung der eigenen Institution? Welche finanziellen Mittel stehen zur Verfügung?

▪ **Wettbewerbsbezogene Faktoren:** Wie ist die Marktstellung des Wettbewerbs? Welche Distributionskanäle nutzt der Wettbewerb mit welcher Akzeptanz und Wirkung?

▪ **Umfeldbezogene Faktoren:** Welchen Einfluss hat der Einsatz neuer Technologien (z. B. Apps) bei der Distribution?

Geht es um die eDistribution, so ist darauf hinzuweisen, dass das Fernsehen aufgrund der hohen Erreichbarkeit von Zielgruppen insbesondere bei universellen Präventionsinterventionen eine hohes Potenzial aufweist. Emotionale Bilder und der Verweis auf spezifische Präventionsinterventionen auf Internetplattformen erscheinen geeignet, um eindrucksvoll auf die Vorteile von Präventionsinterventionen mit niedrigschwelligen Interaktionsmöglichkeiten (z. B. E-Mail, SMS) hinzuweisen (vgl. Wriggers 2007: 197).

7.1.5   Kommunikationspolitik

Ein Grunddilemma zahlreicher Präventionsangebote ist die mangelnde Bekanntheit bei der Zielgruppe (vgl. RKI 2006: 124). Entsprechend darf bei der Kommunikationsgestaltung nicht per se von einer Bekanntheit ausgegangen werden, wenn vor allem langfristig eine unterstützende Kommunikation notwendig ist, um Teilnehmer immer wieder neu zu motivieren. Voraussetzung ist, dass die Kommunikationsprozesse und Kommunikationsinhalte zur Bekanntmachung der Präventionsintervention (**Kommunikationsobjekt**) verstärkt auf Bedarfs- und Risikogruppen (**Kommunikationssubjekt**) ausgerichtet werden und so die Verhaltensbereitschaft stabilisieren.

> *Die Kommunikationspolitik (promotion) hat als Sprachrohr des Marketings die Aufgabe, neben der Erhöhung des Bekanntheitsgrades positiv auf die Einstellung und das Verhalten der (potenziellen) Teilnehmer einzuwirken (vgl. Homburg/Kromer 2006: 766).*

Zur grundsätzlichen Positionierung (bei Teilnehmern und Multiplikatoren) und der Profilierung (gegenüber dem Wettbewerb) bedarf es zur Festlegung der **Kommunikationsstrategie** einer Definition der Zielgruppe(n), der kommunikativen Inhalte bzw. der zu kommunizierenden **Botschaft**, des **Timings**, des **Kommunikationsdrucks** (i.S. der Schaltfrequenz), der **Kommunikationskanäle** (Internet usw.) sowie der **Instrumente** (klassische Werbung, Direktkommunikation usw.) (vgl. Kreutzer 2017: 316). Die Kommunikationsstrategie setzt sich aus drei Teilbereichen zusammen und beantwortet die folgenden Fragen (vgl. Föll 2007: 43):

- **Copy-Strategie:** Was soll kommuniziert werden?
- **Kreativ-Strategie:** Wie soll es kommuniziert werden?
- **Media-Strategie:** Wo soll es kommuniziert werden?

Dabei liegt bei Präventionsinterventionen eine hohe Wahrscheinlichkeit der kommunikationspolitischen Zielerreichung – kurzfristig (Potenzialziele) und langfristig (Erfolgsziele) – dann vor, wenn es gelingt, mithilfe der Kommunikationsmaßnahmen die in der → Abb. 18 dargestellten Verhaltensbarrieren bei den Teilnehmern abzubauen:

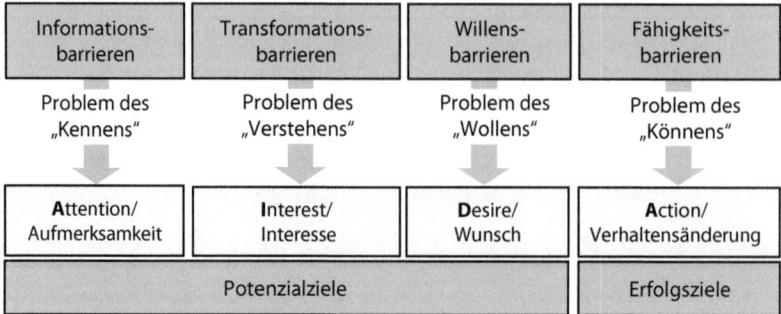

Abb. 18: Verhaltensbarrieren und kommunikative Ziele
Quelle: Scherenberg 2014: 111 in Anlehnung an Bruhn 2004: 97; Homburg/ Krohmer 2006: 767.

Kritisch anzumerken ist, dass zur Systematisierung kommunikationspolitischer Zielsetzungen in der Vergangenheit meist hierarchische Werbewirkungsmodelle herangezogen wurden. (Neo-)behavioristische Erklärungsmodelle, wie bspw. das älteste AIDA-Modell (1989, nach Elmo Lewin mit den Phasen: *Attention*, *Interest*, *Desire* und *Action*), gelten aufgrund der vereinfachten Reiz-Response-Annahme der Kommunikation auf Basis des Push-Prinzips heute mitunter als überholt. Denn solche neobehavioristischen Modelle beziehen keine beobachtbaren Vorgänge des menschlichen Organismus (z. B. Erinnerung und Wahrnehmung) in die Betrachtung (*Reiz-Organismus-Reaktions-Annahme*) mit ein und beschränken sich auf eine einfache Reiz-Reaktion-Verknüpfung (vgl. Felser 2001: 15f.; Zimmermann 2006: 13f.). Veraltet ist auch die Annahme, dass Rezipienten im Zeitalter der Reizüberflutung der Werbung ihre volle Aufmerksamkeit schenken (vgl. Felser 2001: 16). Dennoch gilt, dass Wirkungsprozesse nach der Ablauffolge Wissen-Empfinden-Handeln gerade bei Präventionsinterventionen konzeptionell berücksichtigen sollten (vgl. Kotler/Bliemel 1995: 918), um die Verhaltensbarrieren bei den Teilnehmern systematisch abbauen zu können. Geht es um die Onlinekommunikation, so wird die AIDA-Formel durch die ASIDAS-Formel ersetzt, da im Anschluss der Aufmerksamkeit eine ausgedehnte Suchphase (*Search*) folgt und abschließend oft das Teilen von Erfahrungen (*Share*) im Vordergrund steht (vgl. Kreutzer 2017: 320). Ungeachtet dieser neueren Erweiterung der AIDA-Formel kann bei der Verfolgung der Kommunikationsziele aufgrund der unterschiedlichen Bedürfnis- bzw. Wissenslagen zwischen den folgenden Zielgruppen unterschieden werden (vgl. Scherenberg/Greiner 2008: 112):

■ **favorisierte Zielteilnehmer**, die man für die Präventionsmaßnahme primär gewinnen möchte (z. B. spezielle Bedarfs- und Risikogruppen),

- **Interessenten**, d. h. **Nutzungsplaner** bzw. Unentschlossene, die bereits ein generelles Interesse an Prävention bekundet haben,

- **gegenwärtige Teilnehmer**, die sich bereits in die Präventionsintervention eingeschrieben haben bzw. aktiv sind und weiter zu betreuen sind,

- **ehemalige Teilnehmer**, d. h. Nutzer, die sich eingeschrieben haben, allerdings nicht mehr aktiv sind und wieder re-aktiviert bzw. re-motiviert werden sollten, sowie

- **mögliche Partner und Multiplikatoren**, die einen Einfluss auf die Verhaltensaktivitäten der (potenziellen) Teilnehmer ausüben (können) bzw. eine Kontrollfunktion innehaben (z. B. Ärzte).

Die Bedeutung von Multiplikatoren in Form von Meinungsführerschaft darf nicht unterschätzt werden, daher hat sich eine eigene Disziplin, das **Influencer-Marketing** entwickelt. Meinungsführer berichten über Blogs und Social-Media-Plattformen ihre Erfahrungen und werden daher gezielt mit Informationen im Rahmen der Kommunikationspolitik bedient (vgl. Kreutzer/land 2017: 209ff.). Um gewünschte Effekte bei der Zielgruppe zu erreichen, kann je nach Stoßrichtung von den präventiv agierenden Akteuren eine Push- oder Pull-Strategie verfolgt werden. Bei der **Push-Strategie** (Aktivierungsstrategie) wird mithilfe von konzentrierten Kommunikationsaktivitäten (z. B. Outbound) ein Druck erzeugt, um das gewünschte Ziel (z. B. Teilnahmeeinschreibungen oder Verhaltensaktivität) zu erreichen. Damit fallen unter den Begriff **Outbound-Kommunikation** alle auslaufenden Interaktionen, während unter **Inbound-Kommunikation** alle einlaufenden Interaktionen subsumiert werden. Meist wird der Terminus Outbound- bzw. Inbound-Kommunikation im Kontext von Callcenter-Aktivitäten genannt (vgl. Fuchs/Unger 2014: 279, 346). Zielführend ist die **Push-Strategie**, wenn ein konkretes Interesse seitens der Teilnehmer (z. B. Reminder für Vorsorge-Checkups) bekundet wurde. Bei der **Pull-Strategie** (Stimulierungsstrategie) wird hingegen versucht, durch massenmediale oder eine direkte Teilnehmeransprache einen Nachfragesog zu erzeugen. Informationsleistungen, die sich an dem konkreten Bedarf der Zielgruppe orientieren, tragen zu einer Stimulierung einer aktiven Nachfrage (im Sinne der Eigenverantwortung) bei. Push-Effekte können sowohl über Kommunikationsmaßnahmen als auch über die Preispolitik (bzw. monetäre Anreize durch Rabatte) der Präventionsintervention erzielt werden. Folglich setzt die Pull-Strategie im Vergleich zur Push-Strategie durch eine sanfte Motivierung auf nachhaltige Effekte, auf einen langfristigen Vertrauensaufbau und verschafft den Teilnehmern möglichst viele Möglichkeiten zum Dialog. Ideal ist je nach Bedarf eine Kombination aus Pull- und Push-Strategie. Auch Multiplikatoren (z. B. Ärzte) können im weitesten Sinne nach den Ansätzen des Trade Marketing per Pull-Strategie kommunikativ eingebunden werden, um diese bei ihren präventiven Bemühungen zu unterstützen. Im Vergleich zur unpersönlichen Kommunikation kommt der direkten Kommunikation (Arzt-Patienten-Beziehung) aufgrund eines engen Vertrauensverhältnisses, besonders bei erklärungsbedürftigen Dienstleistungen, und zum Abbau von Informationsasymmetrien eine besondere Bedeutung bei der Teilnahmeförderung zu.

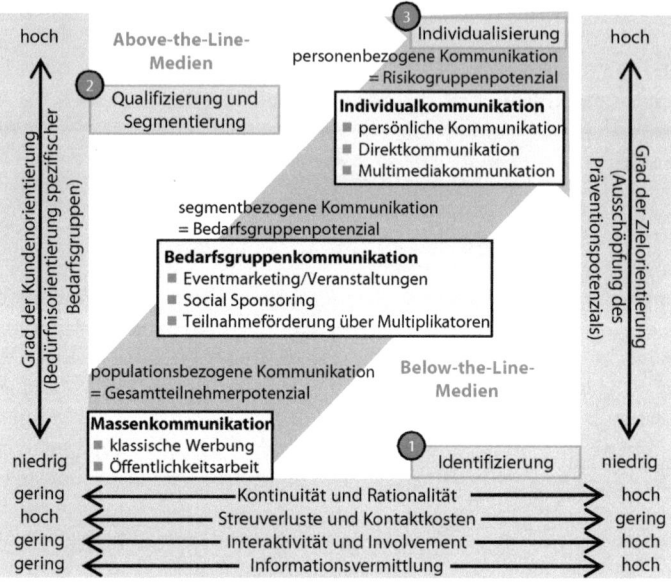

Abb. 19: Typologie von Kommunikationsinstrumentarien
Quelle: Scherenberg 2008: 133 in Anlehnung an Meffert/Bruhn 2006: 480.

Zur Kommunikation stehen verschiedene Kommunikationsinstrumente und Medien zur Verfügung, um die potenzielle Zielgruppe systematisch zu identifizieren und gemäß ihrem Präventionspotenzial segmentieren zu können. Aufgrund der Informationsüberflutung, der verstärkten Selektion einstürmender Werbebotschaften, des veränderten Informationsverhaltens und der Vielfalt neuer präventiver Angebote weisen klassische Medien immer weniger Durchschlagskraft auf. Offlinemedien können nicht durch Onlinemedien ersetzt werden, sondern sind komplementär zu nutzen, da diese analog zum Fernsehen eine ähnliche Revolution aufweisen (vgl. Kotler/Esch 2015: 34). Daher ist es in den letzten Jahren verstärkt zu einer Verlagerung von klassischen Above-the-Line-Medien (z. B. TV, Radio, Print, Kino) hin zu Below-the-Line-Medien (z. B. Mailing, E-Mail, Online-Banner) gekommen (vgl. Peters/Krafft 2005: 84; Bruhn 2016: 83). Während sich populationsbezogene Kommunikationsstrategien (**Be-**

low-the-Line) zur Beeinflussung breiter Zielgruppen eignen, dient die perso-
nen- bzw. segmentbezogene Ansprache einer gezielten und direkten Stimulierung von gesundheitlichen Bewusstseinsprozessen (**Above-the-Line**) (→ Abb.
19). Die Unterscheidung der Kommunikationsstrategien kommt ursprünglich
aus der Schifffahrt, denn was sich oberhalb der Wasserlinie befindet (Above-
the-Line), ist für alle sichtbar, während zielgerichtete Maßnahmen (Below-the-
Line) nur ausgewählten Zielgruppen vorbehalten sind (vgl. Kreutzer 2006: 255).

Da die Kommunikationsinhalte von der Art der Verarbeitung bzw. des sogenannten Involvements abhängen, sollte die gesundheitliche Beeinflussung aufgrund sozialwissenschaftlicher Erkenntnisse

▨ auf die wiederholte Darbietung der Informationen bei geringer Verarbeitungstiefe und

▨ auf eine Erhöhung der Verarbeitungstiefe abzielen (vgl. Kroeber-Riel/Wein-
berg 2003: 345).

Das Involvement kann als Ich-Beteiligung und damit als gedankliches Engagement der (potenziellen) Teilnehmer bezeichnet werden. In Abhängigkeit des
Grads des Involvements sind zur Beeinflussung der emotionalen und kognitiven
Prozesse der Teilnehmer unterschiedliche Gestaltungsstile notwendig (vgl. Kro-
eber-Riel/Weinberg 2003: 372f.; Föll 2007: 159).

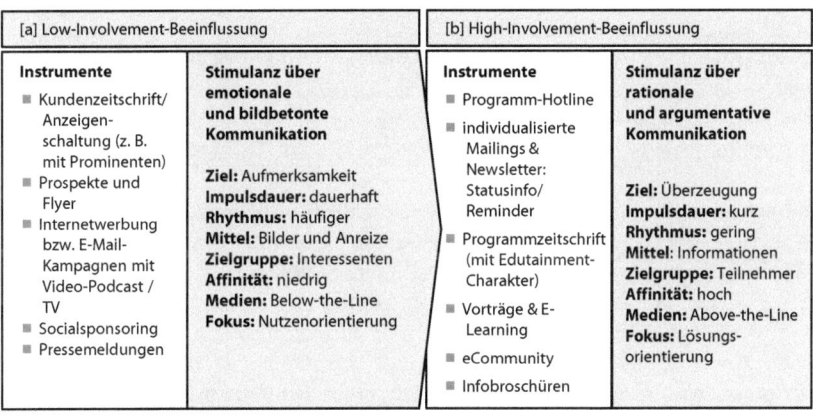

Abb. 20: Low-Involvement- und High-Involvement-Kommunikation
Quelle: Scherenberg 2008: 114 in Anlehnung an Kroeber-Riel/Weinberg 2003: 372f.

Auch die emotionale Kommunikation kann nicht ganz auf faktische Informationen verzichten. Daher wird in der Praxis häufig eine Mischform (emotional-

informative Kommunikationsform) verwendet (vgl. Föll 2007: 155). Dabei gilt, dass über textliche Informationen rationale Argumente und über bildliche Informationen Emotionen transportiert werden sollten (vgl. Munziger/Musiol 2008: 67). Gemäß dem Bildüberlegenheitseffekt (oder *picture superiority effect*) sind bildliche Darstellungen verbalen Darstellungen überlegen (vgl. Kroeber-Riel 1993: 26f.). Eine besonders starke Gedächtniswirkung liegt vor, wenn zwischen Bild und Text eine Interaktion stattfindet. Werden einprägsame Texte verwendet, die zudem bildliche Vorstellungsbilder auslösen, ist die Wirkung besonders hoch (vgl. Felser 2015: 70). Rationale Argumente werden dabei oft mit Bildern (z. B. stellvertretende Erfahrungen erfolgreicher Teilnehmer) untermauert.

Grundsätzlich zeichnen sich Präventionsmaßnahmen durch eine differenzierte Kommunikation aus, die sich an den realen Bedürfnissen der Teilnehmer orientiert. Bei der inhaltlichen Gestaltung von Kommunikationsmitteln sollte auch auf die angelsächsischen DISCERN-Kriterien zur Beurteilung von Gesundheitsinformationen (⌐ *www.discern.de*) zurückgegriffen werden.

Hierbei ist darauf zu achten, dass die Teilnehmer bzw. die Bedarfs- oder Risikogruppen Unterschiede in ihrem Gesundheitsverhalten sowie unterschiedliche Vorlieben in der kommunikativen Ansprache, der Kanalnutzung und der Anreizwahl aufweisen. Insbesondere die sozialen Verhältnisse haben Auswirkungen auf die differenzierenden Präferenzen, die ihrerseits verhaltensprägend sind. Da das gesundheitliche Risikoverhalten Einfluss auf den Lebensstil hat, können unterschiedliche Lebensstile Hinweise auf den Zusammenhang zwischen sozialem Status und dem Gesundheitsverhalten (vgl. Wolf 2003: 123) und den favorisierten kommunikativen Zugangskanälen der Teilnehmer liefern (vgl. Grimm 2005: 1). Zur Erklärung sozialer Ungleichheiten in der Gesundheit werden hierzu **schichtungssoziologische Modelle**, wie z. B. Lebenslagen-, Lebensstil-, Milieu- und Schichtmodelle herangezogen (vgl. Hradil 2006: 34), da diese davon ausgehen, dass das individuelle Können und Wollen entscheidend von dem Milieu, in dem sich die Zielgruppe befindet, beeinflusst wird (vgl. Normann 2006: 3). Lebensstilmodelle (wie z. B. die Sinus-Milieus des Sinus-Instituts (⌐ *www.sinus-institut.de*) versuchen, psychografische Hintergründe des Verhaltens von Zielgruppen zu charakterisieren. Zwar können diese Modelle einen Beitrag zur Erkennung und Bildung von groben Strukturen und z. B. Kommunikationszielgruppen leisten, allerdings können sie weder in internen Datenbanken abgebildet werden, noch berücksichtigen sie akute Veränderungen im Leben des einzelnen Teilnehmers. Um Kommunikationsmaßnahmen zielgruppenspezifisch ausrichten zu können, müssen die wahren Präferenzen der Teilnehmer sichtbar gemacht werden. Hinter dem Begriff **segment-of-one-approach** steht die Leitidee, die Ansprache möglichst gezielt auf die Teilnehmer zuzuschneiden (vgl. Meffert/Bruhn 2006: 263).

Aktuell beschränken sich konventionelle Segmentierungsmodelle auf das Alter, das Geschlecht oder auf geografische Merkmale. Doch gerade bei der Gesundheitskommunikation ist ein hoher Individualisierungsgrad und die so erzeugte Signalwirkung von besonderer Bedeutung. Die Berücksichtigung individueller Unterschiede und Ausgangslagen als mögliche Faktoren einer Selbstselektion können dazu beitragen, dass die Teilnehmer die Hintergründe und Absichten der Präventionsmaßnahme verstehen. Eine gute Betreuungs- und Unterstützungsdifferenzierung ist folglich nur herstellbar, wenn es gelingt, die Teilnehmer näher kennenzulernen. Um Ängsten vor Datenmissbrauch oder gar einer möglichen empfundenen Diskriminierung (z. B. bei Rauchern oder Übergewichtigen) entgegenzuwirken, sollten Datenerhebungen im Sinne des **Permission Marketing** und zum Schutz der Privatsphäre von den Teilnehmern ausdrücklich erwünscht sein. Sie sollten selbst entscheiden können, ob und in welchem Grad sie eine Interaktion wünschen. Laut Seth Gordin sind die Kriterien des Einverständnismarketings erfüllt, wenn die Botschaft erwartet, persönlich und relevant ist (vgl. Gordan 1999: 40ff.). Die Speicherung persönlicher Daten ist im höchsten Maße Vertrauenssache. Werden zur zielgruppenspezifischen Ansprache Daten erhoben, muss daher aus datenschutzrechtlichen Gründen (siehe → Kapitel 3.4.4) das Opt-in-Verfahren und nicht das Opt-out-Verfahren verwendet werden, da beim Opt-out-Verfahren der Empfänger selbst aktiv werden muss, um sich vor unerwünschten Botschaften durch Streichung aus dem Verteiler zu schützen.

Es ist nicht wahrscheinlich, dass Präventionsprogramme auf alle Teilnehmer gleich wirken. Entsprechend werden je nach Erwartungshaltung der Teilnehmer die Effekte unterschiedlich ausfallen. Die spezifischen Zielgruppenmerkmale stellen eine gute Entscheidungshilfe für die Mediaplanung und die Gestaltung der Botschaften dar. Zudem kann die Segmentierung als Basis für eine passgenaue Ansprache der jeweiligen Bedarfs- und Risikogruppe punktuell vorgenommen werden. Durch jede Transaktion und der damit verbundenen Qualifizierung kann die Zugehörigkeit zu einem Zielgruppensegment neu ermittelt werden. Auch wenn sich die soziodemografischen Merkmale der Zielgruppen ähneln können, ist es Aufgabe der Above-the-Line- und Below-the-Line-Aktivitäten, die Zielgruppe durch die einzelnen Interaktionen (bzw. Selbstsegmentierungen) in bedürfnisgerechte Betreuungspfade zu führen. Die Identifizierung der wahren Bedürfnisse und Präferenzen erfolgt durch Responsemittel, die Institutionen ex ante bei der Anmeldung und ex post während der Teilnahme oder Mitgliedschaft bereitstellen. Die Segmentierung erfolgt nicht isoliert nach einem Kriterium, sondern sollte den aktuellen Teilnehmerstatus, den Präventionsbedarf und die spezifischen Bedürfnisse der Teilnehmer berücksichtigen. Der **lebensphasenbezogene Präventionsbedarf** der Teilnehmer sollte immer Bestandteil der Kommunikation sein. Insofern fließt bei der zielgruppenspezifi-

schen Dialogkommunikation sowohl der subjektive Bedarf (durch die Selbstselektion) als auch der objektive Bedarf (durch die Fremdselektion) ein. Die
Kommunikationskosten werden reduziert, indem respektive nur Teilnehmer
kontaktiert werden, die tatsächlich eine Interaktion wünschen. Zudem ist anzu-
nehmen, dass eine ungewollte Kommunikation ihre motivationalen Ziele ver-
fehlt. Aus budgetären Gründen sollten die laufenden Kommunikationsprozesse
(z. B. der Versand von Teilnehmerzeitschriften) genutzt werden. Der Feinab-
stimmung der Instrumente, Kanäle und Inhalte kommt daher eine zunehmende
Bedeutung zu. Denn der Trend zum Multi-Channel-Marketing macht es notwendig, die Kommunikation bei verstärkter Cross-Multimedialität so zu gestalten, dass bei Teilnehmern ein einheitliches Bild entsteht (vgl. Wirtz 2005: 241).
Die bevorzugten Zugangswege können je nach Zielgruppe stark variieren. Je
nach Informations- und Interaktionsgrad durchläuft der Teilnehmer standardi-
sierte Betreuungsphasen, die ihn zu dauerhaften gesundheitlichen Aktivitäten
(durch Unterstützung und Erinnerung) stimulieren sollen (siehe → Abb. 21).

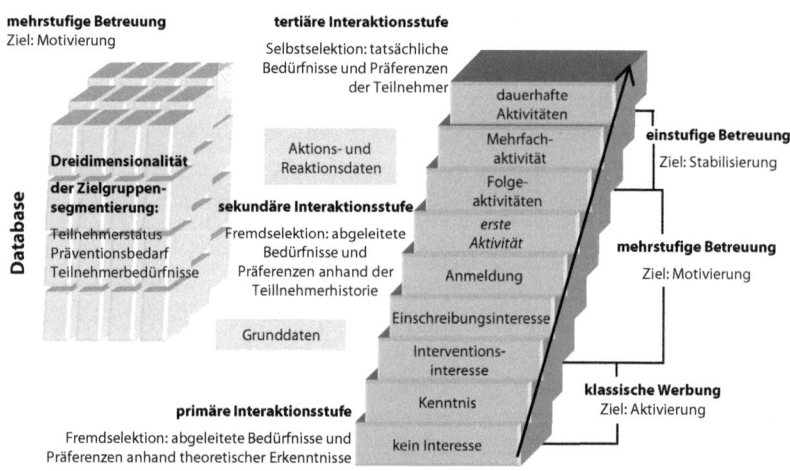

Abb. 21: Kommunikativer Betreuungsprozess präventiver Interventionen
Quelle: Scherenberg/Greiner 2008: 118 in Anlehnung an Holland 2004: 69.

Eine **direkte** Ansprache sorgt im Vergleich zur undifferenzierten breiten Streuung von Kommunikationsmitteln für eine hinreichende Wahrscheinlichkeit
einer positiven Verhaltensänderung. Indes verlassen sich die Teilnehmer bei
ihrer Informationsbeschaffung längst nicht mehr nur auf eine Quelle, sondern
beziehen unterschiedlichste Medien in den Entscheidungsprozess mit ein. Spe-

ziell die Zunahme an (Negativ-)Berichten in den öffentlichen Massenmedien rund um das deutsche Gesundheitswesen hat teils zu einem Misstrauen und einem Vertrauensverlust geführt. Daher ist die vorgenommene Einordnung des *public voice* als eigenständiges Kommunikationsinstrument durch einen immer höheren Stellenwert der öffentlichen Meinung – insbesondere im Gesundheitswesen – gerechtfertigt. Zwar zählt die Mundpropaganda nicht zu den steuerbaren Kommunikationsinstrumenten, indes können auch die Akteure von Präventionsinterventionen versuchen, aktiv auf die öffentliche Meinung Einfluss zu nehmen. Denn die Aufgabe des Public Voice besteht darin, die öffentliche Meinung positiv zu beeinflussen, Meinungsbildungen zu kanalisieren und positive Empfehlungen zu stimulieren (vgl. Wiesner 2005: 196). Sowohl das Image der jeweiligen Institution als auch das Image der jeweiligen Präventionsintervention strahlt auf den Teilnehmererfolg der Intervention aus. Wird die öffentliche Meinung proaktiv bei der Kommunikationsplanung unterschiedlicher Adressaten (Teilnehmer und Multiplikatoren) einbezogen, besteht die Möglichkeit, Vertrauen durch eine glaubwürdige und ehrliche Informationspolitik aufzubauen (vgl. Bergmann 2000: 170; 197). Hierbei kann je nach Vorgehensweise zwischen einem reaktiven und proaktiven Public Voice unterschieden werden. Beim reaktiven Public Voice reagieren die Akteure auf Äußerungen, indem bspw. Fragen beantwortet und Fakten richtiggestellt werden (vgl. Wiesner 2005: 196). Das proaktive Public Voice geht eine Stufe weiter und stimuliert den Dialog (z. B. über Virtual Communities), um Schwachstellen zu erkennen und frühzeitig gegensteuernde Maßnahmen zur Schadensregulierung einleiten zu können. Das proaktive Public Voice birgt Gefahren, das hier auch negative Meinungen platziert werden können. Indes besteht die Chance – neben der Ausnutzung des Crowding-Effektes – darin, Informationen über die Bedürfnisse und Problemlagen der Teilnehmer zu gewinnen und das Wissen für die Weiterentwicklung der Präventionsintervention nutzbar zu machen. Zudem können positive Platzierungen Nachahmungseffekte auslösen. Da kein Eigeninteresse vermutet wird, stellen die Aussagen Dritter (Versicherter oder Ärzte) eine besonders glaubhafte Informationsquelle dar (vgl. Wegmann 2002: 255). Denn die Steigerung der Selbstwirksamkeit erfolgt situationsspezifisch vor dem Hintergrund eigener Erfahrungen *(mastery experiences)*, eigener Befindlichkeiten *(physiological and emotional state)*, stellvertretender Erfahrungen *(vicarious experiences)* anderer Teilnehmer sowie von Überredungen *(social persuasion)* Dritter (z. B. Ärzte) (vgl. Bandura 1997: 3f.).

✱ Linktipps

Medizinische Hochschule Hannover:

🖰 *www.discern.de*

Sinus-Institut:

🖰 *www.sinus-milieus.de*

7.2   Branding von Präventionsmaßnahmen

Die Marke wird als „*[...] eine in der Psyche der Konsumenten verankertes, unverwechselbares Vorstellungsbild von einem Produkt oder einer Dienstleistung*" bezeichnet (Meffert 2002: 847). Folglich hat die subjektive Wahrnehmung des geschaffenen Markenbildes *(branding)* einen bedeutenden psychologischen Teilnahmeeinfluss auf eine Präventionsintervention, welche mit dem tatsächlichen physischen Angebot nicht zwangsläufig übereinstimmen muss (vgl. Gounaris/Stathakopoulos 2004: 289). Denn bei der Sichtung von Lieblingsmarken werden die Aktivitäten der vorderen Hirnrinde (Kortex), die für das Nachdenken (d. h. für rationale Entscheidungen) verantwortlich sind, reduziert. Gleichzeitig werden die Areale des Gehirns verstärkt durchblutet die für die Verbindung von Gefühlen mit dem affektiven Handeln und der Selbstwahrnehmung zuständig sind (vgl. Köster 2006: 37). Auf diese Weise versucht das Gehirn, Energie einzusparen. Denn während intuitive (unbewusste) Entscheidungen nur 2 % der gesamten Energie verbrauchen (vgl. Scheier 2007: 306), steigt der Körpermetabolismus bei normalen Gehirnaktivitäten auf ca. 20 % (bei Kindern sogar bis zu 60 %) und bei angestrengtem Nachdenken auf ca. 30 % an (vgl. Roth 2006: 31ff.). Kenning et al. bezeichnen den Effekt intuitiver Entscheidungen durch starke Markenbilder **kortikale Entlastung** (vgl. Kenning et al. 2002: 6), die eine willkommene Entlastung des Gehirns darstellt und *customer confusion* und *customer resignation* reduziert. Marken als fest verwurzelte Repräsentanten in den Köpfen der Konsumenten basieren u. a. auf bildlichen Assoziationen und Markenslogans (z. B. „AOK – Die Gesundheitskasse", „Barmer – die gesund experten", „DAK – Unternehmen Leben"), die bei angesehenen und starken Marken für Zuverlässigkeit, Vertrauen, Glaubwürdigkeit oder Verantwortungsbewusstsein stehen. Konsumenten und natürlich damit auch potenzielle Teilnehmer vertrauen darauf, dass das Markenversprechen erfüllt wird, dabei gilt: Je größer die Übereinstimmung zwischen Leistungsversprechen der Marke und der Bedürfnisstruktur ist, umso sinn- bzw. identitätsstiftender wird die jeweilige Marke wahrgenommen (vgl. Köster 2006: 239). Auch in Bezug auf Präventionsdienstleistungen führt die zunehmende Komplexität zu Entscheidungen, die eher instinktiv über eine von der Werbung verankerte Sympathieorientierung erfolgt. Es mag daher nicht verwundern, dass gerade Angebote mit hoher Werbeintensität und hohem Markenimage an Bedeutung gewinnen. Denn ein öffentlichkeitsstarkes Markenimage verdichtet zahlreiche komplexe Informationen (vgl. Jacoby et al. 1977: 209, 214) und stellt für die Verbraucher einen Vertrauens- und Orientierungsanker dar (vgl. Esch et al. 2004: 133). Die Markenbildung kann sich auf **Einzelmarken** (oder Individualmarken) und bei einem Zusammenschluss von mehreren präventiv agierenden Institutionen auf **Kollektivmarken** beziehen. Dies ist beispielsweise bei gemeinde- und quartiersbezogenen Interventionen (→ Kapitel 6.5) der Fall. Star- und Experten-Testimonials werden als Verstärker einer Marke (sowie beim *product placement*) eingesetzt, dass im US-amerikanischen als **celebrity endorsement** bekannt ist (vgl. Schierl 2016: 166). Prominente Botschafter, wie Detlef D! Soost (⌂ *www.imakeyousexy.de*), Daniel Aminati (⌂ *www.ichmachdichkrass.de*), Wladimir Klitschko (⌂ *www.klitschko-performance.de*), Ralf Möller (⌂ *www.hollywood-fit.de*); Maria Höfl-Riesch (⌂ *www.mariamachtdichfit.de*) oder der deutsche Rapper Kollegah (⌂ *deine.bosstransformation.fitness*) steigern die Aufmerksamkeit, sorgen beispielsweise bei zahlreichen Fitnessprogrammen für eine verbesserte Erinnerung und erhöhen den Teilnahmeanreiz (vgl. Nufer/Heider 2012: 16ff). Dabei handelt es sich zwischenzeitlich nicht mehr nur um Prominente aus Sport und Fernsehen, sondern auch um Experten aus der Wissenschaft (Prof. Dr. Ingo Froböse, ⌂ *www.ingo-froboese.de, www.formel-froboese.de*; Dr. Daniel Gärtner, ⌂ *www.dr-daniel-gaertner.de*), die entsprechend für mehr Qualität stehen sollen. Der Teilnahmeanreiz ist dann besonders hoch, wenn die Marke mithilfe relevanter Persönlichkeitsaspekte der jeweiligen Testimonials (z. B. Attraktivität, Sympathie, Stärke oder eigener Betroffenheit) emotional aufgeladen wird (vgl. Fowles 1996: 24), da emotionale Ereignisse besser als neutrale Ereignisse vom Gehirn verarbeitet werden (vgl. Fanderl 2005: 100). Botschafter mit einer direkten oder indirekten Betroffenheit setzt u.a. die Deutschen Krebshilfe (siehe ⌂ *www.deutsche-krebshilfe.de*) im Rahmen ihrer bundesweiten Kampagne „Mit aller Kraft gegen den Krebs – gemeinsam für das Leben" ein. Aber auch stellvertretende Erfahrungen von Laien-Testimonials („Hol dir das Foto des Lebens"; ⌂ *www.size-zero.de*), mit denen sich (potenzielle) Teilnehmer identifizieren können, sind effektiv (vgl. Felser 2015: 280). Dabei spielen Marken insbesondere bei der Teilnehmerbindung und -gewinnung von Präventionsinterventionen eine bedeutende Rolle. Inwiefern Markenbilder auf das Teilnehmerverhalten (respektive im Hinblick auf Prävention und Gesundheitsförderung) einen Einfluss nehmen, wurde bislang empirisch nicht ausreichend untersucht. Bekannt ist, dass der wahrgenommene Wert einer Marke aufgrund einer erhöhten Zufriedenheit, Vertrautheit und Commitment zu einer positiven Einstellung (Akzeptanz) gegenüber dem Unternehmen oder dessen Produkten führt und so die Verhaltensabsicht positiv beeinflusst (vgl. Helm 1995: 29). Die

Ursache liegt darin, dass Menschen dazu neigen, Objekte mithilfe von menschlichen Attributen zu beseelen (Animismus) (vgl. Meffert 2007: 363), da Marken analog zu Menschen Persönlichkeitseigenschaften (z. B. freundlich, modern) zugesprochen werden. Die Relevanz der Marke auf das Verhalten ist folglich davon abhängig, welche Gefühle und Einstellungen die Marke bei den Teilnehmern auslöst. Folglich stellt die Markenwahrnehmung und die daraus resultierende Urteilsbildung den Anfang einer kausalen Kette für eine mögliche Einstellungs- und Verhaltensbeeinflussung dar. Dabei bildet die Verbindung zwischen Marke und Verhalten die Markenidentität (**Selbstbild**) dar. Die Markenidentität drückt aus, wofür die Marke steht oder stehen soll. Wie Marken wahrgenommen werden (**Fremdbild**), beschreibt das Markenimage, welches sich als mehrdimensionales Einstellungskonstrukt aus dem sachlich-funktionalen, symbolischen, rationalen und experienziellen Nutzen zusammensetzt (vgl. Strebinger 2008: 161). Zentrale Fragen, die sich präventiv agierenden Institutionen im Zusammenhang mit den unterschiedlichen Nutzenfunktionen einer Marke stellen sollten, sind:

- **Sachlich-funktionaler Nutzen (Grund- oder Zwecknutzen):** Was soll mit der präventiven Dienstleistung erreicht werden?
- **Symbolischer Nutzen (Zusatznutzen):** Was sollen die Teilnehmer durch die Nutzung der präventiven Dienstleistungen der Marke über sich selbst aussagen?
- **Relationaler Nutzen:** Welche Beziehung sollen die Teilnehmer zur Marke aufbauen?
- **Experienzieller Nutzen:** Welche Erlebnisse sollen für die Teilnehmer mit der präventiven Dienstleistung verbunden sein?

Der **funktionelle Nutzen** kann als Grad der Bedürfnisbefriedigung angesehen werden, wobei der Abgleich zwischen Bedürfnis und Bedürfnisbefriedigung durch die Marke individuell und rein nach subjektiven Maßstäben erfolgt. Alles was über den funktionalen Nutzen (wie z. B. Prestige, Erlebniswerte, Qualitätsversprechen) hinausgeht, wird als **symbolischer Nutzen** bezeichnet. Der symbolische Nutzen kann ein bedeutender Motivator des Verhaltens sein und stellt einen persönlichen Mehrwert für die Teilnehmer dar, der sich wie folgt äußern kann (vgl. Burmann 2005: 367):

- Vermittlung von Prestige (= Geltungsnutzen)
- Gefühl der Gruppenzugehörigkeit
- Wahrnehmung der Marke als Mittel der Selbstverwirklichung
- Verknüpfung der Marke mit individuellen wichtigen Erlebnissen und Erinnerungen

- Marke als Mittel zur Generierung von Beziehungsvorteilen
- Marke als Sinnbild individueller wichtiger Werte oder Lebensstile.

Zusammenfassend kann das Resultat der Verdichtung und Bewertung der subjektiv wahrgenommenen Markenattribute als Grad der Bedürfnisbefriedigung bezeichnet werden, die das Markenimage, die Markenbekanntheit und die Differenzierungskraft in einem hart umkämpften Präventionsmarkt beeinflusst (→ Abb. 22):

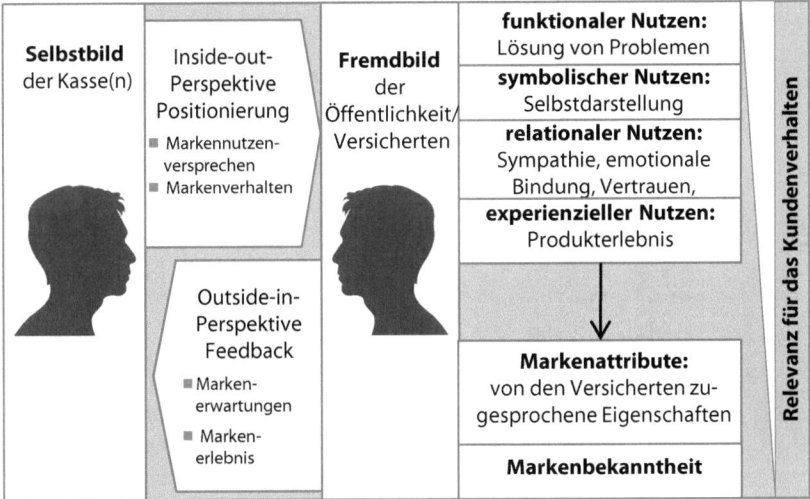

Abb. 22: Komponenten des Markenimages
Quelle: Scherenberg 2011: 117 in Anlehnung an Meffert/Burmann 1996: 35; Strebinger 2008: 161; Wänke/Florack 2007: 120.

Je größer die Kongruenz von Selbst- und Fremdbild ist, desto stärker ist die am Markt wahrgenommene Markenidentität (vgl. Böing/Huber 2003: 72). Zusätzlich entscheidet die Kongruenz zwischen Reden und Handeln darüber, wie glaubwürdig z. B. die jeweiligen Institutionen und ihre präventiven Dienstleistungen sind. Denn stimmen die Handlungen mit den ausgesendeten Botschaften (z. B. Slogans, siehe → Kapitel 3.4.2, → Tab. 9) nicht überein, entstehen bei den potenziellen Teilnehmern dissonante Wahrnehmungen, die negative Auswirkungen auf die wahrgenommene Authentizität haben. Besonders verhaltensrelevant sind Marken, wenn eine starke emotionale Beziehung zwischen der Institution und der Zielgruppe entsteht (vgl. Burmann 2005: 361). Dieser **relationale Nutzen** und damit die resultierende Beziehungsqualität können, in Abhängigkeit von der Gestaltung der Markenbotschaft und der Austauschprozesse, mehr oder weniger gut ausfallen. Damit eine stabile Vertrauensbeziehung und Glaubwürdigkeit entstehen kann, sind Faktoren wie Kompetenz, Konsistenz, Kongruenz und Kontinuität der Wahrnehmung der Marke notwendig. Somit hängt die Markenwirkung als wichtiges Informationssurrogat von einer Vielzahl von Determinanten ab, indes kann die Glaubwürdigkeit als Metadeterminante angesehen werden (vgl. Baumgarth 2003: 201). Das Produkterlebnis wird als **experienzieller Nutzen** bezeichnet. Damit markenkonformes Verhalten (im Bereich Prävention und Marketing) unterstützt werden kann, müssen die jeweiligen Instrumente auf die Marken- und Unternehmensziele ausgerichtet werden und den Teilnehmerbedürfnissen gerecht werden. Das Vorleben bestimmter Markenwerte – als eine Art Vorbildfunktion – nach innen und außen, beeinflusst die Identität der Marke entscheidend. Denn Markenversprechen wecken Erwartungen bei Teilnehmern. Während intuitive Entscheidungen (basierend auf hoher Vertrautheit, Glaubwürdigkeit und Commitment) Teilnehmerzufriedenheit steigern, haben reflektierte Entscheidungen mitunter eine geringere Zufriedenheit zur Folge (vgl. Dijksterhuis et al. 2006: 1006, Wilson/Schooler 1991: 184). Hierbei ist davon auszugehen, dass Teilnehmer, die mit einer Marke zufrieden sind, ihre Zufriedenheit durch positive Mundpropaganda kommunizieren und somit wichtige Multiplikatoren darstellen. Dieses Commitment und Rollenverständnis hat das Potenzial zur direkten Verhaltensänderung, denn Marken transportieren spezifische Wertvorstellungen, Erwartungen und Verhaltensnormen. Gelingt es, dass sich die Teilnehmer mit den Botschaften identifizieren und sich als Teil einer sozialen Gruppe verstehen, erhöht sich auch die Motivation, sich mitunter neuen (ggf. präventiven) Verhaltensleitbildern anzupassen (vgl. Bandura 2002: 127f.). Zusammenfassend hängen die Entscheidungen und Verhaltensweisen von vielfältigen emotionalen Prozessen ab (vgl. Föll 2007: 183):

- Entscheidungen werden überwiegend auf Basis von Emotionen gefällt. Entscheidungen werden in Abhängigkeit davon getroffen, ob von der gewählten Option positive Gefühle zu erwarten sind. Emotionen wirken folglich als Markierungssignale und steuern die Gedanken.

- Die emotionale Bewertung hängt vom individuellen Emotions-, Motiv- und Wertesystem der jeweiligen Konsumenten ab.

- Starke Marken wirken als Entscheidungsheuristik zur Ableitung subjektiv wahrgenommener vorteilhafter Entscheidungen, die die Informationsverarbeitung der Teilnehmer erleichtert.

- Vertraute Marken werden intuitiv ausgewählt. Die emotionale Bindung zur jeweiligen Institution führt dazu, dass Botschaften des Wettbewerbs mitunter ausgeblendet werden.

Marken als eine Art übergreifender Vertrauens- und Orientierungsanker können (je nach Ausgestaltung der Markenattribute) demnach nicht nur unternehmensspezifische (Marketing), sondern auch gesellschaftsrelevante Botschaften (Prävention und Gesundheitsförderung) transportieren und beeinflussen. Denn die Marke als bedeutendes Kommunikationsinstrument beinhaltet das soziale Engagement und damit, in welchem Maße die präventiv agierenden Akteure in der Öffentlichkeit als verantwortungsvoll handelndes Mitglied der Gesellschaft wahrgenommen werden (vgl. Bruhn 2003: 343).

Die wachsende Bedeutung der Marke und der Imagebildung und die Stärkung der Entscheidungsmacht und Eigenverantwortung prägt das Landschaftsbild des Präventionsmarktes. Die durch die Institutionen repräsentierten Wertebeziehungen können sich auf die **Einzelreputation** und subsummiert auf die kollektive **Gesamtreputation** einer Branche oder eines Präventionsverbundes beziehen. Bei der Einzelreputation und Gesamtreputation erwächst so die Bindung und Vertrautheit und damit die Beeinflussung von Verhaltensweisen im Rahmen des Marketings. Im positiven Sinne kann Sympathie als Reputation verstanden werden und stellt letztlich nicht nur eine Form der Überredung, sondern eine bedeutende Dimension der Imagebildung dar. Reputation ist folglich ein bedeutsames Teilattribut des Unternehmens- und Markenimages, das sich auf die Attribute Glaubwürdigkeit, Zuverlässigkeit, Verantwortungsbewusstsein, gesellschaftspolitisches Engagement oder Umweltschutzorientierung bezieht (vgl. Kernstock/Schubiger 2004: 296). Die Unterscheidung zwischen Reputation und Marke ist dann schwer, wenn die Teilnehmer nicht zwischen Unternehmen und Marke differenzieren können. Die Reputation und damit der *gute Ruf* der Institution als bedeutendes Marketinginstrument mit intensiver Vertrauensfunktion stellt für die Teilnehmer somit eine Art Qualitätssignal dar, das dazu beiträgt, Unsicherheit zu reduzieren. Die in diesem Zusammenhang differenzierten **Output-Signale** (z. B. Marke, Reputation, Rankings, Auszeichnungen) nehmen respektive bei immateriellen Vertrauensgütern (wie bspw. Präventionsleistungen) im Vergleich zu **Inputsignalen** (z. B. Serviceleistungen) eine bedeutende Rolle ein (vgl. Schnoor 2000: 30). Die Reputation mit ihren funktionalen, sozialen und expressiven Funktionskomponenten (wie die → Abb. 23 verdeutlicht) kann das Vertrauen in eine Institution und präventive Dienstleistung maßgeblich positiv beeinflussen (vgl. Eisenegger/Imhof 2008: 251).

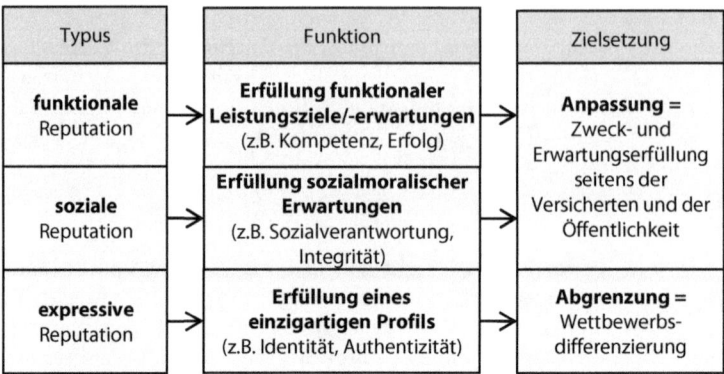

Typus	Funktion	Zielsetzung
funktionale Reputation	**Erfüllung funktionaler Leistungsziele/-erwartungen** (z.B. Kompetenz, Erfolg)	**Anpassung =** Zweck- und Erwartungserfüllung seitens der Versicherten und der Öffentlichkeit
soziale Reputation	**Erfüllung sozialmoralischer Erwartungen** (z.B. Sozialverantwortung, Integrität)	
expressive Reputation	**Erfüllung eines einzigartigen Profils** (z.B. Identität, Authentizität)	**Abgrenzung =** Wettbewerbs-differenzierung

Abb. 23: Reputationstypen
Quelle: Scherenberg 2011: 119 in Anlehnung an Eisenegger 2005: 36ff.

Reputation schafft Vertrauen im Bezug auf das funktionsgerechte Handeln (**funktionale Reputation** als Indikator der Unternehmenszweckerfüllung) und das einwandfreie sozial(moralisch)e Handeln (als Indikator für moralische Integrität). Die wirtschaftliche Reputation (als Indikator für Fachkompetenz und Erfolg) steht für die Anpassungsleistung der jeweiligen Institution (vgl. Eisenegger 2005: 34f.). Die **expressive Reputation** sorgt durch die Einzigartigkeit für eine Abgrenzung vom Wettbewerb. Gerade im Non-Profit-Bereich ist die **soziale Reputation** äußerst fragil, daher ist die Vertrauensbildung und das wahrgenommene Verantwortungsbewusstsein hier besonders bedeutsam und kann die funktionale Reputation beeinflussen. Mit anderen Worten: Je niedriger die Sozialreputation ist, umso schwächer kann der Wert der Gesamtreputation angesehen werden (vgl. Eisenegger 2005: 100; Schranz 2007: 155). Denn das Verantwortungsgefühl beeinflusst die Glaubwürdigkeit, die wiederum vom jeweiligen Markenbild abhängt. Maßgeblich für den Aufbau von Reputation verantwortlich sind die Innovations- und Kommunikationsfähigkeit sowie der wirtschaftliche Erfolg (vgl. Herger 2006: 198ff.). Auch die Unternehmensgröße übt einen Einfluss für die Reputation aus: So werden Organisationen mit z. B. einer großen Mitarbeiterzahl oft automatisch mit einer guten Reputation assoziiert (vgl. Schwalbach 2003: 237). Bestehen positive Reputationseffekte, steigt die Bereitschaft der Zusammenarbeit mit Teilnehmern und Kooperationspartnern. Negative Reputationseffekte können dazu beitragen, dass die Teilnehmerbeziehung nachhaltig geschmälert oder sogar zerstört wird.

Die konsequente Ausrichtung (der Marken) an die Zielgruppenbedürfnisse darf nicht unterschätzt werden. Entsprechend wurde die vorherrschende Inside-out-Perspektive durch eine Outside-in-Perspektive ergänzt. Denn die ressourcenorientierte **Inside-out-Perspektive** (resource-based view) versucht durch die Mobilisierung und den Ausbau interner Ressourcen, Fähigkeiten und Kompetenzen, nachhaltige Wettbewerbsvorteile zu erlangen (vgl. Collins/Montegomory 1995: 119). Hingegen konzentriert sich eine *teilnehmerorientierte* **Outside-in-Perspektive** (market-based view) – basierend auf der Überzeugung, dass der Markt die strategische Stoßrichtung bestimmt – auf die Auseinandersetzung mit dem Wettbewerbsumfeld (vgl. Porter 1980: 4ff.). Was demnach aus institutioneller Sicht die Teilnehmerorientierung (Inside-out-Perspektive) ist, stellt für Teilnehmer die Teilnehmerzufriedenheit (Outside-in-Perspektive) dar (vgl. Freyland et al. 1999: 1744, Krafft 1999: 511ff.). Der Market-based-Ansatz beschränkt sich dabei nicht nur auf die direkten Anspruchsgruppen. Denn nicht nur die Teilnehmer von Präventionsinterventionen sowie die breite Öffentlichkeit (als Marktbarometer und gesellschaftliches Reflexionsmedium) sind mit möglichen Sanktionsmechanismen ausgestattet, sondern vielmehr nehmen Medien (als bedeutende Mittler) über ihre Berichterstattung eine Kontrollfunktion ein (vgl. Ruter/Häfele 2007: 361). Damit Themen den Prozess der öffentlichen Meinungsbildung durchlaufen können, sollten diese bestimmte Aufmerksamkeitsregeln passieren. Denn Themen unterliegen dann einer verstärkten Beobachtung, wenn sie (vgl. Luhmann 1983: 17):

▫ eine überragende Priorität bestimmter Werte aufweisen,

▫ Krisen oder Krisensymptome tangieren,

▫ der Absender der Kommunikation einen gewissen Status aufweist,

▫ Symptome eines Erfolges behandeln,

▫ die Ergebnisse einen Neuheitscharakter haben oder / und

▫ eine drohende Belastung (Schmerzen oder zivilisatorische Schmerzsurrogate) suggerieren.

Über die Massenmedien öffentlich kommunizierte Themen und Meinungsäußerungen formen die öffentliche Meinung und bieten die potenzielle Chance zur Teilhabe an der öffentlichen Meinungsbildung. Für präventiv agierende Institutionen folgt daraus, dass sie (wollen sie aktiv ihre Reputation und ihr Image beeinflussen) ihre Position durch öffentliche Medien kommunizieren müssen. Letztlich können die von Niklas Luhmann genannten Aufmerksamkeitsregeln für die öffentliche Meinung gleichermaßen auf die (weitgehend über massenmediale Medien verbreitete) werblichen Aktivitäten übertragen werden. Indes gewinnen mitunter bisher (schwache) Anspruchs- bzw. Teilnehmergruppen durch die Massenmedien (Blogs, Foreneinträge, Wikis und soziale Netzwerke etc.) an Macht und können ihrerseits auf die Vertrauenswürdigkeit von Organisationen einwirken (vgl. Herger 2006: 188). Einer repräsentativen Umfrage des Gottlieb Duttweiler Instituts (GDI) zufolge geht es den Konsumenten bei der Suche nach Informationen oft nicht mehr um reine klassifizierbare Fakten, sondern um subjektive Erfahrungen von (wildfremden) Menschen, mit denen sie ein gemeinsames Interesse verbindet. Sachliche Abwägungen werden verstärkt durch emotionale Entscheidungen ersetzt (vgl. Frick/Hauser 2007: 86). Zwar ist der Einfluss unabhängiger Experten (z. B. Stiftung Warentest) ungebrochen groß, jedoch fällt auf, dass sich die Konsumenten mehr und mehr im Internet vernetzen, um Erfahrungen auszutauschen (vgl. Frick/Hauser 2007: 84). Längst beschränken sich die verkaufsfördernden Empfehlungsdienste oder Verkäufer-bewertungen als vertrauensbildende Maßnahmen nicht mehr auf den Konsum-gütermarkt (z. B. Amazon, eBay). Auch user-generierte Erfahrungsberichte über die jeweilige Institution und deren Dienstleistungen (z. B. Ciao, Dooyoo, Yopi, Idealo) erfreuen sich bei der Öffentlichkeit zunehmender Beliebtheit. Verbrau-cherschützer warnen indes vor der zunehmenden Präferenzbildung auf Basis mitunter mangelhafter und manipulationsanfälliger Meinungen von Laien (vgl. Verbraucherzentrale 2005: 1). Ungeachtet der Pro- und Contra-Argumenta-tionen für oder gegen die öffentliche Aussprachemöglichkeit von Lob oder Kritik seitens der Konsumenten stellen die durch die Medientransparenz be-dingten Reflexionspotenziale (neben den Medien) eine immer wichtigere wert-schöpfende Funktion dar.

> *„Die Repräsentation der Öffentlichkeit durch die Massenmedien garantiert mithin im lau-fenden Geschehen Transparenz und Intransparenz zugleich, nämlich bestimmtes themati-sches Wissen in der Form von jeweils konkretisierten Objekten und Ungewissheit in der Frage, wer wie darauf reagiert"* (Luhmann 2004: 188).

Die zunehmende Überprüfung der Leistungsfähigkeit durch externe Dritte (z. B. Stiftung Warentest) konzentriert sich vorwiegend auf den *Input* (d. h. von Pro-dukten und Dienstleistungen) und üben zudem einen wesentlichen Einfluss auf die Reputation und das Image aus. Oft sind Marketingkonzepte der Kritik aus-gesetzt, sich zu wenig an der Bewältigung gesellschaftlicher Herausforderungen zu orientieren. Die psychosozialen Kosten des Marketings (z. B. Imageverlust) werden hierbei mitunter vernachlässigt. Die Einnahme einer Gesellschaftsper-spektive sowie eine wert- und gesellschaftsorientierte Unternehmensführung ist notwendig, um ein positives Image aufzubauen, um mögliche Reputationsrisiken zu minimieren und um bestehenden Erwartungshaltungen in der öffentlichen Wahrnehmung gerecht zu werden. Die Basis für die Befriedigung öffentlicher Erwartungen bildet die Zielausrichtung und die daraus resultierende Leistungs-erfüllung. Dabei lassen sich sowohl die *Verhaltensbeeinflussung* der jeweiligen Ziel-gruppe als auch die gesundheitlichen Ziele aus den wirtschaftlichen *Zielen* ablei-ten. Zudem beeinflussen sich wirtschaftliche und gesundheitliche Ziele gegen-seitig, da sie als Prüfstein in der Öffentlichkeit angesehen werden können. Ein positives Image und eine positive Reputation sowie eine hohe Gesellschafts-

und Teilnehmerorientierung können Fehltritte proaktiv verhindern und negative Konsequenzen im Nachhinein abschwächen (vgl. Habisch et al. 2007: 18). Das Verhalten und die Handlungen präventiv agierender Institutionen sollten mit den eigenen Leitbildern (Marke etc.) und den öffentlichen Wertvorstellungen konform gehen, da das Vertrauen in Marken und Unternehmen als Triebfeder des persönlichen und kollektiven Vertrauens angesehen werden kann. Denn „*der einzelne Kunde vertraut vorwiegend deshalb, weil auch die anderen vertrauen – und er vertraut auf die Stabilität des Vertrauenssystems*" (Deichsel 2004: 126).

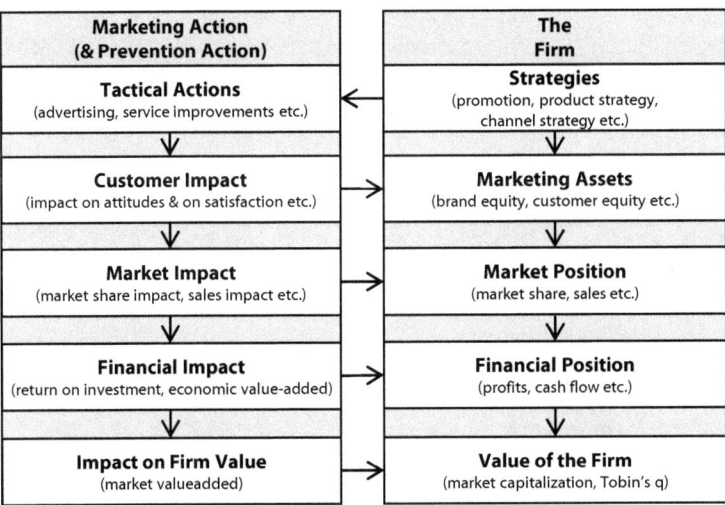

Abb. 24: Chain of Marketing Productivity
Quelle: Rust et al. 2004: 77.

Die Macht der Marke als Imagetreiber übt nach Haedrich et al. zwar keinen direkten Einfluss auf den Unternehmenswert aus, sehr wohl aber indirekt über Faktoren wie höhere Teilnehmerbindung, leichtere Teilnehmerakquise, positivere Effekte beim Handeln, bei höherer Preisbildung, leichterer Gewinnung von Mitarbeitern sowie Cross-selling-Effekten (vgl. Haedrich et al. 2003: 204). Bereits seit den 1960er-Jahren versucht die empirische Erfolgsfaktorenforschung, kritische Parameter zu identifizieren, um dem Geheimnis des Unternehmenserfolgs auf die Spur zu kommen (vgl. Woywode 2004: 15ff.). Angesichts einer Vielzahl an abhängigen Variablen sind insbesondere Aussagen über die kurz- und langfristige Steigerung des Unternehmenserfolges aufgrund von sachlichen und zeitlichen Zurechnungsproblemen schwer möglich. Oft wird Erfolg mit den Dimensionen Effizienz und Effektivität gleichgesetzt und in der traditionellen ökonomischen Literatur als *perfomance* (Leistung) oder *business performance* zusammengefasst (vgl. Bredrup 1995: 173). Die → Abb. 24 zeigt die Wirkungskette einzelner Marketingaktionen auf den letztlichen Unternehmenserfolg.

Performance drückt nicht zwangsläufig eine hohe Leistungsfähigkeit aus, sondern begründet sich in einer gelungenen medienwirksamen Inszenierung des Tuns. Ein Performance-Gap liegt vor, wenn eine wahrgenommene Divergenz zwischen Erwartung und Realität besteht (vgl. Zaltman et al. 1973: 55). So können negative Abweichungen durch überzogene Erwartungshaltungen aber auch durch verschiedenste organisatorische oder strukturelle Bedingungen (z. B. fusionsbedingte Umstrukturierungsmaßnahmen, Einführung neuer erklärungsbedürftiger Produkte etc.) entstehen. Empirische Studien haben gezeigt, dass eine positive Korrelation zwischen Mitarbeiter- und Teilnehmerimage sowie organisatorischem Erfolg und Teilnehmerzufriedenheit existiert (vgl. Davies et al. 2002: 160ff.). Entsprechend kann die Mitarbeiterzufriedenheit auf die Teilnehmerzufriedenheit wirken, während die Kundenzufriedenheit positiv auf die Teilnehmerloyalität und den ökonomischen Erfolg Einfluss nimmt. Somit kann die Teilnehmerzufriedenheit als ein Indikator für die Imagebeobachtung angesehen werden. Dabei werden erfolgreiche Dienstleistungsmarken nicht nur durch die Kommunikation, sondern auch durch das Verhalten der Mitarbeiter und deren Leistungen geprägt (vgl. Herger 2006: 173f.). Wie bedeutend die Markenbildung für Mitarbeiter (aber auch ehrenamtliche Helfer) ist, zeigte eine branchenübergreifende Unternehmensumfrage aus dem Jahre 2005, denn aus Unternehmersicht ist zu 63 % (mit steigender Tendenz) (2003: 56 %) der gesamte Unternehmenswert auf positive Markeneffekte zurückzuführen (vgl. PricewaterhouseCooper 2006: 11). Zwar bezieht sich diese Studie nicht auf den Präventionsmarkt, indes wird deutlich, dass die einstellungsbezogene, verhaltensbildende und verhaltenssteuernde Wirkung eines positiven Markenimages einen enormen Einfluss auf den Erfolg von Unternehmen ausüben kann. Bei der Markenbildung sollten zwingend rechtliche Aspekte, sprich der Markenschutz, beachtet werden – ungeachtet ob es sich dabei um eine Gemeinschafts- oder eine Einzelmarke handelt. Dabei können sich geschützte Rechte auf Wort-Bild-Marken von illustrierten Charakteren (z. B. TV-Helden Peb und Pebber), Institutionen (BZgA) oder Präventionsinterventionen (z. B. Kinder stark machen) beziehen, die beim deutschen Patent- und Markenamt (DPMA) angemeldet werden. Dabei unterscheidet insbesondere die Originalität, die Einzigartigkeit und die Unverwechselbarkeit darüber, ob eine Marke schützenswert ist oder nicht. Eine Recherche zu bereits eingetragenen Marken ist über das DPMA-Register möglich. Nicht vergessen werden sollte in diesem Zusammenhang die Prüfung belegter Internet-Domains bei der Registrierungsstelle für deutsche Domains (⌖ *www.denic.de*) und damit die Sicherung einer einprägsamen Internet-Domain für die jeweilige Präventionsintervention bei den jeweiligen Registrierungsstellen, die entweder den Markennamen oder den gewählten Slogan beinhalten sollte.

✱ Linktipps

Slogans GbR (Datenbank der Werbung):

🖰 *www.slogans.de*

Deutsches Patent- und Markenamt (Markenschutz):

🖰 *www.dpma.de/marke/markenschutz*

denic = Regristierungsstelle für deutsche Domains (.de):

🖰 *www.denic.de*

✱ Zusammenfassung

Dem Marketingmix kommt durch die Festlegung der Marketinginstrumentarien die Aufgabe zu, die Zielsetzung der zuvor festgelegten Marketingstrategien sicherzustellen. Mithilfe der Marketingmixinstrumentarien wird definiert, welche präventive Dienstleistung (*Produktpolitik*), zu welchem Preis (*Preispolitik*), an welchen Orten (*Distributionspolitik*) und über welche kommunikativen Beförderungsmittel (*Kommunikationspolitik*) der potenziellen Zielgruppe offeriert werden. Bei Festlegung und Umsetzung des Marketingmix müssen nicht nur z. B. gesundheitspsychologische und ethische Besonderheiten bei der Produktentwicklung und Kommunikation mit Risikozielgruppen beachtet werden, sondern auch, für welchen Markt (z. B. erster oder zweiter Gesundheitsmarkt) die Intervention entwickelt wird. Je nachdem, um welches präventiv agierende Unternehmen es sich handelt, sind mehr oder weniger gesetzliche Regulierungen des Gesundheitsmarktes zu beachten. Ungeachtet dessen stellt die Markenbildung einen wichtigen Erfolgsgaranten dar, da sie als Orientierungsanker dient. Zudem können wirkungsvolle Marken ein Gefühl der Sicherheit und Geborgenheit vermitteln und so einen positiven Einfluss auf die Einstellungen und das Verhalten der Teilnehmer ausüben.

✳ Wichtige Schlagwörter

Leistungspolitik, Prozesspolitik, Preispolitik, Distributionspolitik, Kommunikationspolitik, Branding, Markenbildung, Markenidentität, Reputation, Slogan, Markenrecht

✳ Wiederholungsfragen

[1] Aus welchen psychologischen Gründen ist die Marketingbildung auch für den Erfolg von Präventionsinterventionen mitentscheidend?

[2] Welche Rolle nehmen Testimonials bei der Markenbildung ein?

[3] Wählen Sie eine Marke ihrer Wahl aus dem Bereich der Prävention und überlegen Sie, welcher sachlich-funktionale, symbolische, rationale und experienzielle Nutzen vorliegt?

[4] Was verbirgt sich hinter der funktionalen, sozialen und expressiven Funktion der Reputation?

[5] Welche Rolle spielen usergenerierte Erfahrungsberichte von Teilnehmern bei der Markenbildung?

✳ Literaturempfehlungen

Kröber-Riel W, Esch FR (2015). Strategie und Techniken der Werbung, 8. Auflage, Stuttgart: Kohlhammer GmbH.

Hurrelmann K, Baumann E (2014). Handbuch Gesundheitskommunikation, Bern: Hans Huber Verlag.

Simon H, Fassnacht M (2016). Preismanagement: Strategie – Analyse – Entscheidung – Umsetzung, 4. Auflage, Wiesbaden: Springer Verlag.

Kreutzer R, Land KH (2017). Digitale Markenführung – Digitales Branding im Zeitalter des digitalen Darvinismus. Wiesbaden: Springer Verlag.

8 Qualitätssicherung, Evaluation und Kontrolle

In diesem Kapitel erfahren Sie,

- welche Qualitätskriterien bei Präventionsinterventionen berücksichtigt werden sollten.
- wie die Qualitätssicherung bei Präventionsinterventionen gesichert werden kann.
- auf welche unterschiedlichen Weisen Präventionsinterventionen evaluiert werden können.
- mit welchen Kriterien Marketingmaßnahmen im Bereich des Präventionsmarketings kontrolliert und optimiert werden können.

8.1 Good-practice-Kriterien der Prävention

Geht es um die Initiierung von Interventionen im Bereich der Prävention und Gesundheitsförderung, haben sich Good-practice-Leitlinien mit Kriterien etabliert, die sich bereits in der Praxis bewährt haben. Zu nennen sind beispielsweise die 12 Kriterien des *Kooperationsverbundes für gesundheitliche Chancengleichheit*, die im Jahre 2004 aufgestellt wurden und präventiv agierende Institutionen bei der Konzeption und Umsetzung von Interventionen als Orientierung dienen. Ausgangslage für die Entwicklung der Good-practice-Kriterien bildete eine Datenbank mit über 2.000 dokumentierten Präventionsprojekten unterschiedlichster Akteure, die auf freiwilliger Basis erhoben wurde (siehe ⌐ *www.gesundheitliche-chancengleichheit.de*). Der so entstandene Kriterienkatalog dient als niedrigschwelliges Reflexionsinstrument, um die eigenen Stärken und Schwächen von Projekten zu identifizieren (vgl. Kolip et al. 2012: 62). Im Folgenden werden die wichtigsten Kriterien anhand von Fragestellungen kurz vorgestellt, die in Form einer Broschüre Interessierten auf der zuvor genannten Internetseite zur Verfügung steht, und mit genauen Entwicklungsstufen versehen sind (vgl. Kooperationsverbund Gesundheitliche Chancengleichheit 2015: 7ff.):

- **Konzeption und Selbstverständnis**: Weist die Intervention einen klaren Zusammenhang zur Gesundheitsförderung und/oder Prävention auf? Trägt die Intervention zur Verringerung der sozialen Ungleichheit bei?

- **Zielgruppenbezug**: Wird die Zielgruppe klar eingegrenzt und bezieht sie sich auf sozial Benachteiligte?

- **Setting-Ansatz:** Werden die einzelnen Maßnahmen der Intervention ausreichend auf die Zielgruppen und Strukturen innerhalb eines Settings ausgerichtet?

- **Multiplikatoren-Konzept**: Werden in die Intervention Multiplikatoren eingebunden?

- **Innovation und Nachhaltigkeit:** Beinhaltet die Intervention neue Ansätze und ist die Intervention auf Langfristigkeit ausgerichtet?

- **Niedrigschwellige Arbeitsweise:** Sieht die Intervention niedrigschwellige Arbeitsweisen vor?

- **Partizipation:** Wird die (potenzielle) Zielgruppe an der Konzeption, der Durchführung und/oder der Bewertung beteiligt?

- **Empowerment:** Befähigt und bestärkt die Intervention die einzelnen Teilnehmer darin, die eigenen persönlichen und sozialen Ressourcen der eigenen Gesundheit zu nutzen?

- **Integriertes Handlungskonzept und Vernetzung:** Zeichnet sich die Intervention durch eine intersektorale Zusammenarbeit aus und werden Kooperationspartner bei der Umsetzung integriert?

- **Qualitätsmanagement/-entwicklung:** Sieht die Intervention einen kontinuierlichen Verbesserungsprozess (Public Health Action Cycle) vor?

- **Dokumentation und Evaluation:** Wird die Intervention ausreichend dokumentiert und evaluiert?

- **Kosten-Nutzen-Relation:** Stehen die Kosten der Intervention in einer angemessenen Relation zum Nutzen?

Erstellt wurde die Praxisdatenbank insbesondere für gesundheitsfördernde und präventive Interventionen für Menschen in schwierigen sozialen Lagen. Allerdings kann die Datenbank für jegliche Präventionsinterventionen übergreifend nützlich sein – für die eigene kreative Ideenfindung, für die Suche nach Kooperationspartnern und für die Situationsanalyse (bzw. die Konkurrenzanalyse und damit die Ableitung des USPs). Denn innerhalb der Praxisdatenbank können bereits existierende Interventionen nach unterschiedlichsten Kriterien (Lebenswelt, Präventionsthemen, Zielgruppen, Alter etc.) (⌂ *www.gesundheitliche-chancengleichheit.de/praxisdatenbank*) selektiert werden. Für den Qualitätsentwicklungsprozess sind die Good-practice-Kriterien indes nicht ausreichend, da hierfür u. a. die Integration unterschiedlicher Fachexperten, potenzieller Teilnehmer sowie möglicher Kooperationspartner im Sinne der partizipativen Qualitätsentwicklung notwendig sind (vgl. Kolip et al. 2012: 62f.). Auf mögliche Instrumentarien im Bereich der Qualitätsentwicklung und -sicherung wird daher im → Kapitel 8.2 näher eingegangen.

✴ Linktipps

Gesundheitliche Chancengleichheit:

⌒🖰 *www.gesundheitliche-chancengleichheit.de*

Clusters Gesundheitswirtschaft Berlin-Brandenburg:

⌒🖰 *www.praeventionsatlas.de*

Good-practice-Datenbank („Klasse KiTa"-Wettbewerb des Niedersächsische Institut für frühkindliche Bildung und Entwicklung (nifbe):

⌒🖰 *www.nifbe.de*

8.2   Qualitätssicherung in der Prävention

Das Deutsche Institut für Normung definiert Qualität als *„Grad, in dem ein Satz inhärenter Merkmale Anforderungen erfüllt"* (DIN ISO 9000:2005). Diese Definition macht deutlich, dass der Begriff Qualität sehr abstrakt ist und zum Verständnis in Abhängigkeit des jeweiligen Kontextes einer genaueren Konkretisierung bedarf. Werden von präventiv agierenden Institutionen konkrete Anforderungen für Interventionen definiert, die entsprechend einen positiven Gesundheitsbeitrag bei der anvisierten Zielgruppe leisten sollen, müssen gesundheitliche, didaktische und bei digitalen Interventionen (z. B. Online-Coaching, Gesundheits-Apps) zudem technische Merkmale berücksichtigt werden. Dabei bieten sich bei der Anforderungsdefinition zur Orientierung die Qualitätsdimensionen Kontext-, Input-, Durchführungs- und Ergebnisqualität an (vgl. Ehlers 2011: 74ff.), da sich diese an der Ursachen-Wirkungs-Kette orientieren.

Denn ausgehend vom eigentlichen Gesundheitsziel bezieht sich die Ergebnisqualität auf den tatsächlichen Erfolg der präventiven Intervention. Je nach Zweck der Intervention äußert sich der Erfolg kurzfristig in einer hohen Teilnahme- und Nutzungsintensität (**Qutcomequalität**) und langfristig in messbaren langfristigen gesundheitlichen Wirkungen (z. B. Kompetenzsteigerung, verändertes Gesundheitsverhalten, Gesundheitsstatus; **Outputqualität**). Um eine hohe Ergebnisqualität überhaupt erzielen zu können, müssen spezifische Zielgruppenbedürfnisse und Nutzenkomponenten (**Kontext- und Inputqualität**) berücksichtigt werden und auf didaktischer Ebene Motivationskomponenten (**Durchführungsqualität**) integriert werden. Da die Vermeidung von unnötigem (Kosten-)Aufwand und Gesundheitsrisiken als immanenter Bestandteil des

Qualitätsbegriffs angesehen werden kann, sollten im Sinne des Präventions-dilemmata daher insbesondere jene Zielgruppen erreicht werden, die bisher mit anderen Interventionen nicht erreicht wurden. Zur Erhöhung der Wirksamkeit und angesichts möglicher Gesundheitsrisiken bei einer falschen Konzeptionie-rung ist zum einen Integration gesundheitlicher Experten (Medizin, Pflege, Psychologie und E-Health) und zum anderen die Integration von Laien (Patien-ten etc.; **Inputqualität**) eine Bedingung, um eine hohe Ergebnisqualität zu gewährleisten und Imageschäden zu vermeiden. Für die Qualitätswahrnehmung und Vertrauensschaffung ist zudem die Transparenz einer solchen Integration bedeutend. Unterschiedlichste Qualitätssiegel für die Präventionsinterventionen selbst (z. B. Deutscher Standard Prävention, SPORT PRO GESUNDHEIT) sowie Siegel im Bereich der Transparenz (afgis-, HON-, Healthon-Siegel) sollen hierbei helfen, dem Nutzer die Entscheidung zu erleichtern. Denn aktuell wei-sen vorliegende Studien beispielsweise bei Gesundheits-Apps darauf hin (vgl. Moglia/Castano 2015; Wallace/Dhingra 2014), dass nur wenige Apps auf die Integrationen von Gesundheitsexperten bei der App-Entwicklung verweisen (vgl. Scherenberg/Liegmann 2016: 46). Hinsichtlich der Inputqualität ist zudem anzumerken, dass die Berücksichtigung evidenzbasierter Leitlinien ein weiteres wichtiges Qualitätsinstrumentarium zur Qualitätssicherung darstellt (siehe → Kapitel 3.4.4), das bei der Entwicklung von Präventionsinterventionen Be-rücksichtigung finden sollte. Die → Tab. 29 zeigt beispielhaft anhand von Ge-sundheits-Apps zusammenfassend, welche zentralen Leitfragen, vor, während und nach der Interventionsimplementierung zu bedenken sind, um eine hohe Qualitätssicherung zu gewährleisten.

Tab. 29: Qualitätsdimensionen von Präventionsinterventionen
Quelle: Scherenberg 2015 in Anlehnung an Ehlers 2011: 74ff.

Qualitätsdimension und Beispiele:
Strukturqualität
Welche personellen, technischen und finanziellen Rahmenbedingungen liegen für die Entwicklung, Umsetzung und Evaluation der Gesundheits-App vor?
Beispiele   ▨ Qualifizierung des eigenen Personals, Klärung von Zuständigkeiten etc.   ▨ Hard- und Softwareausstattung   ▨ Finanzierungsabsicherung
Kontext- und Inputqualität
Welche organisatorischen und programmbezogenen Voraussetzungen müssen geschaffen bzw. welche Ressourcen bereitgestellt/berücksichtigt werden, damit die Gesundheits-App unmittelbar/langfristig Wirkungen erzeugt?
Beispiele   ▨ Entwicklung eines qualifizierten Expertenteams (Informatik; Prävention etc.)   ▨ Berücksichtigung der technischen Ausstattung der Nutzer   ▨ Berücksichtigung von Bedürfnissen (z. B. Integration Risikogruppen)
Prozess- und Durchführungsqualität
Wie muss die Gesundheits-App beschaffen sein, um unmittelbar/langfristig Wirkungen bei den Nutzern zu erzeugen?
Beispiele   ▨ Form und Art der vermittelten (relevanten) Inhalte   ▨ Integration von didaktischen Methoden (Lernkonzept)   ▨ Integration von Motivationskomponenten
Ergebnisqualität
Welche Wirkungen hat die Gesundheits-App auf die Nutzer und wie hoch ist die Wirksamkeit der Gesundheits-App?
Outcomequalität
Welche unmittelbaren Ergebnisse hat die Gesundheits-App auf die Nutzer?
Beispiele   ▨ Erreichungsgrad der potenziellen Zielgruppe   ▨ Persönlicher Nutzengrad / Akzeptanz der Gesundheits-App   ▨ Nutzung der Gesundheits-App
Outputqualität
Welche langfristigen Ergebnisse hat die Gesundheits-App auf die Nutzer?
Beispiele   ▨ Wirkung auf das Wissen / die Einstellung der Nutzer   ▨ Wirkung auf das Gesundheitsverhalten   ▨ Wirkung auf den Gesundheitszustand

Zusammenfassend werden unter dem Begriff Qualitätssicherung alle Maßnahmen subsumiert, die dazu beitragen, die Qualität über den gesamten Entwicklungs- und Umsetzungsprozess sicherzustellen und zu verbessern. Damit wird deutlich, dass Qualitätsprozesse als Daueraufgabe verstanden werden müssen. Zur Sicherstellung dieser Aufgabe stehen unterschiedlichste Checklisten für die Planung, Durchführung und Evaluation von Präventionsprojekten zur Verfügung. Das Onlineprojektmanagement-Tool für Projekte der Gesundheitsförderung und Prävention *quint-essenz* stellt – mit einer Vielzahl an Hilfsmitteln und Checklisten – ein solches nützliches Instrumentarium zur Qualitätssicherung bei der Projektumsetzung dar (⌂ *www.quint-essenz.ch/de*).

✳ Linktipps

quint-essenz Gesundheitsförderung Schweiz:

⌂ *www.quint-essenz.ch*

8.3   Evaluation von Präventionsmaßnahmen

Mit der zunehmenden Verbreitung von Präventionsinterventionen rückt automatisch die systematische Bewertung des präventiven Wertes mithilfe festgelegter Kriterien in den Vordergrund des Geschehens. Evaluationen verfolgen dabei unterschiedliche Funktionen, die sowohl für die Optimierung der Präventionsinterventionen selbst als auch für das Marketing und damit die Teilnehmergewinnung und -bindung von hohem Nutzen sind (vgl. Stockmann 2002: 3ff.; Widmer/De Rocchi 2012: 27f.):

▪ **Erkenntnisfunktion:** Evaluationen haben die grundsätzliche Funktion, Erkenntnisse über die Eigenschaften und Wirkungen von Evaluationsgegenständen zu sammeln, um das Wissen über die Beteiligten zu erweitern.

▪ **Lern- und Dialogfunktion:** Eng mit der Erkenntnisfunktion verbunden sind Lernprozesse der Beteiligten, die einen Dialog unterstützen. Voraussetzung für diesen Lern- und Dialogprozess ist die enge Einbeziehung aller Beteiligten inkl. Betroffener und damit Teilnehmer.

▪ **Optimierungsfunktion:** Letztlich sollten Evaluationen nicht allein zum Gegenstand haben, Interventionen und Maßnahmen zu überprüfen, sondern dazu beizutragen, eine Optimierung durch den jeweiligen Erkenntnisgewinn vorzunehmen.

▪ **Entscheidungsfunktion:** Evaluationen stellen durch ihren Erkenntnisgewinn die Basis für Wahlentscheidungen beispielsweise für oder gegen eine

Maßnahme dar. Aus diesem Grund sollten Evaluationsstudien mit praxisorientierten Handlungsempfehlungen versehen werden.

- **Legitimationsfunktion:** Sie beinhaltet die Durchführung sowie die Ergebnisdarstellung, um Maßnahmen zu legitimieren, dies zum einen in der Öffentlichkeit (z. B. innerhalb der Werbung) und zum anderen, um bei drittmittelbasierten Projekten Rechenschaft über erhaltene Mittel ablegen zu können.

Grundsätzlich können Interventionsevaluationen zusammenfassend als „systematic collection of information about activities, characteristics, and outcomes of programs to make judgements about the programm, improve program effectiveness, and/or inform decisions about future *programming" (Patton 1997: 23) verstanden werden.*

Diese Definition verdeutlicht die Vielschichtigkeit einer potenziellen Bewertung, die sich in unterschiedlichen Evaluationstypen äußern. Standards zur Evaluation wurden beispielswiese von der Gesellschaft für Evaluation (🖰 *www.degeval.de*) herausgegeben. War in der Vergangenheit eine reine Input-Output-Betrachtung ausreichend, bedarf es angesichts knapper Ressourcen im Gesundheitswesen verstärkt der ergänzenden Betrachtung von Outcome- und Impact-Größen (vgl. Stockmann 2004: 37) sowie von gesundheitsökonomischen Auswirkungen. Insbesondere das Interesse an ökonomischen Kriterien ist in den letzten Jahren gestiegen. Je nach Fragestellung ist die Effizienz von Maßnahmen mithilfe von Kosten-Kosten-, Kosten-Wirksamkeits-, Kosten-Nutzen- oder Kosten-Nutzwert-Analysen bestimmbar (vgl. Scherenberg 2016: 87ff.). Prinzipiell kann sich die Bewertung auf einzelne Komponenten (*output*), auf Stärken und Schwächen der praktischen, organisatorischen Umsetzung (*process*), auf intendierende Effekte (*outcome*) und auf kausal verursachte Gesundheitseffekte (*impact*) beziehen. Die klassische Dreiteilung von Evaluationen im Bereich Public Health und damit von Präventionsintervention ist *process*, *impact* und *outcome*. Aufgrund der Zeitdimension werden Outcome-Kriterien (= Ergebnis, Resultat) oft auch als *long-term-measures* und Impact-Kriterien (= Wirkung, Einfluss) als *short-* oder *middle-term-measures* bezeichnet (vgl. Girgis 1998: 110; Thomas 2006: 170f.). Während die Wirksamkeit (*effectiviness*) den Grad der Zielerreichung (Output-Outcome-Verhältnis bzw. Effizienzzielrelation) widerspiegelt, richtet sich die Betrachtung der Effizienz (*efficiency*) auf das Verhältnis zwischen Input und Output (Zielrelation). Je nachdem, welcher Gegenstand im Rahmen einer Evaluationsstudie aus der → Abb. 25 untersucht wird, handelt es sich um eine Input-, Throughout-, Output-, Outcome- oder Impact-Evaluation.

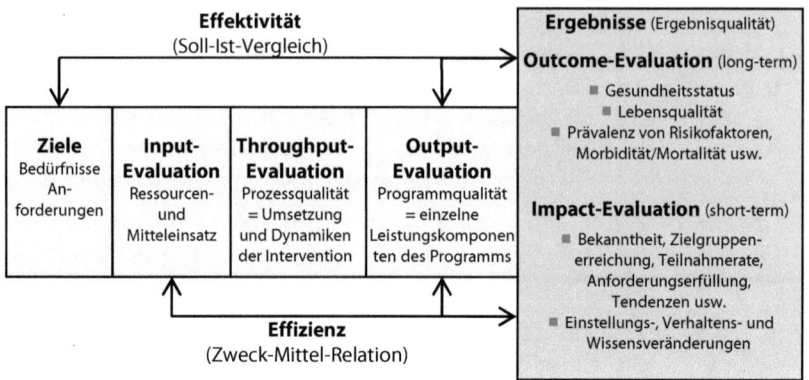

Abb. 25: Grobdarstellung verschiedener Evaluationsformen
Quelle: Scherenberg 2008: 122 in Anlehnung an Øvretveit 2002: 56.

Eine weitere Unterteilung kann [1] in Abhängigkeit vom Zeitpunkt in formativer und summativer Evaluation und [2] in Abhängigkeit davon, wer die Evaluation durchgeführt hat, in Selbst- und Fremdevaluation erfolgen (vgl. Döring/Bortz 2016: 990). Die formative Evaluation wird aufgrund der Zielsetzung auch als programmbegleitende, aktiv-gestaltende oder prozessorientierte Evaluation tituliert, während die summative Evaluation als bilanzierende, zusammenfassende oder ergebnisorientierte Evaluation genannt wird (vgl. Stockmann 2003: 17; Bortz/Döring 2006: 110). Da Outcome-Kriterien bei Präventionsinterventionen erst nach vielen Jahren sichtbar werden, ist ein längerer Betrachtungszeitraum (z. B. mindestens 3 Jahre) notwendig. Die summative Evaluation hat demnach eher eine Kontroll- und Legitimationsfunktion, während der formativen Evaluation eine Optimierungs- und Lernfunktion innewohnt (vgl. Döring/Bortz 2016: 990). Dabei ist eine genaue Wirkungszuordnung nur mithilfe eines Prä-post-Vergleiches (Vorher-Nachher-Vergleich) beziehungsweise einer aufwendigen Längsschnittstudie (z. B. eine Kohortenstudie und der Vergleich zweier Gruppen von Teilnehmern und Nichtteilnehmern) möglich, die kostenaufwendig ist aber wichtige marketingstrategische Impulse liefern kann. Eine weitere Herausforderung bei der Evaluation liegt darin, dass die Erfolgsmessung präventiver Interventionen durch den Umstand erschwert wird, dass mögliche Interventionseffekte einer spezifischen präventiven Dienstleistung, wie beispielsweise ein verändertes Gesundheitsverhalten, schwer von anderen nicht kontrollierbaren Einflussfaktoren zu trennen sind. Denn positive Gesundheitseffekte können sich sowohl auf interne Faktoren (wie Wirkungen einer Präventionsintervention) als auch auf externe Faktoren (wie Wirkungen aus dem direkten Umfeld) beziehen. Oft wird bei Evaluationen eine ausschließlich betriebswirtschaftliche Perspektive eingenommen. Diese Vernachlässigung „weicher" Kriterien bei solchen Evaluationsstudie wird indes als sehr problematisch angesehen (vgl. Oberender/Zerth/Engelmann 2017: 176). Denn lediglich bei Lebensqualitätsmessungen werden subjektive Befindlichkeiten der Teilnehmer durch die Operationalisierung objektiviert bzw. messbar gemacht. Im Folgenden werden aufgrund der hohen Bedeutung zusammenfassend die wichtigsten Evaluationsformen für präventive und gesundheitsfördernde Interventionen beschrieben:

- **Formative Evaluation:** Formative Evaluationen stellen prozessbegleitende Maßnahmen zur kontinuierlichen Neujustierung einer Präventionsintervention dar, deren Erkenntnisse direkt in die Entwicklung und Optimierung einfließen. Nichtintendierte Wirkungen werden durch die Erhebung von objektiven (z. B. Bekanntheitsgrad, Teilnehmerraten) und subjektiven Kriterien (z. B. qualitative Befragungen) ermittelt und tragen zur dauerhaften Verbesserung der Präventionsintervention bei. Nutzen- und Anreizhinterfragungen sollten sich sowohl auf Teilnehmer als auch auf Nichtteilnehmer beziehen, um mögliche Teilnahmebarrieren aufdecken zu können.

- **Summative Evaluation:** Summative Evaluationen setzen bei der fertig entwickelten Präventionsintervention an und dienen dazu, die Wirkung und den Nutzen der Interventionsmaßnahme zu bewerten. Die Evaluationsergebnisse können als eine Art Qualitätskontrolle bezeichnet werden, da sie belegen, ob die jeweilige Dienstleistung tatsächlich Erfolg verspricht.

- **Selbstevaluation:** Bei der Selbstevaluation wird die Evaluation von den Betreibern der Intervention selbst durchgeführt. Auch wenn z. B. die Befragung der Teilnehmer unabhängig ist und einen hohen Praxisbezug aufweist, steht die Selbstevaluation oft unter dem Verdacht, gewollt oder ungewollt geschönte Ergebnisse zu produzieren. Evaluationen, die dabei keinen ernsthaften Charakter aufweisen, werden auch als Pseudoevaluationen bezeichnet.

- **Fremdevaluation:** Bei der Fremdevaluation wird die Evaluation extern von einer unabhängigen Institution (z. B. Universität, Forschungseinrichtung) durchgeführt. Fremdevaluationen wird aufgrund der neutralen Haltung eine höhere Glaubwürdigkeit bescheinigt, daher ist ihre kommunikationspolitische Wirkung im Rahmen von Werbemaßnahmen oft höher. Fremdevaluationen haben den Vorteil, dass externe Institutionen aufgrund ihrer übergreifenden Erfahrung Impulse einbringen können. Bei der Abwägung, ob eine (kostenaufwendige) Fremdevaluation einer Selbstevaluation vorgezogen wird, ist zu beachten, dass auch für interne Mitarbeiter verdeckte Kosten (Personalkosten) entstehen.

Summa summarum lassen sich unabhängig von der jeweiligen Evaluationsform kognitive und gesundheitliche Veränderungsprozesse bei den Teilnehmern gesichert nur mithilfe von Längsschnittsstudien über mehrere Jahre und nicht durch punktuelle Querschnittsstudien belegen. Dabei wird der größte Erkenntnisgewinn dann entstehen, wenn eine enge Verknüpfung von Wissenschaft und Praxis sowie eine Integration der Teilnehmer besteht. Allgemeine Standards und damit klassische Gütekriterien, die bei empirischen Erhebungen Anwendung finden, wurden im → Kapitel 7 beschrieben. Hinsichtlich der Evaluationsplanung sollten die folgenden Fragen berücksichtigt werden:

- Welche Fragen sollen beantwortet werden?
- Welches sind mögliche Datenquellen?
- Liegen die notwendigen Daten bereits vor?
- Welche Methoden sind geeignet?
- Welche Perspektiven sind zu berücksichtigen?
- Welche Ergebnisse hätten welche Konsequenzen?

Nützliche Informationen zum Thema Evaluationen präventiver Interventionen bietet beispielsweise das Landeszentrum Gesundheit NRW. Auf der Internetseite (*www.lzg.nrw.de/ges_foerd/qualitaet/evaluationstools*) sind u. a. Evaluationsinstrumentarien für unterschiedliche Settings (z. B. Kita, Schulen, Stadtteile), für spezifische Zielgruppen (Kinder, Jugendliche, Erwachsene etc.) und für unterschiedliche Präventionsthemen (z. B. Bewegung, Ernährung) zu finden. Der Landespräventionsrat Niedersachsen unterteilt bei der Programmbewertung drei Wirksamkeitsstufen, auf deren Basis eine Datenbank mit empfohlenen Präventionsprogrammen inkl. der dazugehörigen Evaluationsstudien aufgestellt wurde (*www.gruene-liste-praevention.de*).

---

* Linktipps

Gesellschaft für Evaluation:

www.degeval.de

Grüne Liste Prävention:

www.gruene-liste-praevention.de

8.4   Kontrolle im Präventionsmarketing

Die Qualitätssicherung von Marketingmaßnahmen wird über die Kontrolle gesichert. Ähnlich wie bei der summativen und formativen Evaluation der präventiven Interventionen selbst verfolgt die Kontrolle aller strategischen und operativen Maßnahmen des Präventionsmarketings zwei übergreifende zeitliche Funktionen (vgl. Weber/Schäffer 2006: 233):

▪ **Feedback-Kontrolle:** Die Feedback-Kontrolle hat als zurückblickende Überwachung zum Ziel, einen Soll-Ist-Vergleich vorzunehmen und damit die Zielerreichung zu überprüfen.

▪ **Feedforward-Kontrolle:** Die Feedforward-Kontrolle hat als zukunftsorientierte Überwachung zum Ziel, eine Anpassung zur Erreichung des Sollwerts durch die Auslotung von Erfolgspotenzialen vorzunehmen.

Dementsprechend geht es bei der Kontrolle von präventionsbezogenen Marketingmaßnahmen nicht wie bei der präventiven Evaluation um die verhaltensspezifischen und gesundheitlichen Auswirkungen, sondern um die übergreifende Sicherstellung der Effektivität und Effizienz. Oft werden in diesem Zusammenhang die beiden relevanten Wirtschaftlichkeitsmaße Effizienz und Effektivität umgangssprachlich synonym verwendet, allerdings verbergen sich hinter diesen Begriffen vollkommen unterschiedliche Bedeutungen (vgl. Drucker zit. n. Naz, 2004, 214):

▪ **Effektivität** (engl. *effectiveness*) leitet sich aus dem lateinischen Wort *efficiencia* (zu deutsch: Wirksamkeit) ab. Die Effektivität stellt das Maß für die Zielerreichung (Output) dar, mit der die grundsätzliche Eignung und die Zweckmäßigkeit von Marketingmaßnahmen überprüft werden. Die zentrale Fragestellung lautet: Werden jene Maßnahmen durchgeführt, die auch wirklich Erfolg versprechen? (*Are we doing the right things?*)

▪ **Effizienz** (engl. *efficiency*) ist etymologisch auf das lateinische Wort *efficere* für „bewirken" zurückzuführen. Die Effizienz stellt das Maß für die Wirtschaftlichkeit des Ressourceneinsatzes (sprich der Input-Output-Relation) dar. Damit lautet die zentrale Fragestellung: Werden die Maßnahmen selbst in einer erfolgsversprechenden Art und Weise durchgeführt? (*Are we doing the things right?*)

Geht es um die Priorisierung der beiden Wirtschaftlichkeitsmaße, ist es wichtiger, das Richtige zu tun, als etwas richtig zu machen, denn Effizienz kann niemals Effektivität ersetzen. Denn wie es die Aussage von Ferdinand Drucker auf den Punkt bringt: *„Nichts ist weniger produktiv als mehr Dinge zu erlangen, die wir besser gar nicht täten."* (Drucker zit. n. Naz, 2004, 214). Um Maßnahmen kontrollieren zu können, ist die Auswahl geeigneter Indikatoren und Kennzahlen notwendig. Dabei können Indikatoren im Hinblick auf ihre zeitlichen Auswirkungen in die beiden folgenden Kategorien unterteilt werden (vgl. Kaufmann 1997: 423f.; Kaplan/Norton 1997: 10):

▪ **Nachlaufende Indikatoren** (auch *results measures*, *lagging indicators* oder „vergangenheitsorientierte Spätindikatoren") stellen Erfolgsgrößen, die in meist quantitativen Ergebniskennzahlen dargestellt werden, dar. Diese Indikatoren stellen sogenannte harte oder meist ökonomische Faktoren (hard facts), wie beispielswiese der Marktanteil, dar.

▨ **Vorlaufende Indikatoren** (auch *process measures, leading indcators* oder „zukunftsorientierte Frühindikatoren" können als Leistungstreiber verstanden werden, die im Gegensatz zu nachfolgenden Indikatoren eher zu erwartende Erfolgspotenziale abbilden. Diese Indikatoren sind vorwiegend nichtökonomische oder weiche Indikatoren (soft facts), wie z. B. die Teilnehmerzufriedenheit.

Anzumerken ist, dass Maßnahmen, die sich lediglich auf kurzfristige, quantitative Extremerfolge (*hard facts*) in Form hoher Teilnahmequoten fokussieren, nicht nur hohe Kosten produzieren und zulasten langfristiger, qualitativer Erfolge (*soft facts*) gehen können. Dies ist der Fall, wenn externe Anreize (z. B. Gewinnspiel) ohne eine direkte Affinität zur Präventionsintervention zwar kurzfristig Teilnehmerquoten erzeugen, indes die Transaktionskosten in die Höhe treiben, da nur ein Gewinninteresse und kein Interesse an der Intervention vorliegt. Wird somit die zeitliche Dimension allein auf die Gegenwart reduziert und der kurzfristige Erfolg als einziges Entscheidungskriterium angesetzt, geraten langfristige Aspekte des Marketings (wie z. B. die Unternehmensperformance) sowie der Präventionsintervention (wie z. B. eine dauerhafte gesundheitliche Verhaltensänderung der Teilnehmer) in Gefahr (vgl. Scherenberg 2011: 44). Die Bedeutung von *soft facts* von heute (bspw. emotionelle Wahrnehmung und Einstellung potenzieller Teilnehmer) darf daher nicht unterschätzt werden, da sich diese zukünftig monetär niederschlagen und als *hard facts* von morgen bezeichnet werden können.

Da das Teilnehmerverhalten und das Mitarbeiterverhalten nicht isoliert voneinander betrachtet werden können und sich auf die Intervention und das präventiv agierende Unternehmen auswirken, müssen im Sinne der Ganzheitlichkeit sowohl teilnehmerspezifische, interventionsspezifische, mitarbeiterspezifische als auch institutionelle Aspekte mit in die Kontrolle der Marketingmaßnahme einbezogen werden. Im Folgenden werden daher beispielhaft die genannten Aspekte samt möglicher Indikatoren und deren Hintergründe näher beleuchtet (vgl. Scherenberg 2011: 254ff):

[1] Teilnehmerspezifische Aspekte

Interessenten- und Teilnehmerbeziehungen werden durch unterschiedliche Faktoren – positive wie negative – stark beeinflusst. Indikatoren, die die Teilnehmerbeziehung beeinflussen können, sind Zufriedenheit, Reaktion- und Bearbeitungszeit aber auch die Ablaufstabilität der präventiv agierenden Institutionen. Wird die Gesamtzufriedenheit erhoben, sollte daher mindestens ein weiterer Indikator

(z. B. Weiterempfehlungsrate) integriert werden, da allgemeine Zufriedenheitsaussagen nur eine geringe Aussagekraft haben, oft ein zu optimistisches Bild liefern und daher zu Fehlinterpretationen führen können. Dies ist der Fall, wenn die artikulierte Zufriedenheit der eigenen emotionalen Stabilisierung dient. Subjektive Zufriedenheitsaussagen erhalten nur in Kombination mit weiteren konkreten Erfahrungs- und Erwartungsaussagen und der direkten Messung objektiver Qualitätsindikatoren eine fundierte Aussagekraft – vorzugsweise im Hinblick auf unterschiedliche Zielgruppen (Alter, Geschlecht etc.) (vgl. Scherenberg 2014: 171f.). Eine Präzisierung der Gesamtzufriedenheit kann durch einen Blick auf die Interaktionszufriedenheit erfolgen. Zudem wird die Gesamtzufriedenheit nicht nur von der Teilnehmerzufriedenheit, dem Commitment (Verbundenheit und innere Selbstbindung zur Institution) und der Loyalität der Teilnehmer beeinflusst, sondern auch die Glaubwürdigkeit und das Vertrauen sind handlungswirksam und üben einen Einfluss auf die Übernahme der Eigenverantwortung aus (vgl. Meffert/Bruhn 2006: 308). Geht es um die Teilnehmerfluktuation, so sollten alters- und genderspezifische Aspekte beleuchtet werden, da Frauen im Vergleich zu Männern nicht nur ein höheres Sicherheitsbedürfnis und eine höhere Loyalität aufweisen, sondern gesundheitsbewusster sind. Institutionen die sich auf weibliche Segmente konzentrieren (z. B. Fitnessprogramme für Frauen: Schlanker und definierter Körper; ✆ *www.sophia-thiel.com*; Laufmamalauf; ✆ *www.laufmamalauf.de*), profitieren von diesen genderspezifischen Unterschieden. Auch ältere Menschen weisen hingegen eine geringere Wechselneigung auf (vgl. Freyland et al. 2001: 429). Einerseits profitieren Institutionen, die sich auf eine hohe Altersstruktur konzentrieren von einer geringen Teilnehmerfluktuation, andererseits muss aufgrund des natürlichen Ausscheidungsprozesses der Marketingfokus stärker auf die Gewinnung neuer Teilnehmer statt auf Teilnehmerbindung gelegt werden. Die Gesamtfluktuationsquote sollte daher immer um alters- oder todesfallbedingte Abgänge bereinigt werden. Neben Alter und Geschlecht üben Faktoren wie Ausbildung oder beruflicher Status einen weiteren Einfluss auf die Gesundheit und das Gesundheitsverhalten aus. Denn umso qualifizierter die Teilnehmer sind, umso geringer fällt die Loyalität aus (vgl. Freyland et al. 2001: 429).

Tab. 30: Beispiele für teilnehmerspezifische Kriterien und Indikatoren
Quelle: Eigene Darstellung in Anlehnung an Scherenberg 2015: 255.

Beispiel für teilnehmerspezifische Indikatoren	
Kriterien	vergleichbare Indikatoren
Teilnehmerzufriedenheit	Teilnehmerfluktuationsquote (Anzahl verlorene Teilnehmer im Verhältnis zur Gesamtteilnehmerzahl), Teilnehmergewinnungsquote (Anzahl gewonnener Teilnehmer im Verhältnis zur Gesamtversichertenzahl), durchschnittliche Zugehörigkeit pro Jahr
Weiterempfehlung	Weiterempfehlungsrate (z. B. Anzahl Mitglieder werben Mitglieder pro Teilnehmer)
Interaktionszufriedenheit **Reaktionszeit und Bearbeitungszeit**	Beschwerdequote (Anzahl Beschwerden pro Teilnehmer), Konfliktquote (bzw. Anzahl Klagen pro Teilnehmer) durchschnittliche Bearbeitungs- bzw. Reaktionszeit (Anfragen, Beschwerden etc.)

Da teilnehmerspezifische Aspekte von der Teilnehmerstruktur beeinflusst werden, sollten die in der → Tab. 30 genannten Indikatoren berücksichtigt werden. Dabei sollten teilnehmerspezifische Indikatoren immer im Verhältnis zu der Teilnehmeranzahl gesetzt werden, um die Aussagekraft zu erhöhen.

[2] Interventionsspezifische Aspekte

Bei der Mobilisierung der Teilnehmer kommt es nicht nur auf die Einschreibungsquote (und damit mitunter die passive Teilnehmerquote) an, sondern im Hinblick auf die Kontinuität der Teilnahme auf unterschiedliche Ziel- und Risikogruppen. Der Grad der dauerhaften Teilnehmermotivierung gerade unmotivierter Teilnehmergruppen kann Aufschluss über die emotionale Unterstützung seitens der jeweiligen Institution geben. Handelt es sich bei der präventiv agierenden Institution um eine GKV, kann zudem die (monetäre) Befähigung (z. B. die Höhe der durchschnittlichen Zuschüsse oder die Inanspruchnahme von Gesundheitskursen) gerade bei Teilnehmern unterer Einkommensklassen oder die Koppelung mit präventiven Bonusprogrammen (und extrinsischen Anreizen) eine Rolle spielen. Auch unterstützende Serviceleistungen oder -komponenten der Präventionsintervention sowie spezifische Events oder Apps stellen Aspekte dar, die sich förderlich auf die Teilnehmermobilisierung ausüben können.

Tab. 31: Beispiele für interventionsspezifische Kriterien und Indikatoren
Quelle: Eigene Darstellung in Anlehnung an Scherenberg 2015: 256.

Beispiel für interventionsspezifische Kriterien und Indikatoren	
Kriterien	vergleichbare Indikatoren
Teilnehmeraktivierung	(aktive) Teilnehmerquote pro Teilnehmer
Teilnehmermotivierung	Teilnehmerfluktuationsquote, durchschnittliche Teilnehmerdauer, Teilnehmerquote
Teilnehmerunterstützung	durchschnittliche Höhe des Zuschusses sowie die Inanspruchnahme von Gesundheitskursen pro Mitglied (Freiwillige, Pflichtversicherte etc.) (GKV), durchschnittliche Inanspruchnahmen von spezifischen Serviceleistungen/-komponenten der Präventionsintervention
Teilnehmer-Incentivierung	durchschnittliche Kosten für Incentives pro Teilnehmer, durchschnittliche Prämienausschüttung pro (aktivem) Teilnehmer (GKV)
Teilnehmerrentabilität	durchschnittliche Erlöse/Einsparung pro Teilnehmer (Alter, Geschlecht, Status etc.)

[3] Mitarbeiterspezifische Aspekte

Mitarbeiterzufriedenheit und Teilnehmerzufriedenheit stehen in einem engen Zusammenhang und stellen für die Erreichung übergreifender Unternehmensziele eine entscheidende Rolle dar. Denn nur zufriedene und loyale Mitarbeiter tragen dazu bei, dass auch die Teilnehmer zufrieden und loyal sind und umgekehrt (vgl. Mattmüller 2006: 62). Dementsprechend kann eine hohe Fluktuationsquote auf ein schlechtes Betriebsklima, Mobbing, schlechte Bezahlung, schlechte Arbeitsbedingungen, Arbeitsüberlastung oder mangelnde Laufbahnperspektiven der Mitarbeiter hinweisen. Insbesondere lang bekannte Mitarbeiter stellen für Teilnehmer aufgrund des Erfahrungswissens einen hohen Vertrauenswert dar. Dieser Vertrauenswert wirkt sich auf die Teilnehmermotivation positiv aus. Der enge Zusammenhang zwischen Mitarbeiter- und Teilnehmerzufriedenheit verdeutlicht die Notwendigkeit einer starken Mitarbeiterorientierung insbesondere in personalintensiven Dienstleistungsbereichen, wie dem Gesundheits- bzw. Präventionsmarkt. Die Nutzung der Ressource Mitarbeiter ist abhängig davon, wie die präventiv agierenden Institutionen in der Lage sind, das Potenzial und das Wissen ihrer Mitarbeiter zu nutzen und zu fördern. Mitarbeiterzufriedenheit und -partizipation sowie das Verhältnis zu allen Anspruchsgruppen (Teilnehmer, Kooperationspartner, Multiplikatoren etc.) stellen für die Verstetigung der Prozesse eine fundamentale Basis dar. Ein klares (und von allen Mitarbeitern gelebtes) Leitbild kann dabei als Wertesystem verstanden werden. Auch soziales Engagement kann sich positiv auf die Mitarbeiterloyalität und -bindung und das Unternehmensimage auswirken (vgl. Kaiser/Schuster 2004: 669ff.). Für 58 % der Befragten der Millennial Employee Engagement Study 2016 stellt soziales Engagement sogar ein Entscheidungskriterium bei der Arbeitgeberwahl dar, 74 % empfinden ihre Arbeit als erfüllender und auf 70 % wirkt sich das soziale Engagement ihrer Arbeitgeber zudem positiv auf die Loyalität aus (vgl. Cone Communication 2015: 1). Die → Tab. 32 zeigt beispielhaft, welche mitarbeiterspezifischen Indikatoren bei der Marketingkontrolle herangezogen werden können.

Tab. 32: Beispiele für mitarbeiterspezifische Kriterien und Indikatoren
Quelle: Eigene Darstellung in Anlehnung an Scherenberg 2015: 257.

Beispiel für mitarbeiterspezifische Kriterien und Indikatoren	
Kriterien	vergleichbare Indikatoren
Mitarbeiterzufriedenheit und Mitarbeitermotivation	Fluktuationsquote (Verhältnis Anzahl ausgeschiedener Mitarbeiter und ersetzter Mitarbeiter), durchschnittliche Zugehörigkeit zur Institution in Jahren, Lohn- und Gehaltskosten pro Teilnehmer, Beteiligungsquote/Umsetzungsquote, Vorschlagswesen pro Mitarbeiter, Konfliktquote (Anzahl Klagen pro (Ex-)Mitarbeiter), Anteil Mitarbeiter im direkten Teilnehmerkontakt
Personalentwicklung	Mitarbeiterqualifizierung (Anzahl Weiterbildungsmaßnahmen pro Mitarbeiter/Ebene)
Arbeitsablaufstabilität	Fehlzeitenquote (Verhältnis zwischen ausgefallener Arbeitszahl und dispositiver Arbeitszeit)
Personalwachstum	Prozentuale Zu- und Abnahme des Personalbestands

[4] Institutionelle Aspekte

Auch die institutionellen Aspekte, die betrachtet werden können, sind vielfältig: angefangen von Indikatoren wie Marktanteil, Marktabdeckung oder bspw. die Höhe sogenannter Transaktionskosten (z. B. Verwaltungskosten). Dabei reduzieren sich Verwaltungskosten nicht auf personelle Verwaltungskosten (Löhne und Gehälter, Weiterbildungskosten), sondern inkludieren alle sachlichen Verwaltungskosten (Geschäftsbedarf, Bewirtung und Unterhaltung von Grundstücken, Abschreibungen etc.). Verwaltungskosten können stark variieren und von unterschiedlichen Faktoren beeinflusst werden. So können hohe Verwaltungs- und Steuerungsaufwendungen insbesondere bei starken Wechselbewegungen der Teilnehmer (z. B. bei Teilnehmerunzufriedenheit) entstehen. Akteure, die onlinebasierte Interventionen anbieten, profitieren dahingehend, dass keine hohen Kosten für Miete oder Personal etc. entstehen. Indes kann eine besonderes Engagement im Bereich der Produktentwicklung (z. B. Gesundheits-Apps) bei First Movern (→ Kapitel 5.4) die Verwaltungskosten in die Höhe treiben. Damit wird deutlich, dass die Verwaltungskostenhöhe je Teilnehmer wenig über die Effizienz selbst aussagt. Aus diesem Grund ist es sinnvoll, Verwaltungsaufwände differenziert und zukunftsorientiert zu betrachten.

Tab. 33: Beispiele für teilnehmerspezifische Kriterien und Indikatoren
Quelle: Eigene Darstellung in Anlehnung an Scherenberg 2015: 259.

Beispiel für institutionelle Kriterien und Indikatoren	
Kriterien	Vergleichbare Indikatoren
Teilnehmerstruktur	Leistungsausgaben pro Teilnehmer, durchschnittliches Alter und Geschlechtsverteilung
Annäherungswerte **Effizienz und Effektivität**	persönliche Verwaltungskosten (pro Teilnehmer), sachliche Verwaltungskosten (pro Teilnehmer) ▪ Werbungskosten pro Teilnehmer ▪ Präventionskosten pro Teilnehmer, Betreuungsaufwand pro Teilnehmer/Mitglied, durchschnittliche Einnahme-/Ausgaberelation

Die angeführten Kriterien und Indikatoren dienen lediglich dazu, einen beispielhaften Einblick zu gewähren. Denn Indikatoren müssen individuell auf jedes Projekt neu zugeschnitten werden. Insbesondere wenn es um Onlineinterventionen geht, müssen in Abhängigkeit vom jeweiligen Medium (Internetseite, Gesundheits-App oder Social-Media-Plattformen) eine Vielzahl an weiteren Indikatoren (z. B. Click-Rate, Anzahl an Followern, Likes, Weiterempfehlungsraten) betrachtet werden. Für Internetanalysen, Social-Media-Analysen oder App-Analysen stehen unterschiedliche kostenlose Instrumentarien zur Verfügung. Zwingend erforderlich ist, dass Erkenntnisse von Kontrollbemühungen nach dem Closed-Loop-Ansatz in spätere Planungsprozesse integriert werden. Dabei werden Maßnahmen im Bereich der Marketingkontrolle oft durch ein operatives Marketing-Audit ergänzt. Bei einem operativen **Marketing-Audit** wird regelmäßig (z. B. einmal pro Jahr) geprüft, ob die aufgestellten Ziele noch verfolgt werden (vgl. Kreutzer 2017: 441). Auf diese Weise können sowohl Fehlentwicklungen frühzeitig erkannt als auch auf veränderte Umweltentwicklungen reagiert werden (vgl. Nieschlag et al. 2002: 1167). Damit haben Marketing-Auditierungen einen noch stärken Feedback-forward-Charakter als Maßnahmen im Bereich der Marketingkontrolle. In der → Tab. 34 sind zum besseren Verständnis beispielhaft Fragen eines Marketingmix-Audits aufgeführt.

Tab. 34: Ausgewählte Fragen eines Marketingmix-Audits
Quelle: Eigene Darstellung in Anlehnung an Kreutzer 2017: 441.

Produktpolitik	▪ In welchem Ausmaß deckt die präventive Intervention die Erwartungshaltung der Teilnehmer ab? ▪ Weist die präventive Intervention ausreichend aufklärende und motivierende Komponenten auf?
Preispolitik	▪ Sind die Konditionen ausreichend transparent für die Teilnehmer? ▪ Wird eine Preisdifferenzierung angeboten, um unterschiedliche Zielgruppen für die Intervention zu gewinnen? ▪ Welche Wirkungen haben Preisänderungen auf die Teilnehmernachfrage?
Distributionspolitik	▪ Welche Potenziale in einzelnen Kanälen wurden bisher nicht ausgeschöpft? ▪ Werden die Synergien zwischen den einzelnen Kanälen genutzt? ▪ Bietet das Multi-Channel-Konzept für Teilnehmer spezifische Vorteile? ▪ Stellen integrierte Anreizsysteme eine hohe Teilnehmergewinnung und -bindung sicher?
Kommunikationspolitik	▪ Ist die Off- und Onlinekommunikation umfassend miteinander vernetzt? ▪ Werden Kommentare in sozialen Medien schnell erkannt und beantwortet? ▪ Werden die Daten- und Informationsgrundlagen für die Teilnehmeransprache regelmäßig geprüft? ▪ Wird die Teilnehmeransprache vor dem Hintergrund einer Verhaltensmotivierung konzipiert?

Marketing-Audits können sich grundsätzlich auf alle angestrebten Ziele konzentrieren. Eine spezifische Form des Marketingmix-Audits stellt das Produkt-Marken-Audit dar (vgl. Kreutzer 2017: 442). Das Produkt-Marken-Audit steht in einem sehr engen Zusammenhang mit der letztlichen präventiven Zielsetzung der jeweiligen Intervention, da bei dieser Form des Audits insbesondere die Emotionen und Motive im Fokus stehen. Dies ist von besonderer Bedeutung, da Emotionen und Motive als Schlüssel für die gesundheitliche Verhaltensänderung angesehen werden können (siehe → Kapitel 3.4.1 und 3.4.2).

Tab. 35: Ausgewählte Fragen eines Produkt-Marken-Audits
Quelle: Eigene Darstellung in Anlehnung an Kreutzer 2017: 441 und Schleier/Held 2013: 172ff.

Motivanalyse	▢ Welche Emotionen / Motive sind innerhalb der Präventionsintervention angelegt? ▢ Welche Emotionen / Motive werden von bestehenden Angeboten angesprochen? ▢ Heben sich die angesprochenen Emotionen / Motive glaubhaft vom bestehenden Angeboten ab? ▢ Tragen die ausgewählten Emotionen / Motive langfristig zum Aufbau einer überzeugenden Markenpositionierung bei?
Produktanalyse	▢ Kann die Präventionsintervention die gewählten Emotionen / Motive glaubhaft bedienen? ▢ Welche vorhandenen Präventionskomponenten und Features könnten die Ansprach der gewünschten Emotionen und Motive noch verstärken? ▢ Über welche Eigenschaften kann eine Differenzierung vom Wettbewerb erfolgen?
Markenanalyse	▢ Welche der in der Dienstleistung angelegten Emotionen und Motive werden von der Marke angesprochen bzw. sollen von dieser angesprochen werden? ▢ Welche (Risiko-)Zielgruppen sind aufgrund der in der Marke bzw. der Präventionsintervention angelegten Emotionen und Motiven zu fokussieren? ▢ Welche Zielgruppen werden von den bestehenden Angeboten angesprochen? ▢ Durch welche expliziten und impliziten Codes (Sprache, Symbole, Geschichte, Sensorik) können die definierten Emotionen und Motive angesprochen werden? ▢ Ermöglichen die gewählten Codes in ihrer Gesamtheit einen konsistenten Auftritt? ▢ Differenzieren die eingesetzten Codes im Wettbewerbsumfeld und kontrastieren zu anderen Auftritten? ▢ Wird an allen Markenkontaktpunkten ein stimmiger Auftritt zur Untermauerung der definierten Emotionen und Motive erreicht? ▢ Werden möglichst viele Sinne gleichzeitig mit konsistenten Botschaften angesprochen?

✳ Zusammenfassung

Für den langfristigen Erfolg von Präventionsinterventionen ist die Qualitätssicherung entscheidend. Die Berücksichtigung bestehender Good-practice-Kriterien und ein Blick auf erfolgreiche Best-practice-Projekte hilft, bewährte Qualitätsstandards von Anfang an hoch zu halten. Dabei darf sich die Sicherung der Qualität nicht auf die Ergebnisqualität (Output- und Outcome-Qualität) beschränken, sondern muss alle Qualitätsdimensionen (Strukturqualität, Kontext- und Inputqualität sowie Prozess- und Durchführungsqualität) berücksichtigen. Denn die Berücksichtigung bestehender (medizinischer) Leitlinien ist ebenso bedeutend wie die Integration eines interdispliären Teams und Betroffener für die Ergebnisqualität. Die Wirksamkeit von Präventionsinterventionen wird mithilfe von summativen und formativen Evaluationen, die Wirksamkeit von Marketingmaßnahmen durch ergebnisorientierte Feedforward-Kontrolle und Feedback-Kontrolle während und nach dem Projektablauf gesichert. Nachlaufende und vorlaufende Indikatoren ermöglichen es, den Erfolg und Misserfolg frühzeitig abzuschätzen und korrigierende Maßnahmen zu ergreifen. Mithilfe des Marketing-Audits werden Faktoren identifiziert, die dem Marketingplanungssystem dienen und damit eine zukunftsorientierte Funktion zur Optimierung der Marketingmaßnahmen einnehmen.

✳ Wichtige Schlagwörter

Qualitätssicherung, Qualitätskriterien, formative Evaluation, summative Evaluation, Selbstevaluation, Fremdevaluation, Marketingkontrolle, Forward-Kontrolle, Feedback-Kontrolle, Indikatoren, Kennzahlen, Marketing-Audits

✳ Wiederholungsfragen

[1] Warum sollten Good-practice-Kriterien nicht nur bei Präventionsinterventionen für sozial benachteiligte Zielgruppen Anwendung finden?

[2] Wann kommt die formative und summative Evaluation zur Anwendung?

[3] Ist die Effektivität wichtiger als Effizienz eines Projektes und wenn warum?

[4] Welche Bedeutung haben Spät- und Frühindikatoren bei Marketingmaßnahmen und warum sollte Spätindikatoren eine besondere Aufmerksamkeit geschenkt werden?

[5] Warum sind Fragen eines Produkt-Marken-Audits für Maßnahmen des Präventionsmarketings besonders wichtig?

✳ Literaturempfehlungen

Döring N, Bortz J (2016). Forschungsmethoden und Evaluation in den Human- und Sozialwissenschaftler. 5. Auflage, Berlin/Heidelberg: Springer Verlag.

Kolip P, Ackermann G, Ruckstuhl B, Studer H (2012). Gesundheitsförderung mit System: quint-essenz – Qualitätsentwicklung in Projekten der Gesundheitsförderung und Prävention. Bern: Hans Huber Verlag.

Landesinstitut für Gesundheit und Arbeit (LIGA.NRW) (2011). Qualitätsinstrumente in Prävention und Gesundheitsförderung. Ein Leitfaden für Praktiker in Nordrhein-Westfalen (LIGA.Praxis 8). URL: http://www.lzg.nrw.de/_media/pdf/liga-praxis/liga-praxis_8_qualitaetswegweiser.pdf, [Stand 02.01.2017].

9 Planung: Checkliste

✱ Lernziele

In diesem Kapitel erhalten Sie zu den bereits implementierten Fragekatalogen in den einzelnen Kapiteln eine zentrale Checkliste an die Hand, die Ihnen dabei hilft

- Marketingmaßnahmen für Präventionsinterventionen systematisch zu planen, umzusetzen und zu evaluieren und
- innerhalb eines Präventionsmarketingprojektes reflektiert und strukturiert vorzugehen.

Mit der Checkliste soll eine praxisorientierte, weiterführende Hilfestellung für die Entwicklung von Projekten im Bereich des Präventionsmarketings gegeben werden. Die Basis für die operative Planung stellt die Festlegung der strategischen Positionierung dar.

[1] Strategische Positionierung (→ Kapitel 5)

Zu Beginn eines Marketingprojektes ist die IST-Situation zu prüfen, Zielgruppen, Ziele sowie die Strategien sind zu definieren. Folglich stellt die Definition des Problems der Zielgruppe sowie der inhaltlichen Ausrichtung die Basis der strategischen Planung dar. Mithilfe einer Wettbewerbsanalyse sollte abgeklärt werden, welche Projekte bereits existieren und wer unmittelbare Wettbewerber sind. Ebenso sind rechtliche Rahmenbedingungen zu berücksichtigen. Auf dieser Basis werden weitere Schritte zur konkreten Planung, Umsetzung, Vermarktung und Kontrolle festgelegt.

[a] Situationsanalyse (→ Kapitel 5.1)

- Wurde eine fundierte Umfelds-, Markt-, Wettbewerbs- und Ressourcenanalyse als Grundlage durchgeführt?
- Welche Stärken/Schwächen und welche Chancen/Risiken liegen vor und treffen aufeinander?
- Liegen fundierte Daten über die potenziellen Teilnehmer vor (Motive, Bedürfnisse, epidemiologischer Hintergrund, Präventionspotenzial)?

[b] Alleinstellungsmerkmal (→ Kapitel 5.2)

- Mit welchen USP (Alleinstellungsmerkmal) soll sich – aufgrund der eingehenden Analyse – das Projekt von anderen Projekten abheben, um einen gesundheitsförderlichen oder präventiven Mehrwert zu generieren?
- Wie hebt sich die Kommunikation ab (UCP)?

[c] Zielgruppen- und Marktsegmentierung (→ Kapitel 5.3)

- Wie und für wen soll die präventive Intervention ausgerichtet werden?
  - ☐ universell (breite Öffentlichkeit ohne Zielgruppenfokus, z. B. Kinder- und Jugendliche allgemein, Bevölkerung allgemein)
  - ☐ selektiv (mit Zielgruppenfokus ohne Krankheitsbild, z. B. Kinder suchtkranker Eltern, übergewichtige Kinder, Raucher)
  - ☐ indiziert (mit Zielgruppenfokus mit ersten Vorstufen einer Erkrankung, z. B. adipöse Kinder und Jugendliche, Asthmatiker, Diabetiker)
- Welche Zielgruppe wird genau anvisiert (z. B. spezifische Risikogruppen oder Multiplikatoren der Risikogruppen) und nach welchen zielgruppenspezifischen Merkmalen soll die Zielgruppe segmentiert werden?
  - ☐ Geschlecht
  - ☐ Alter
  - ☐ soziokultureller Hintergrund
  - ☐ Sonstiges

[d] Marketingziele und -strategien (→ Kapitel 5.4)

- Welche präventive Herausforderung soll mithilfe des Marketingprojektes gelöst werden?
- Auf welche präventiven Handlungsfelder soll die Intervention ausgerichtet werden?
- Was sind marketingstrategische und präventive Ziele (qualitative und quantitative; kurz-, mittel- und langfristig)?
- Wie sollten die Ziele überprüft werden?

[2] Operative Umsetzung (→ Kapitel 7)

Nachdem die Zielgruppe, deren Bedürfnisse, Zugangswege sowie die Zielsetzung und Finanzierungsmöglichkeiten definiert wurden, wird im nächsten Schritt die konkrete Planung, Umsetzung und Vermarktung festgelegt. Neben der Planung werden konkrete Inhalte inklusive der didaktischen Vorgehensweise und Designaspekte, unter Berücksichtigung der anvisierten Zielgruppe definiert. Um den Erfolg des Projektes sicherzustellen, sollten entsprechende Evaluationsmaßnahmen bestimmt und durchgeführt werden.

[a] Leistungs- und Produktpolitik (→ Kapitel 7.1.1)

- Welche Präventionsintervention soll angeboten werden, in welcher Breite und Tiefe?
- Welche Kernelemente und Zusatzelemente beinhaltet das Angebot?
- Welche thematischen Schwerpunkte soll die Präventionsintervention abdecken?
  - ☐ körperliche Gesundheit
  - ☐ psychische Gesundheit
  - ☐ soziale Gesundheit
  - ☐ Gesundheitsförderung (Ressourcenstärkung)
  - ☐ Verhaltensprävention
    - ☐ Ernährung
    - ☐ Bewegung
    - ☐ Sucht
    - ☐ Stress
  - ☐ Verhältnisprävention
  - ☐ Sonstiges
- Welche genauen Inhalte sollen mit welcher Zielsetzung integriert bzw. vermittelt werden?
- Welche einzelnen Bestandteile sollte die Präventionsintervention aufweisen (z. B. Vermittlungsformen, didaktischen Elemente)?
  - ☐ Edutainment (z. B. Gesundheitskurse)
  - ☐ Infotainment (z. B. Selbsttest)
  - ☐ Servotainment (z. B. Podcast)
  - ☐ Gamifizierung (z. B. Spiele)
  - ☐ Sonstige

[b] Prozesspolitik (→ Kapitel 7.1.2)

▨ Welchen motivationsfördernden Maßnahmen (z. B. Lernstatus, Erfolgsmeldungen, Newsletter, Tipps, automatische Erinnerung) planen Sie für den kurz- und langfristigen Erfolg (Traffic, Verhaltensänderung) ein?

▨ Werden die motivationsfördernden Maßnahmen an die Phasen einer möglichen Verhaltensänderung (TTM etc.) angepasst?

[c] Preispolitik (→ Kapitel 7.1.3)

▨ Wie wird das Projekt finanziert (Eigenfinanzierung, Fremdfinanzierung, Kooperation etc.)?

▨ Zu welchem Preis wird die Intervention angeboten? Und welche Rabatte etc. werden ggf. gewährt?

▨ Werden bei der eDistribution die im → Kapitel 7.1.3 beschriebenen Faktoren berücksichtigt bzw. Fragen beantwortet?

[d] Distributionspolitik (→ Kapitel 7.1.4)

▨ Werden bei der Definition der Übermittlung der Dienstleistung neben direkten auch indirekte Distributionswege berücksichtigt?

▨ Berücksichtigt die Definition der Übermittlung der Dienstleistung auch wichtige Mulitplikatoren und Meinungsbildner?

[e] Kommunikationspolitik (→ Kapitel 7.1.5)

▨ Über welche Medien soll (warum) die Zielgruppe primär erreicht werden?
   ☐ klassische Medien (Fernsehen, Radio, Tageszeitung, Zeitschriften, Plakatwerbung etc.)
   ☐ Neue Medien (Internetseite, Apps, Podcasts, Mikroblogs, Videos, Soziale Netzwerke etc.)

▨ Welche Möglichkeit der Dialogaufnahme wird der Zielgruppe angeboten? An welche Intention (Beratung, Service etc.) wird diese verknüpft?
   ☐ asynchron/zeitversetzt (z. B. Newsletter, E-Mail, Twitter)
   ☐ synchron/zeitgleich (z. B. Chat)
   ☐ Sonstiges

▨ Welche motivationsfördernden Maßnahmen (z. B. Lernstatus, Erfolgsmeldungen, automatische Erinnerungen) werden integriert?

▨ Welche Sprache bzw. welches Sprachniveau wird entsprechend der definierten Zielgruppe (z. B. Kinder) verwendet?

▨ Liegen eindeutige Datenschutzerklärungen zur individualisierten Zielgruppenansprache vor?

▨ Werden gültige Datenschutzrichtlinien (entsprechend des Telemedien- und Bundesdatenschutzgesetzes) berücksichtigt?

▨ Welche benutzerfreundlichen und niedrigschwelligen Aspekte müssen hinsichtlich des Designs und der jeweiligen Zielgruppenbedürfnisse berücksichtigt werden?

[3] Branding (→ Kapitel 7.2)

Ein weiterer wichtiger Bestandteil der operativen Marketingumsetzung stellt die Marketingbildung dar, denn Marken tragen zur kognitiven Entlastung bei und können das Verhalten beeinflussen. Um die Mission, die Vision und die Werte der Präventionsintervention transportieren zu können, müssen Marken mittels Text, Bild, Formen und Farben gestaltet und emotional aufgeladen werden. Hilfreich sind zudem die in → Tab. 35 dargestellten Fragen.

▨ Besteht ein prägnanter und einprägsamer Name bzw. Slogan für das Präventionsprojekt?

▨ Wurde die Innen- und Außensicht bei der Definition berücksichtigt (Pretest)?

▨ Verbinden potenzielle Teilnehmer positive Assoziationen mit der Marke?

▨ Werden Laien- oder Experten-Testimonials einbezogen und welche Ziele sind mit dem Einsatz verbunden?

▨ Wurde die Markenfähigkeit des Namens geprüft und rechtlich beim Deutschen Patent- und Markenamt geschützt (Wort-Bild-Marke)?

▨ Wurde eine Domain für die Marke gewählt und gesichert?

[4] Qualitätssicherung, Evaluation und Kontrolle (→ Kapitel 8.2)

Um den Erfolg des präventiven Projektes dauerhaft sicherzustellen, sollten frühzeitig Methoden zur Qualitätssicherung sowie Evaluationsmaßnahmen definiert und durchführt werden. Die Qualitätssicherung, Evaluation und Kontrolle trägt über den gesamten Entwicklungs- und Umsetzungsprozess hinweg entscheidend zur Erfolgssicherung des Projektes bei.

[a] Qualitätssicherung (→ Kapitel 8.2)

▨ Aus welchen Fachdisziplinen (Medizin, Gesundheitswissenschaften, Pädagogik, Informatik, Psychologie, Recht etc.) werden Experten aufgrund des jeweiligen Schwerpunktes beteiligt?

- Welche internen Abteilungen (Gesundheitsmanagement, Marketingabteilung etc.) sollten einbezogen werden?
- Sind Maßnahmen (z. B. Integration von Betroffenen und Multiplikatoren, Akzeptanztest) für eine frühe Einbindung der Zielgruppe geplant? Wenn ja, wen binden Sie in Ihrem Fall genau ein und warum?
- Wird die Partizipation beachtet (Einbeziehung von Betroffenen/Selbsthilfe)?
- Wie wird die inhaltliche Qualität garantiert (z. B. evidenzbasierte Informationen) und diese seriös nach außen transparent gemacht?
- Wie wird die Qualität der Intervention vor, während und nach der Einführung gesichert?

[b] Evaluationen von Präventionsinterventionen (→ Kapitel 8.3)

Evaluationen sind unabdingbar, um Präventionsinterventionen optimieren zu können und um dessen Existenz gegenüber Dritten rechtfertigen zu können.

- Werden die Zeitpunkte für eine Evaluation definiert, um die Präventionsintervention optimieren und rechtfertigen zu können?
- Werden Evaluationen durchgeführt und welche passenden Methoden werden gewählt?
- Welche Konsequenzen werden aus den Evaluationen gezogen?

[c] Kontrolle von Marketingmaßnahmen (→ Kapitel 8.4)

Neben der Evaluation der Präventionsintervention und der damit verbundenen Erkenntnisse hinsichtlich der Akzeptanz, der Verhaltensänderung sowie der gesundheitlichen Effekte sollten alle Marketingmaßnahmen kontrolliert werden, um Optimierungen vornehmen zu können.

- Wird vorab genau festgelegt, wie und wann die Kontrolle der einzelnen Marketingmaßnahmen erfolgen soll?
- Mit welchen genauen Kennzahlen wird der Erfolg des Projektes überprüft und warum? Wurde die Sinnhaftigkeit der ausgewählten Kennzahlen hinterfragt?
- Wird ein Marketing-Audit durchgeführt?
- Welche Form des Marketing-Audits wird gewählt und wird von wem und zu welchem Zeitpunkt durchgeführt?

Literaturverzeichnis

AGdSvGKV (2010). Leitfaden Prävention Handlungsfelder und Kriterien des GKV-Spitzenverbandes zur Umsetzung von §§ 20 und 20a SGB V vom 21. Juni 2000 in der Fassung vom 27. August 2010. URL: https://www.zentrale-pruefstelle-praevention.de/admin/download.php?dl= leitfaden, [Stand 18.06.2017].

Ahlert D, Hesse J (2002). Relationship Management im Beziehungsnetz zwischen Hersteller, Händler und Verbraucher. In: Ahlert D, Becker J, Knackstedt R, Wunderlich M (Hrsg.): Customer Relationship Management im Handel: Strategien – Konzepte – Erfahrungen. Berlin et al: Springer Verlag, S. 3–30.

Aiello LC, Wheeler P (1995). The expensive-tissue hypothesis: The brain and the digestive system in *human* and primate evolution. Current Anthropology, Vol. 36, No. 2, S. 199–221.

Altgeld T (2008). Stellungnahme anlässlich der öffentlichen Anhörung der Anträge der Fraktion BÜNDNIS 90/DIE GRÜNEN (BT-Drs. 16/7284), der Fraktion DIE LINKE (BT-Drs. 16/7471) und der FDP-Fraktion (BT-Drs. 16/8751) Thema: „Stärkung der Prävention in Deutschland", Ausschussdrucksache 16(14)0392 (24). URL: http://www.bundestag.de/ ausschuesse/a14/anhoerungen/089/stllg/Altgeld.pdf, [Stand 18.06.2017].

Altgeld T (2012). Prävention – eine Spielwiese für Einzelaktivitäten für heterogene Akteure? In: GGW 12, 2/12, S. 7–15.

Altgeld T, Kickbusch I (2012). Gesundheitsförderung. In: Schwartz FW, Badura B, Busse R, Leidl R, Raspe H, Siegrist J, Walter U (Hrsg.): Public Health - Gesundheit und Gesundheitswesen, Ausgabe. 3. Auflage. München/Jena: Urban & Fischer Verlag, S. 187–195.

Altgeld T, Kolip P (2006). Geschlechtergerechte Gesundheitsförderung und Prävention: Ein Beitrag zur Qualitätsverbesserung im Gesundheitswesen. In: Kolip P, Altgeld T (Hrsg.): Geschlechtergerechte Gesundheitsförderung und Prävention - Theoretische Grundlagen und Modelle guter Praxis. Weinheim/München: Juventa Verlag, S. 15–26.

Altgeld T, Kolip P (2010). Konzepte und Strategien der Gesundheitsförderung. In: Hurrelmann K, Klotz T, Haisch J (Hrsg.): Lehrbuch Prävention und Gesundheitsförderung. 3. Auflage, Bern: Hans Huber Verlag, S. 45–58.

Angermeier G (2005). Projektmanagement-Lexikon auf CD. München: Projekt Magazin.

Ansoff HI (1965). Corporate strategy: an analytic approach to business policy for growth and expansion. New York: McGraw-Hill.

Ansoff HI (1966). Management-Strategien. München: Moderne Industrie.

Antonovsky A (1997). Salutogenese. Zur Entmystifizierung der Gesundheit. Tübingen: dgvt-Verlag.

Antonowsky A (1993). Gesundheitsforschung versus Krankheitsforschung. In: Franke A, Broda M (Hrsg.): Psychosomatische Gesundheit: Versuch der Abkehr vom Pathogenese-Konzept. Thüringen: dgvt-Verlag, S. 3–14.

Aufenanger S (1999). Lernen mit den neuen Medien – Perspektiven für Erziehung und Unterricht. In: Gogolin I, Lenzen D (Hrsg.): Medien-Generation. Beiträge zum 16. Kongress der Deutschen Gesellschaft für Erziehungswissenschaft. Opladen: Leske/Budrich, S. 61–76.

AWMF (2015). S3-Leitlinie „Screening, Diagnostik und Behandlung des schädlichen und abhängigen Tabakkonsums". URL: http://www.awmf.org/uploads/tx_szleitlinien/076006l_S3_Tabak_2015-02.pdf, [Stand 18.06.2017].

Bamberger GG (2005). Lösungsorientierte Beratung. 3. Auflage, Weinheim/Basel: Beltz Verlag.

Bandura A (1997). Exercise of personal an collective effiacy in changing societies. In: Bandura A (Hrsg.): Self-Efficacy in Changing Societies, Cambridge et al.: Cambridge University Press, S. 1–45.

Bandura A (2002). Social Cognitive Theory of Mass Communication. In: Bryant J, Zillmann (Hrsg.): Media Effects: Advances in Theory and Research. 2. Auflage, Lawrence Erlbaum Associates Inc., New Jersey, S. 121–153.

Bardehle D, Annuß R (2012). Gesundheitsberichterstattung. In: Hurrelmann K, Razum O (Hrsg.): Handbuch der Gesundheitswissenschaften. 5. Auflage, Weinheim/Basel: Beltz, S. 403–440.

Bauch J (1996). Gesundheit als sozialer Code – Von der Vergesellschaftung des Gesundheitswesens zur Medikalisierung der Gesellschaft. Weinheim/München: Juventa Verlag.

Bauer U (2005). Das Präventionsdilemma – Potenziale schulischer Kompetenzförderung im Spiegel sozialer Polarisierung. Wiesbaden: VS Verlag für Sozialwissenschaften.

Baumgarth C (2003). Wirkungen des Co-Brandings: Erkenntnisse durch Mastertechnikpluralismus. Wiesbaden: Deutscher Universitätsverlag.

Becker J (1998). Marketing-Konzeption. Grundlagen des strategischen und operativen Marketing-Managements. 6. Auflage, München: Verlag Franz Vahlen.

Becker J (2001). Marketingkonzeption. Grundlagen des ziel-strategischen und operativen Marketing-Management. 7. Auflage, München: Verlag Franz Vahlen.

Berekoven L, Eckert W, Ellenrieder P (2006). Marktforschung – Methodische Grundlagen und praktische Anwendung. 11. Auflage, Wiesbaden: Springer Verlag.

Berekoven L, Eckert W, Ellenrieder P (2009). Marktforschung. Methodische Grundlagen und praktische Anwendung. 12. Auflage, Wiesbaden: Springer Verlag.

Bergmann K (2000). Der verunsicherte Verbraucher – Neue Ansätze zur unternehmerischen Informationsstrategie in der Lebensmittelbranche, Schriftreihe herausgegeben von der Dr. Rainer Wild-Stiftung, Berlin et al.: Springer Verlag.

Bieberstein I (2001). Dienstleistungs-Marketing. 3. Auflage, Ludwigshafen: Kiehl Verlag.

Blättner B (1998). Gesundheit lässt sich nicht lehren Professionelles Handeln von KursleiterInnen in der Gesundheitsbildung aus systemisch-konstruktivistischer Sicht. URL: https://www.die-bonn.de/esprid/dokumente/doc-1998/blaettner98_01.pdf, [Stand 17.04. 2017].

Blümel S (2011). Akteure, Angebote und Strukturen. URL: http://www.leitbegriffe.bzga.de/bot_angebote_idx-184.html, [Stand 02.01.2017].

BMWI (2007). Wissenschaftlicher Beirat legt Brief zum „Gesundheitsreformgesetz" vor, Pressemeldung vom 30.01.2007. URL: http://www.bmwi.de/BMWi/Redaktion/PDF/W/wissenschaftlicher-beirat-legt-brief-zum_20-gesundheitsreformgesetz-vor-pm,property=pdf,bereich=bmwi,sprache=de,rwb=true.pdf, [Stand 18.06.2017].

Böing C, Huber AD (2003). Markenmanagement im Multikanalvertrieb – identitätsorientierte Markenführung über alle Absatzkanäle. In: Ahlert D, Hesse J, Jullens J, Smend P (Hrsg.): Multikanalstrategien. Konzepte, Methoden und Erfahrungen: Herausforderungen an die Distributionspolitik von Unternehmen. Wiesbaden: Gabler Verlag, S. 67–90.

Bortz J, Döring N (2006). Forschungsmethoden und Evaluation für Human- und Sozialwissenschaftler. 4. Auflage, Berlin/Heidelberg: Springer Verlag.

Bredrup H (1995). Performance Measurement. In: Rolstadas A (Hrsg.): Performance Management – A Business Process Benchmarking Approach. Boston: Kluwer Academic Publishers, S. 169–190.

Bruhn M (1998). Wirtschaftlichkeit des Qualitätsmanagements: Qualitätscontrolling für Dienstleistungen. Berlin et al.: Springer Verlag.

Bruhn M (2003). Kommunikationspolitik – Systematischer Einsatz der Kommunikation für Unternehmen. 2. Auflage, München: Vahlen Verlag.

Bruhn M (2004). Marketingübungen. 2. Auflage, Wiesbaden: Gabler Verlag.

Bruhn M (2006). Zufriedenheits- und Kundenbindungsmanagement. In: Hippner H, Wilde KD (Hrsg.): Grundlagen des CRM - Konzept und Gestaltung. 2. Auflage, Wiesbaden: Gabler Verlag, S. 509–539.

Bruhn M (2016). Konzepte der Integrierten Marketing- und Unternehmens-
kommunikation: Übersicht und kritische Würdigung. In: Bruhn M, Esch FR,
Langner T (Hrsg.): Handbuch strategische Kommunikation: Grundsätze - Innovative Ansätze - Praktische Umsetzung. 2. Auflage, Wiesbaden: Springer
Verlag, S. 75–100.

Bruhn M (2016). Marketing – Grundlagen für Studium und Praxis. Wiesbaden:
Springer Verlag.

Brunstein, J (2006). Implizierte und explizierte Motive. In: Heckhausen J, Heckhausen H (Hrsg.): Motivation und Handeln. 3. Auflage, Heidelberg: Springer
Medizin Verlag, S. 235–253.

Bucher M, Hänsler K, Schiffelholz R, Uhrich M, Waßmer M (2016). Grundlagen. In:
Bucher M, Hänsler K, Schiffelholz R, Uhrich M, Waßmer M (Hrsg.): Erfolg-
reicher Einstieg ins professionelle E-Mail-Marketing - Wirkungsvolle E-Mail-
Kampagnen selbst erstellen. Wiesbaden: Springer Verlag, S. 1–32.

Buchli H (1962). 6000 Jahre Werbung: Altertum und Mittelalter. Berlin/New
York: de Gruyter.

Bundesministerium für Gesundheit (2007). gesundheitsziele.de – Maßnahmen des
Bundesministeriums für Gesundheit zur Umsetzung der nationalen Gesundheitsziele, Informationsbericht zur Veranstaltung vom 10.09.2007, „Gemeinsam Zukunft gestalten – Gesundheitsziele konkret!".
URL: http:// www.gesundheitsziele.de/, [Stand 17.04. 2017].

Bundesministerium für Inneres (2008). Migrationsbericht 2008. URL:
http://www.bmi.bund.de/cae/servlet/contentblob/876734/publicationFile/5
5172/Migrationsbericht_2008_de.pdf, [Stand 02.01.2017].

Bundesministerium für Wirtschaft (Hrsg.) (2015). Gesundheitswirtschaft: Fakten und
Zahlen, Ausgabe 2014. URL: http://www.bmwi.de/ Redakti-
on/DE/Publikationen/Wirtschaft/gesundheitswirtschaft.pdf?__blob= publi-
cationFile&v=3, [Stand 18.06.2017].

Bundesministerium für Wirtschaft und Energie (BMWi) (2014). Gesundheitswirtschaft.
URL: https://www.bmwi.de/BMWi/Redaktion/PDF/Publikationen/gesund-
heitswirtschaft,property=pdf,bereich=bmwi2012, sprache=de,rwb=true.pdf,
[Stand 18.06.2017].

Bundesministerium für Wirtschaft und Innovation (2013). Vom Gesundheitssatellitenkonto zur Gesundheitswirtschaftlichen Gesamtrechnung. URL: http://
www.bmwi.de/BMWi/Redaktion/PDF/Publikationen/gesundheitssatellitenk
onto-zur-gesundheitswirtschaftlichengesamtrechnung,property=pdf, be-
reich=bmwi2012,sprache =de, rwb=true.pdf, *[Stand 18.06.2017].*

Burmann C (2005). Strategisches Management von Ad-hoc-Krisen durch identi-
tätsbasierte Markenführung. In: Burmann C, Freiling J, Hülsmann M (Hrsg.):

Management von Ad-hoc-Risiken: Grundlagen – Strategien – Erfolgsfaktoren. Wiesbaden: Gabler Verlag, S. 359–375.

Busch R, Dögl R, Unger F (2013). Integriertes Marketing. 3. Auflage, Wiesbaden: Springer Verlag.

Busch R, Fuchs W, Unger F (2008). Integriertes Marketing: Strategie – Organisation – Instrumente. 4. Auflage, Wiesbaden: Gaber Verlag.

Büttgen M (2002). Kundengerechte Gestaltung von Dienstleistungsprozessen. In: Bruhn M, Strauss B (Hrsg.): Dienstleistungsmanagement Jahrbuch 2001. Interaktion im Dienstleistungsbereich. Wiesbaden: Gabler Verlag, S. 143–166.

Cao ZB (2015). Physical Activity Level and Physical Sedentary Behavior Research. In: Oshima S, Cao ZB, Oka K (Hrsg.): Physical Activity Exercise, Sedentary Behavior and Health. Tokyo et al.: Springer Japan, S. 3–16.

Ceyp M, Scupin JP (2013). Erfolgreiches Social Media Marketing: Konzepte, Maßnahmen und Praxisbeispiele, Wiesbaden: Springer Verlag.

Chapman LS (2005). Meta-evaluation of Worksite Health Promotion. Economic Return Studies: 2005 Update. In: American Journal of Health Promotion. The Art of Health Promotion, Juli/August: S. 1–11.

Collins DJ, Montgomery C (1995). Competing on Resources: Strategy in the 1990er. In: Harvard Business Review, Vol. 73, S. 118–128.

Cone Communication (2015). Cone Communications Millennial CSR Study 2015. URL: http://www.conecomm.com/2015-cone-communications-millennial-csr-study-pdf, [Stand 18.06.2017].

Cornelssen I, Schmitz C (2008). Chancen und Risiken des Internets der Zukunft aus Sicht von Menschen mit Behinderungen, Studienergebnisse der Aktion Mensch. URL: http://www.einfach-fuer-alle.de/studie, [Stand 18.06.2017].

Czypionka T, Schnabl A, Sigl C, Warmuth JR, Zucker B (2015). Gesundheitswirtschaft Österreich: Ein Gesundheitssatellitenkonto für Österreich (ÖGSK), Wiesbaden: Springer Verlag.

Dahm MH (1995). Strategische Marktbearbeitungsentscheidungen internationaler Markenartikelunternehmen am Beispiel Ungarns. In: Der Markt, 34(3), S. 122–132.

Damasio AR (1994). Descartes' Irrtum – Fühlen, Denken und das menschliche Gehirn. München: List Verlag.

Davenport TH (1993). Process innovation: Reengineering Work through Information Technology, Ernst & Young - Center for Information and Technology and Strategy. Boston/ Massachusetts: Harvard Business School Press.

Davies G, Chun R, da Silva R, Roper S (2002). Corporate Reputation and Competitiveness. London: Routledge Chapman & Hall.

De Houwer J, Teige-Mocigemba S, Spruyt A, Moors A (2009). Implicit measures: a normative analysis and review. In: Psychological Bulletin, 135, S. 347–368.

De Vogli R, Mistry R, Gnesotto R, Cornia GA (2005). Has the relation between income inequality and life expectancy disappeared? Evidence from Italy and top industrialised countries. In: Journal of Epidemiology and Community Health, Vol. 59, Nr. 2, S. 158–162.

Deichsel A (2004). Markensoziologie. Frankfurt am Main: Deutscher Fachverlag.

Deterding S, Dixon D, Khaled R, Nacke LE (2011). From Game Design Elements to Gamefulness: Defining »Gamification«. In: Mindtrek 2011 Proceedings, New York: ACM Press, S. 9–15.

Deutsche Krebshilfe (2012). Rosi hat „Schwein" gehabt – das Hautkrebsrisiko bleibt, Pressemeldung vom 13.09.2012, URL: https://idw-online.de/de /news495961?print=1&id=495961, [Stand 18.06.2017].

Deutscher Bundestag (2015). Gesetzentwurf der Bundesregierung Entwurf eines Gesetzes zur Stärkung der Gesundheitsförderung und der Prävention (Präventionsgesetz – PrävG). Drucksache 18/4282. URL: http:// www.bmg.bund.de/fileadmin/dateien/Downloads/P/Praeventionsgesetz/14 1217_Gesetzentwurf_Praeventionsgesetz.pdf, [Stand 18.06.2017].

Dichtl E, Helm R (2002). Marketing. In: Bea FX, Dichtl E, Schweizter M (Hrsg.): Allgemeine Betriebswirtschaftslehre. Bd. 3: Leistungsprozeß. 8. Auflage, Stuttgart: Lucius & Lucius Verlagsgesellschaft mbH, S. 213–286.

Dickenberger D, Gniech G, Grabitz HJ (1993). Die Theorie der psychologischen Reaktanz. In: Frey D, Irle M (Hrsg.): Theorien der Sozialpsychologie: Band 1. Kognitive Theorien: Band 1, Bern et al.: Hans Huber Verlag, S. 243–274.

DiClement R, Salazar L, Crosby R, Wingood G (2007). Interventionsstrategien. In: Kerr J, Weitkunat R, Moretti M (Hrsg.): ABC der Verhaltensänderung (Leitfaden für erfolgreiche Prävention und Gesundheitsförderung). München: Elservier GmbH, S. 206–219.

Dijksterhuis A, Maarten WB, Nordgen LF, van Baaren RB (2006). On Making the Right Choice: The Deliberation-Without-Attention Effect. In: Science, Vol. 311, No. 5763, S. 1005–1007.

Diller H (2008). Preispolitik. 4. Ausgabe, Stuttgart: Kohlhammer GmbH.

Döring N, Bortz J (2016). Forschungsmethoden und Evaluation in den Human- und Sozialwissenschaftler. 5. Auflage, Berlin/Heidelberg: Springer Verlag.

Dowse GK, Hodge AM, Zimmet PZ (1995). Paradise lost: obesity and diabetes in Pacific and Indian Oceanpopulations. In: Progress in Obesity Research 1994, eds. A Angel, et al, London: John Libbey & Co.

Droste S (2008). Informations- und Wissensmanagement. In: Perleth M, Busse R, Gerhardus A et al. (Hrsg.): Health Technology Assessment – Konzepte, Methoden, Praxis für Wissenschaft und Entscheidungsfindung. Berlin: Medizinisch *Wissenschaftliche* Verlagsgesellschaft, S. 99–133.

Drumm HJ (2004). Personalwirtschaft. 5. Auflage, Berlin et al.: Springer Verlag.

Ecarius J, Eulenbach M, Fuchs T, Walgenbach K (2011). Jugend und Sozialisation. Wiesbaden: VS Verlag für Sozialwissenschaften / Springer Verlag.

Eichenhofer E (2007). Sozialrecht. Tübingen: Mohr Siebeck Verlag.

Eisenegger M (2005). *Reputation* in der Mediengesellschaft. Wiesbaden: VS Verlag für Sozialwissenschaften.

Eisenegger M, Imhof K (2008). Funktionale, soziale und expressive Reputation. In: Röttger U (Hrsg.)*:* Theorien der Public Relations: Grundlagen und Perspektiven der PR-*Forschung.* 2. Auflage, Wiesbaden: VS Verlag für Sozialwissenschaften, S. 243–264.

Elliot AJ, Sheldon KM (1997). Avoidance Achievement Motivation: A Personal Goal Analysis. In: Journal of personality and social psychology; Vol.73, No. 1, S. 171–185.

Epp J (1986). Achieving health for all*:* A framework for *health* promotion, Ottawa National *Health,* and Welfare, Government of Canada. URL: http://kurse.fh-regensburg.de/kurs_20/kursdateien/Buch2013/ 5_Epp-Report.pdf, [Stand 18.06.2017].

Esch FR, Möll T (2004). Mensch und Marke – Neuromarketing als Zugang zur Erfassung der Wirkung von Marken. In: Gröppel-Klein A (Hrsg.): Konsumentenverhaltensforschung im 21. Jahrhunderts. Wiesbaden: DUV-Verlag, S. 67–98.

Esch FR, Möll T (2008). Emotionen pur. Welche Emotionen lösen Marken bei Konsumenten aus? In: Markenartikel, 70. Jg., Nr. 9, S. 134–138.

Eschen E (2002). Der Erfolg von Mergers & Acquisitions: Unternehmungszusammenschlüsse aus der Sicht des ressourcenbasierten Ansatzes. Wiesbaden: Deutscher Universitäts-Verlag.

ESOMAR (2016a). ICC/ESOMAR International Code on Market, Opinion and Social Research and Data Analytics. URL: https:// www.esomar.org/knowledge-and-standards/codes-and-guidelines.php, [Stand 18.06.2017].

ESOMAR (2016b). Checkliste für den Datenschutz. URL: https:// www.esomar.org/uploads/public/knowledge-and-standards/codes-and-guidelines/ESOMAR-Checkliste-fur-den-Datenschutz_April-2016.pdf, [Stand 18.06.2017].

EU-Kommission (2002). Die vorgeschlagene Verordnung über nährwert- und gesundheitsbezogene Angaben: Mythen und Missverständnisse. URL:

http://europa.eu/rapid/press-release_MEMO-03-188_de.htm?locale=FR, [Stand 18.06.2017].

Fanderl HS (2005). Prominente in der Werbung. Wiesbaden: Deutscher Universitäts-Fachverlag.

Farke G (2011). Gefangen im Netz? – Onlinesucht: Chats, Onlinespiele, Cybersex. Bern: Huber.

Felser G (2001). Werbe- und Konsumentenpsychologie. 2. Auflage, Heidelberg/ Berlin: Spektrum Akademischer Verlag/ Stuttgart: Schäffer-Poeschel Verlag.

Felser G (2015). Werbe- und Konsumentenpsychologie, 4. Auflage. Berlin/Heidelberg: Springer Verlag.

Fetzer S (2005). Determinanten der zukünftigen Finanzierbarkeit der GKV: Doppelter Alterungsprozess, Medikalisierung- vs. Kompressionsthese und medizinisch-technischer Fortschritt, Diskussionsbeiträge des Instituts für Finanzwissenschaft der Albert-Ludwigs-Universität Freiburg 130/05. URL: https://freidok.unifreiburg.de/fedora/objects/freidok:1944/datastreams/FIL E1/content, [Stand 18.06.2017].

Fleßa S (2007). Gesundheitsökonomie. 2. Auflage, Berlin et al.: Springer Verlag.

Föll K (2007). Customer Insight – Emotionspsychologische Fundierung und praktische Anleitung zur Kommunikationsentwicklung. Wiesbaden: Deutscher Universitäts-Verlag / GWV Fachverlag GmbH.

Förster Ch (o.J.). Joggen: Topfit in 14 Tagen. URL: http://www.fitforfun.de/ sport/laufen/laufen-fuer-anfaenger/laufen-in-14-tagen/laufen-fuer-anfaenger_aid_5452.html, [Stand 18.06.2017].

Fowles J (1995). Advertising and popular culture. Thousand Oaks and London: Sage Publications

Franzkowiak P (2008). Prävention im Gesundheitswesen Systematik, Ziele, Handlungsfelder und die Position der Sozialen Arbeit. In: Hensen G, Hensen P (Hrsg.): Gesundheitswesen und Sozialstaat: Gesundheitsförderung zwischen Anspruch und Wirklichkeit. Wiesbaden: VS Verlag für Sozialwissenschaften / GWV Verlag GmbH.

Frees B, Koch W (2015). Ergebnisse der ARD/ZDF-Onlinestudie 2015- Internetnutzung: Frequenz und Vielfalt nehmen in allen Altersgruppen zu. In: Media Perspektiven 9/2015, S. 366–377.

Freiling J, Reckenfelderbäumer M (2009). Markt und Unternehmen, Wiesbaden: Gabler Verlag.

Freter H (2008). Markt- und Kundenorientierung – Kundenorientierte Markterfassung und -bearbeitung. 3. Auflage, Stuttgart: Kohlhammer GmbH.

Freund T, Lindner W (2001). (Hrsg.): Prävention – Zur kritischen Bewertung der Prävention in der Jugendarbeit. Opladen: Leske und Budrich Verlag.

Freyland B, Hermann A, Huber F (2001). Warum sind zufriedene Kunden nicht treu? Ergebnisse einer empirischen Untersuchung zur Kundenloyalität in der Versicherungsbranche. In: Hallmann T, Kirchner W (Hrsg.): Reader zum Thema Controlling in Versicherungsunternehmen. Band 2, Karlsruhe: Verlag Versicherungswirtschaft, S. 428–430.

Freyland B, Herrmann A, Huber F (1999). Warum sind zufriedene Kunden nicht treu? – Ergebnisse einer empirischen Untersuchung zur Kundenloyalität in der Versicherungsbranche. In: Versicherungswirtschaft, Heft 23, S. 1744–1747.

Frick K, Hauser M (2007). Kontrolle ist nichts, Vertrauen ist alles. In: GDI Impulse – Wissenschaftsmagazin für Wirtschaft, Gesellschaft, Handel, Ausgabe Sommer 2007, S. 82–97.

Fries JF (2005). The Compression of Morbidity. In: Milbank Quarterly, Vol. 83, No. 4, S. 801–823.

Froböse M (2016). Strategische Marketing-Planung. In: Froböse M, Turmh M (Hrsg.): Marketing. Wiesbaden: Springer Verlag, S. 59–88.

Froböse M, Turmh M (2016). Einblick in das Wesen und die Kernaufgaben des Marketing. In: Froböse M, Turmh M (Hrsg.): Marketing. Wiesbaden: Springer Verlag, S. 1–33.

Fuchs W, Unger F (2014). Management der Marketing-Kommunikation, 5. Auflage, Berlin/Heidelberg: Springer Verlag.

Gerlinger T (2007). Soziale Ungleichheit von Gesundheitschancen: Anmerkungen zum Beitrag der Gesundheitspolitik, Diskussionspapier 2007-2, Institut für Medizinische Soziologie / Johann Wolfgang Goethe-Universität. URL: http://www.klinik.uni-frankfurt.de/zgw/medsoz/Disk-Pap/Diskussionspapier 2008-2-W.pdf, [Stand 02.01.2017].

Girgis A (1998). Best practice of cancer controll programm evaluation. In: Scott D, Weston R (Hrsg.): Evaluation Health Promotion. Cheltenham (UK): Nelson Thornes Ltd., S. 109–125.

Glaeske G, Francke R, Kirschner K, Kolip P, Mühlenbruch S (2003). Prävention und Gesundheitsförderung stärken und ausbauen. Diskussionspapier im Auftrag des Gesprächskreises Arbeit und Soziales der Friedrich-Ebert-Stiftung.

Glusac N (2005). Der Einfluss von Bonusprogrammen auf das Kaufverhalten und die Kundenbindung von Konsumenten - Eine theoretische und empirische Analyse. Wiesbaden: Deutscher Universitäts-Verlag / GWV Fachverlag GmbH.

Gniech G, Dickenberger D (1994). Reaktanz. In: Frey D, Greif S (Hrsg.): Sozialpsychologie. Ein Handbuch in Schlüsselbegriffen. 4. Auflage, Weinheim: Beltz Verlag, S. 259–261.

Gollwitzer PM, Moskowitz G (1996). Goal Effects on Action and Cognition. In: Higgins ET, Kruglanski AW (Hrsg.): Social Psychology: Handbook of Basic Principles. New York: Guilford Press, S. 361–399.

Gordan S (1999). Permission Marketing: Turning Strangers into Friends, and Friends into Customer, New York: Simon & Schuster.

Gordon R (1983). *An operational classification of disease prevention. Public Health Repo., 1983 Mar-Apr, 98(2), S. 107–109.*

Gounaris S, Stathakopoulos V (2004). *Antecedents and Consequences of Brand Loyalty:* An Empirical Study. In: Brand Management, Vol. 11 (4), S. 283–306.

Graham H (2004). Tackling health inequalities in England: remedying health disadvantages, narrowing gaps or reducing health gradients. In: Journal of Social Policy, Vol. 33, S. 115–131.

Graham H, Kelly MP (2004). Health inequalities: Concepts, Frameworks & Policy, NHS Health Development Agency, Briefing paper. URL: http://publicaciones.ops.org.ar/publicaciones/piezas%20comunicacionales/c ursoDDS/cursoeng/Textos%20Completos/health%20inequalities_concepts, %20framework%20and%20policy.pdf, [Stand 18.06.2017].

Grawe K (2004). Neuropsychotherapie, Toronto und Seattle: Verlag für Psychologie.

Greiner W (2008). Die Berechnung von Kosten und Nutzen im Gesundheitswesen. In: Schöffski OS, Schulenburg JM (Hrsg.): Gesundheitsökonomische Evaluation. Berlin: Springer, S. 48–63.

Grimm R (2005). Digitale Kommunikation. München: Oldenbourg Wissenschaftsverlag.

Gromberg EC (2006). Handbuch Sozialmarketing: Strategie, Praxis, Trends. Durch zielgerichtete Kommunikation zum Erfolg. Berlin: Cornelsen Verlag.

Grosse Holtforth M, Grawe K (2000). Fragebogen zur Analyse Motivationaler Schemata (FAMOS). In: Zeitschrift für Klinische Psychologie und Psychotherapie. Vol. 29, Nr. 3, S. 170–179.

Günter B, Hausmann A (2012). Kulturmarketing. 2. Auflage, Wiesbaden: Springer Verlag.

Habisch A, Wildner M, Wenzel F (2007). Corporate Citizenship (CC) als Bestandteil der Unternehmenstrategie. In: Habisch A, Neureiter M, Schmidpeter R (Hrsg.): Handbuch Corporate Citizenship. Berlin et al.: Springer Verlag, S. 3–43.

Haedrich G, Tomczak T, Kaetzke P (2003). Strategische Markenführung – Planung und Realisierung von Markenstrategien. 3. Auflage, Bern: Haupt Verlag (UTB).

Hartmann W, Kreutzer RT, Kuhfuß H (2004). Kundenclubs & More - Innovative Konzepte zur Kundenbindung. Wiesbaden: Gabler Verlag.

Hasitschka W, Hruschka H (1982). Nonprofit-Marketing, München: Vahlen Verlag.

Hätty H (1989). Markentransferstrategien. Heidelberg: Physica Verlag.

Häusel HG (2005). Think Limbic! München: Haufe Verlag.

Häusel HG (2007a). Limbic Success, München: Haufe Verlag.

Häusel HG (2007b). Limbic®: Die unbewussten Emotionswelten im Kundengehirn kennen und treffen. In: Häusel *HG (Hrsg.):* Neuromarketing. München: Haufe Verlag, S. 60–86.

Häusel HG (2010). Die wissenschaftliche Fundierung des Limbic® Ansatzes. URL: http://www.nymphenburg.de/tl_files/pdf /LimbicScience100828.pdf, [Stand 18.06.2017].

Häusel HG (2014). Limbic©: Das Navigationssystem für erfolgreiche emotionale Markenführung. In: Häusel HG (Hrsg.): Neuromarketing – Erkenntnisse der Hirnforschung für Markenführung, Werbung und Verkauf, 3. Auflage, Freiburg: Haufe-Lexware GmbH, S. 53–76.

Heckhausen J, Heckhausen H (Hrsg.) (2006). Motivation und Handeln. 3. Auflage, Heidelberg: Springer Medizin Verlag.

Heinzel-Gutenbrunner M (2000). Einkommen, Einkommensarmut und Gesundheit. In: Mielck A, Bloomfield K (Hrsg.). Sozial-epidemiologie: Eine Einführung in die Grundlagen, Ergebnisse und Umsetzungsmöglichkeiten. Weinheim/München: Juventa Verlag.

Helm R (1995). Strategisches Controlling für den Vertrieb zur Unterstützung der Marketing-Kommunikation. In: Marktforschung und Management – Zeitschrift für marktorientierte Unternehmenspolitik, 39. Jg., Heft 1, S. 27–32.

Helmert U, Bammann K, Voges W, Müller R (2000). Zum Stand der Forschung: Soziale Ungleichheiten und Gesundheit. In: Helmert U, Bammann K, Voges W, Müller R (Hrsg.): Müssen Arme früher sterben? Soziale Ungleichheit und Gesundheit in Deutschland. Weinheim/München: Juventa Verlag, S. 15–26.

Henke KD Neumann K, Schneider M. et al. (2010). Erstellung eines Satellitenkontos für die Gesundheitswirtschaft in Deutschland. Baden-Baden: NOMOS.

Hennemann T, Hövel D, Casale G, Hagen T, Fitting-Dahlmann K (2017). Schulische Prävention im Bereich Verhalten, Reihe Fördern lernen, Band 19, 2. Auflage. Stuttgart: Kohlhammer GmbH.

Herger N (2006). Vertrauen und Organisationskommunikation: Identität – Marke – Image – Repuation. Wiesbaden: VS Verlag für Sozialwissenschaften.

Hermanns A, Kiendl S, van Overloop PC (2012). Marketing – Grundlagen und Managementprozess. München: Franz Vahlen Verlag.

Herrmann A, Huber F (2013). Produktmanagement: Grundlagen – Methoden – Beispiele. 3. Auflagen, Wiesbaden: Springer Verlag.

Hesse J, Neu M, Theuner G (2007). Marketing. 2. Auflage, Berlin: Berliner Wissenschaftsverlag.

Hilke W (1989). Grundprobleme und Entwicklungstendenzen des Dienstleistungs-Marketing. In: Hilke W (Hrsg.): Dienstleistungs-Marketing. Wiesbaden: Gabler Verlag, S. 1–44.

Hippner H, Hoffmann O, Wilde KD (2007). Bedeutung von Data-Mining im Multi-Channel-Marketing. In: Wirtz BW (Hrsg.): Handbuch Multi-Channel-Management. Wiesbaden: Gabler Verlag, S. 579–600.

Holland H (2004). Direktmarketing. 2. Auflage, München: Verlag Franz Vahlen GmbH.

Homberg C, Krohmer H (2006). Marketingmanagement (Strategie - Instrumente - Umsetzung - Unternehmensführung). 2. Auflage, Wiesbaden: Gabler Verlag.

Househ M, Kushniruk A, Borycki E (2014). Social Media and Mobile Technologies for Healthcare. Hershey PA: Medical Information Science Reference.

Hradil S (1987). Sozialstrukturanalyse in einer fortgeschrittenen Gesellschaft. Von Klassen und Schichten zu Lagen und Milieus. Opladen: Leske und Budrich Verlag.

Hradil S (2006). Was prägt das Krankheitsrisiko: Schicht, Lage, Lebensstil?. In: Richter M, Hurrelmann K (Hrsg.): Gesundheitliche Ungleichheit- Grundlagen, Probleme, Perspektiven. Wiesbaden: VS Verlag für Sozialwissenschaften, S. 33–52.

Hurrelmann K (2003). Gesundheitssoziologie – Eine Einführung in sozialwissenschaftliche Theorien von Krankheitsprävention und Gesundheitsförderung. 5. Auflage, Weinheim/ München: Juventa Verlag.

Hurrelmann K (2006). Gesundheitssoziologie – Eine Einführung in sozialwissenschaftliche Theorien von Krankheitsprävention und Gesundheitsförderung. 6. Auflage, Weinheim/Münschen: Juventa Verlag.

Jacoby J, Szybillo GJ, Busato-Schach J (1977). Information acquisition behavior in brand choice situations. In: Journal of Consumer Research, 3, 4, Oxford: Oxford University Press, S. 209–216.

Judge K, Platt S, Costongs C, Jurczak K (2006). Health Inequalities: a Challenge for Europe. URL: http://ec.europa.eu/health/ph_determinants/socio_ economics/documents/ev_060302_rd05_en.pdf, [Stand 02.01.2017].

Kaiser S, Schuster M (2004). Corporate citizenship: eine betriebswirtschaftlichen Betrachtung des gesellschaftlichen Engagements von Unternehmen. In: Wirtschaftswissenschaftliches Studium (WiSt), Heft 11, S. 669–672.

Kaplan RL, Norton DP (1997). Balanced Scorecard: Strategien erfolgreich umsetzen, Stuttgart: Schäffer-Poeschel Verlag.

Kaufmann L (1997). ZP-Stichwort: Balanced Scorecard, in: Zeitschrift für Planung, Jg. 8, Nr. 4, S. 421–428.

Kautzky-Willer A (2012). Gendermedizin. Wien/Köln/Weimar: Böhlau Verlag GmbH.

Kenning P, Plaßmann H, Deppe M, Kugel H, Schwindt W (2002). The Discovery of Cortical Relief. Neurooeconomic Research Reports, No. 1, Universität Münster.

Kernstock J, Schubinger N (2004). Öffentlichkeit durch Corporate Brand Management gewinnen. In: Esch FR, Tomczak T, Kernstock, J, Langner T (Hrsg.): Corporate Brand Management: Marken als Anker strategischer Führung von Unternehmen. Wiesbaden: Gabler Verlag, S. 293–311.

Kickbusch I (1982). Vom Umgang mit der Utopie. Anmerkungen zum Gesundheitsbegriff der Weltgesundheitsorganisation. In: Venth A (Hrsg.): Gesundheit und Krankheit als Bildungsproblem. Bad Heilbrunn: De Gruyter, S. 267–276.

Kirchgeorg M, Springer C, Brühe C (2010). Live Communication Management: Ein strategischer Leitfaden zur Konzeption, Umsetzung und Erfolgskontrolle. Wiesbaden: Gaber / GWV Fachverlag.

Kleinaltenkamp M, Ehret M (1998). Prozessmanagement im Technischen Vertrieb: Neue Konzepte und erprobte Beispiele für das Business-to-Business Marketing. Berlin et al.: Springer Verlag.

Kleinbeck U (2006). Handlungsziele. In: Heckhausen J, Heckhausen H (Hrsg.): Motivation und Handeln. 3. Auflage, Heidelberg: Springer Medizin Verlag, S. 255–276.

Klos H, Görgen W (2009). Rückfallprophylaxe bei Drogenabhängigen – Ein Trainingsprogramm. Göttingen et al.: Hogrefe Verlag.

Knoll N, Scholz U, Rieckmann N (2005). Einführung in die Gesundheitspsychologie. München: Ernst Reinhardt Verlag.

Koch J, Gebhardt P, Riedmüller F (2016). Marktforschung – Grundlagen und praktische Anwendung. 7. Auflage, Berlin/Boston: Walter de Gruyter.

Kolip P, Ackermann G, Ruckstuhl B, Studer H (2012). Gesundheitsförderung mit System: quint-essenz – Qualitätsentwicklung in Projekten der Gesundheitsförderung und Prävention. Bern: Hans Huber Verlag.

Kooperationsverbund Gesundheitliche Chancengleichheit (2015). Kriterien für gute Praxis der soziallagenbezogenen Gesundheitsförderung, Kriterium „Konzeption". Köln/Berlin: BZgA.

Korte J (1996). Sozialverhalten ändern! Aber wie? (Ideen und Vorschläge sozialen Verhaltens an Schulen). Weinheim/ Basel: Beltz Verlag.

Köster L (2006). Markenstärkemessung unter besonderer Berücksichtigung von Konsumentenheterogenität. Wiesbaden: DUV Deutscher Universitäts-Verlag.

Kotler P, Bliemel F (1995). Marketing-Management – Analyse, Planung, Umsetzung und Steuerung. 8. Auflage, Stuttgart: Schäffer-Poeschel Verlag.

Kotler P, Zaltman G (1971). Social Marketing: An Approach to Planned Social Change. In: Journal of Marketing, 35. Jg., S. 3–12.

Kotler W (2011). Grundlagen des Marketing. 5. Auflage, München: Pearson Studium.

Kröber-Riel W, Esch FR (2015). Strategie und Techniken der Werbung. 8. Auflage, Stuttgart: Kohlhammer GmbH.

Krafft M (1999). Der Kunde im Fokus: Kundennähe, Kundenzufriedenheit, Kundenbindung -und Kundenwert?. In: Die Betriebswirtschaft, 59. Jg., Nr. 4, S. 511–530.

Kreilkamp E (1989). Strategisches Management und Marketing. Berlin/New York: de Gruyter.

Krekel R (2004). Politische Soziologie der sozialen Ungleichheit. Frankfurt/Main: Campus Verlag.

Kreutzer R, Land KH (2017). Digitale Markenführung – Digitales Branding im Zeitalter des digitalen Darvinismus. Wiesbaden: Springer Verlag.

Kreutzer RT (2013). Praxisorientiertes Marketing. 4. Auflage, Wiesbaden: Springer Verlag.

Kreutzer RT, Merkle W (2008). Die neue Macht des Marketings. Wiesbaden: Gabler Verlag.

Kreutzer, RT (2006). Praxisorientiertes Marketing: Grundlagen – Instrumente – Fallbeispiele. Wiesbaden: Gabler Verlag.

Kreutzer, RT (2017). Praxisorientiertes Marketing: Grundlagen – Instrumente – Fallbeispiele. Wiesbaden: Springer Verlag.

Kroeber-Riel W (1993). Bildkommunikation. München: Franz Vahlen Verlag.

Kroeber-Riel W, Weinberg P (2003). Konsumentenverhalten. 8. Auflage, München: Verlag Franz Vahlen GmbH.

Krohne HW (1997). Stress und Stressbewältigung. In: Schwarzer R (Hrsg.): Gesundheitspsychologie – Ein Lehrbuch. Göttingen, Bern, Toronto und Seattle: Hogrefe- Verlag für Psychologie, S. 267–283.

Kuhlmann E, Kolip P (2005). Gender und Public Health: Grundlegende Orientierungen für Forschung, Praxis und Politik. Weinheim/München: Juventa Verlag.

Kutschker M, Schmid S (2011). Internationales Management. 7. Auflage, München: Oldenburg Wissenschaftsverlag.

Lally P, van Jaarsveld CHM, Potts, HWW, Wardle J (2010). How are habits formed: Modelling habit formation in the real world. In: Eur. J. Soc. Psychol., No. 40, S. 998–1009.

Lalonde M (1974). A New Perspective on the Health of Canadians, A Working Document. Ottawa: Department of National, Health and Welfare.
URL: http://www.phac-aspc.gc.ca/ph-sp/pdf/perspect-eng.pdf, [Stand 02.01.2017].

Landesinstitut für Gesundheit und Arbeit (LIGA.NRW) (2011). Qualitätsinstrumente in Prävention und Gesundheitsförderung. Ein Leitfaden für Praktiker in Nordrhein-Westfalen (LIGA.Praxis 8). URL: http://www.lzg.nrw.de /_media/pdf/liga-praxis/liga-praxis_8_qualitaetswegweiser.pdf, [Stand 18.06.2017].

Lauer T (2004). Bonusprogramme - Rabattsysteme für Kunden erfolgreich gestalten. Berlin, Heidelberg und New York: Springer Verlag.

Lengerke Th v (2007). Die „holy four". Rauchen, Alkoholkonsum, Bewegung und Ernährung (RABE). In: Lengerke Th v (Hrsg.): Public Health-psychologie: Individuum und Bevölkerung zwischen Verhältnissen und Verhalten. Weinheim/München: Juventa Verlag, S. 74–76.

Lengerke Th v, Manz R (2007). Krankheitsprävention und Gesundheitsförderung. In: Lengerke Th v (Hrsg.): Public Health-psychologie: Individuum und Bevölkerung zwischen Verhältnissen und Verhalten, Weinheim/München: Juventa Verlag, S.19–31.

Leppin A (2002). Verhaltenswissenschaftliche Grundlagen. In: Kolip P (Hrsg.): Gesundheitswissenschaften – Eine Einführung. Weinheim/ München: Juventa Verlag, S. 79–98.

Leppin A (2004). Konzepte und Strategien der Krankheitsprävention. In: Hurrelmann K, Klotz T, Haisch J (Hrsg.): Lehrbuch Prävention und Gesundheitsförderung. Bern et al.: Hans Huber Verlag, S. 31–40.

Leppin A (2010). Konzepte und Strategien der Prävention. In: Hurrelmann K, Klotz T, Haisch J (Hrsg.): Lehrbuch Prävention und Gesundheitsförderung. 3. Auflage, Bern: Hans Huber Verlag, S. 35–44.

Leyk D, Rüther T, Wunderlich M, Sievert A, Essfeld D, Rohde U, Erley O, Pierkarski C, Löllgen H (2010). Leistungsfähigkeit, Training und Motivation zum Sporttreiben von 20- bis 80-jährigen Ausdauertrainierten: der Marathon als leistungsphysiologisches und präventivmedizinisches Untersuchungsmodell (PACE-Studie). In: Kirch W, Middeke M, Rychlik PT (Hrsg.): Aspekte der Prävention. Stuttgart: Thieme Verlag, S. 123–132.

Lindner W, Freund T (2001). Der Prävention vorbeugen?. In: Freund T, Lindner W (Hrsg.): Prävention – Zur kritischen Bewertung der Prävention in der Jugendarbeit. Opladen: Leske und Budrich Verlag, S. 69–96.

Lorbeer A (2003). Vertrauensbeziehungen in Kundenbeziehungen - Ansatzpunkte zum Kundenbindungsmanagement. Wiesbaden: Deutscher Universitäts-Verlag / GWV Fachverlag GmbH.

Luhmann N (1983). Politische Planung – Aufsätze zur Soziologie von Politik und Verwaltung. 4. Auflage, Opladen: Westdeutscher Verlag.

Luhmann N (2004). Die Realität der Massenmedien. Wiesbaden: VS Verlag für Sozialwissenschaften.

Luthe D (1997). Fundraising: Fundraising als beziehungsorientiertes Marketing - Entwicklungsmarketing für Nonprofit-Organisationen. Augsburg: Maro Verlag.

Mackenthun B, Henke KD, Schreyögg J (2004). Gesundheitswesen als Wachstumsfaktor. In: Ökonomische Leistungsfähigkeit Deutschlands – Bestandsaufnahme und statistische Messung im internationalen Vergleich, Wiesbaden: Statistisches Bundesamt, S. 114–126.

MacLean PD (1990). *The Triune Brain in Evolution: Role in Paleocerebral Functions. New York:* Plenum *Press.*

Magerhans A (2016). Marktforschung – Eine praxisorientierte Einführung. Wiesbaden: Springer Verlag.

Mai R, Schwarz U, Hoffmann S (2013). Gesundheitsmarketing: Schnittstelle von Marketing, Gesundheitsökonomie und Gesundheitspsychologie. In: Hoffmann S, Schwarz U, Mai R (Hsrg.): Angewandtes Gesundheitsmarketing. Wiesbaden: Springer Verlag, S. 5–12.

Markenarchitektur (2017). In: Wirtz MA (Hrsg.): Dorsch – Lexikon der Psychologie. URL: https://portal.hogrefe.com/dorsch/markenarchitektur/, [Stand 17.04. 2017].

Mattmüller R (2006). Integrativ-prozessuales Marketing: Eine Einführung. 3. Auflage, Wiesbaden: Gabler Verlag.

McAllister L, Pessemier E (1982). Variety Seeking Behavior: An Interdisciplinary Review. In: Journal of Customer Research, 9. Jg., Nr. 3, S. 311–322.

McMillan B, Conner M (2007). Motivierung zur persönlichen Verhaltensänderung. In: Kerr J, Weitkunat R, Moretti M (Hrsg.): ABC der Verhaltensänderung (Leitfaden für erfolgreiche Prävention und Gesundheitsförderung). München: Elservier GmbH, S. 237–252.

McQueen DV (1987). Research in health behaviour, health promotion and public health, Research Unit in Health and Behavioural Change. Working Paper, Edinburg.

MDS (2016). Präventionsbericht 2016: Leistungen der gesetzlichen Krankenversicherungen: Primärprävention und betriebliche Gesundheitsförderung (Berichtsjahr 2015). URL: https://www.gkv-spitzenverband.de/ media/dokumente/krankenversicherung_1/praevention__selbsthilfe__ beratung/praevention/praeventionsbericht/2016_GKV_MDS_ Praeventionsbericht.pdf, [Stand 18.06.2017].

Meffert H (2000). Marketing: Grundlagen marktorientierter Unternehmensführung: Konzepte – Instrumente – Praxisbeispiele. 9. Auflage, Wiesbaden: Gabler Verlag.

Meffert H, Bruhn M (2006). Dienstleistungsmarketing (Grundlagen – Konzepte – Methoden). 5. Auflage, Wiesbaden: Gabler Verlag.

Meffert H, Bruhn M (2012). Handbuch Dienstleistungsmarketing. Wiesbaden: Springer Verlag.

Meffert H, Bruhn M, Hadwich K (2015). Dienstleistungsmarketing: Grundlagen – Konzepte – Methoden. 8. Auflage, Wiesbaden: Springer Verlag.

Meili B (2006). Warum Prävention verstärkt bei gefährdeten Jugendlichen angesetzt werden sollte: das schweizerische Forschungsprojekt supra-f, in: KKH (Hrsg.): Weißbuch Prävention 2005/2006 – Stress? Ursachen, Erklärungsmodelle und präventive Ansätze, Heidelberg: Springer Medizin Verlag, S. 118–126.

Merkur (2017). Shitstorm gegen Edeka: Diskriminiert neuer Spot Übergewichtige? URL: https://www.merkur.de/wirtschaft/shitstorm-gegen-edeka-diskriminiert-eatkarus-spot-uebergewichtige-zr-7411925.html, [Stand 26.02.2017].

Mielck A (2000). Soziale Ungleichheit und Gesundheit. Empirische Ergebnisse, Erklärungsansätze, Interventionsmöglichkeiten. Bern et al: Hans Huber Verlag.

Mielck A (2002). Gesundheitliche Ungleichheiten: Empfehlungen für Prävention und Gesundheitsförderung. In: Homfeldt HG, Laaser U, Prümel-Philippsen U, Robertz-Grossmann B (Hrsg.): Studienbuch Gesundheit. Neuwied: Luchterhand Verlag, S. 45–63.

Mielck A (2006). Quantitative Zielvorgaben zur Verringerung der gesundheitlichen Ungleichheiten: Lernen von anderen westeuropäischen Staaten. In: Richter M, Hurrelmann K (Hrsg.): Gesundheitliche Ungleichheiten: Grundlagen, Probleme, Perspektiven. Wiesbaden: VS Verlag für Sozialwissenschaften, S. 439–451.

Moglia ML, Castano P (2015). A Review of Smartphone Applications Designed for Tracking Women's Reproductive Health. Obstetrics & Gynecology, 125 (1), 41S .

Mrazek P, Haggerty R (1994). Reducing Risks for Mental Disorders: Frontiers for Preventive Intervention Research Institut of medicine. Wahington DC: National Academy Press.

Müller M (2016). Internationale Markenstrategie - Erfolgswirkung der Markenstandardisierung auf den Markenwert. Wiesbaden: Springer Verlag.

Müller MJ (2007). Ernährungsmedizinische Praxis: Methoden – Prävention – Behandlung. Heidelberg: Springer Medizin Verlag.

Munzinger U, Musiol KG (2008). Markenkommunikation: Wie Marken Zielgruppen erreichen und Begehren auslösen. München: mi-Fachverlag.

Naz S (2004). Was ich von Peter Drucker gelernt habe. In: Drucker PF, Paschek P (Hrsg.): Kardinaltugenden effektiver Führung. München: Redline, S. 205–216.

Niedermeier R, Müller R (2001). Neue Aufgaben der GKV. In: Alexander A, Rath T (Hrsg.): Krankenkassen im Wandel – Organisationsentwicklung als Herausforderung. Wiesbaden: Deutscher Universitäts-Verlag, S. 65–76.

Niehaus F (2006). Alter und steigende Lebenserwartung – Eine Analyse der Auswirkungen auf die Gesundheitsausgaben, Wissenschaftliches Institut der PKV. Köln: Verband der privaten Krankenversicherung.

*Nieschlag R, Dichtl E, Hörschgen H (*2002). Marketing,. 19. Auflage, Berlin: Duncker & Humblot Verlag.

Normann Kv (2006). Jugend - Ernährungsstil - Bildung: Zu den Perspektiven einer lebensstilorientierten Didaktik der Ernährung. IÖB-Diskussions-papier Nr. 2/06 des Instituts für ökonomische Bildung, URL: http://www.wiwi.uni-muenster.de/ioeb/downloads/forschen/paper/ IOEB_DP_02_2006.pdf, [Stand 17.04. 2017].

Normann R (2000). Services Management – Strategy and Leadership in Service Business. 3. Auflage, Chichester: John Wiley & Sons Ltd..

Nufer G, Heider C (2012). Testimonialwerbung mit prominenten Sportlern – eine empirische Untersuchung. Reutlinger Diskussionsbeiträge zu Marketing & Management. Nr. 2012 – 6, S. 16ff.

Oberender P, Zertth J, Engelmann A (2017). Wachstumsmarkt Gesundheit. 4. Auflage, Konstanz: UVK Verlagsgesellschaft.

OECD (2008). OECD Wirtschaftsberichte: Deutschland 2008. Paris: OECD Publishing.

Okoniewski U (2000). Professionell und wirksam. Vorschläge zur GKV-Organisationsreform. In: Soziale Sicherheit, 49. Jg., Ausgabe l, S. 7–20.

Opaschowski HW (2006). Deutschland 2020: Wie wir morgen Leben – Prognosen der Wissenschaft. Wiesbaden: VS Verlag für Sozialwissenschaften.

Panksepp J (1998). Affective Neuroscience: The Foundations of Human and Animal Emotions. Oxford: Oxford University Press.

Parasuraman A, Zeithaml VA, Berry L (1988). SERVQUAL: A Multiple-Item Scale for Measuring Customer Perceptions of Service Quality. In: Journal of Retailing, Vol. 64, Nr. 1, Cambridge: Marketing Science Institute, S. 12–40.

Patton MQ (1997). Utilization-Focused Evaluation: The New Century Text. 3. Auflage. Thousand Oaks et al.: SAGE Publications Ltd..

Paulus P, Dadaczynski K (2016). Gesundheitsförderung und Schule. Leitbegriff der Gesundheitsförderung. URL: http://www.leitbegriffe.bzga.de/alphabetisches-verzeichnis/gesundheitsfoerderung-und-schule, [Stand 18.06.2017].

Pellerin L, Magistretti LP (2003). How to balance the brain energy budget while spending glucose differently. In: The Journal of Physiology, Vol. 546, Issue 2, Switzerland: Journal of Physiology, S. 325–325.

Peters K, Krafft M (2005). Direktmarketing und klassische Medien: State-of-the-Art in der Budgetallokation. In: Krafft M (Hrsg.): Perspektiven der Kommunikationspolitik, ZfB (Zeitschrift für Betriebswirtschaft). Special Issue 2. Wiesbaden: Gabler Verlag, S. 81–112.

Pieper D, Neugebauer E (2014). Quantifizierung der gesundheitsbezogenen Lebensqualität - Messverfahren, Anwendung und Gütekriterien. Arzneimittel-, Therapie – Kritik, (46). URL: http://marseille-verlag.com/Site/ Content/Aktuelles/16011_Pieper.pdf, [Stand 18.06.2017].

Ploog D (1970). Neurological aspects of social behavior. In: Social Science Information (SSI), Vol. 9, No. 3, S. 71–97.

PricewaterhouseCooper (2006). Praxis von Markenbewertung und Markenmanagement in deutschen Unternehmen: Neue Befragung 2005. URL: http:// www.markenlexikon.com/texte/sattler_pwc_markenbewertung _2006.pdf, [Stand 18.06.2017].

Purtschert R (2005). Marketing für Verbände und weitere Nonprofit-Organisationen. Bern: Paul Haupt Verlag.

Raab G, Gernsheimer O, Schindler M (2008). Neuromarketing. Wiesbaden: DUV Deutscher Universitäts-Verlag.

Raffée H, Wiedmann KP, Abel B (1983). Sozio-Marketing. In: Irle M (Hrsg.): Handbuch der Psychologie, Band 12: Methoden und Anwendungen in der Marktpsychologie. Göttingen: Hogrefe Verlag, S. 675–768.

Reichmann H (2004) Markt mit Moral: Ordnungspolitische Grundsätze der sozialen Marktwirtschaft und ihre protestantischen Wurzen. In: Wiedmann KP,

Fritz W, Abel B, Raffée H (Hrsg.): Management mit Vision und Verantwortung. Wiesbaden: Gabler Verlag, S. 75–108.

Reifegerste (2014). Gesundheitskommunikation schwer erreichbarer Zielgruppen. In. Hurrelmann K, Baumann E (Hrsg.). Handbuch Gesundheitskommunikation, Bern: Hans Huber Verlag, S. 170–182.

Renker C (2005). Relationship Management: Konzepte – Erfolgsfaktoren – Umsetzung. Wiesbaden: Gabler Verlag.

Rennhak C, Opresnik MO (2016). Marketing: Grundlagen. Berlin/Heidelberg: Springer Verlag.

Research2Guidance (2016). mHealth App Developer Economics 2016 - The current status and trends of the mHealth app market. URL: http://research2guidance.com/r2g/r2g-mHealth-App-Developer-Economics-2016.pdf, [Stand 18.06.2017].

Rheinberg F (2004). Motivation. 5. Auflage, Stuttgart: Kohlhammer GmbH.

Rheinberg F (2006). Intrinsische Motivation und Flow-Erleben. In: Heckhausen J, Heckhausen H (Hrsg.): Motivation und Handeln. 3. Auflage, Heidelberg: Springer Medizin Verlag, S. 331–354.

Richter M, Rosenbrock R (2014). Verhältnisprävention. In: Egger M, Razum O (Hrsg.): Public Health – Sozial- und Präventivmedizin kompakt. 2. Auflage, Berlin/Boston: Walter de Gruyter, S. 134–135.

RKI (2014). Faktenblatt zu GEDA 2012: Ergebnisse der Studie „Gesundheit in Deutschland aktuell 2012". URL: http://www.rki.de/DE/Content/ Gesundheitsmonitoring/Gesundheitsberichterstattung/GBEDownloadsF/ Geda2012/chronisches_kranksein.pdf;jsessionid=5D3FDEFADE0C3F5 12BB16444DD969092.2_cid 298?__blob=publicationFile, [Stand 18.06.2017].

Robert Koch Institut (RKI) (2006). Gesundheit in Deutschland. Berlin: Gesundheitsberichterstattung des Bundes.

Rosenbrock R (2006). Gesundheitspolitik. In: Hurrelmann K, Laaser U, Razum O (Hrsg.): Handbuch Gesundheitswissenschaften. 4. Auflage, Weinheim/München: Juventa Verlag.

Rosenbrock R, Michel C (2007). Primäre Prävention: Bausteine für eine systematische Gesundheitssicherung. Berlin: MWV Medizinisch Wissenschaftliche Verlagsgesellschaft.

Rosenbrock R, Gerlinger T (2004). Gesundheitspolitik – Eine systematische Einführung. Bern et al.: Hans Huber Verlag.

Rosenbrock R, Kümpers S (2006a). Primärprävention als Beitrag zur Verminderung sozial bedingter Ungleichheit von Gesundheitschancen. In: *Richter M, Hurrelmann K (Hrsg.)*: Gesundheitliche Ungleichheiten: Grundlagen, Probleme, Perspektiven. Wiesbaden: VS Verlag für Sozialwissenschaften, S. 371–388.

utb.

Rosenbrock R, Kümpers S (2006b). Die Public Health Perspektive: Krankheit vermeiden – Gesundheit fördern. In: Wendt C, Wolf C (Hrsg.): Soziologie der Gesundheit, Sonderheft 46/2006. Wiesbaden: VS Verlag für Sozialwissenschaften, S. 243–269.

Rosenstiel L v (2003). Motivation managen – Psychologische Erkenntnisse ganz praxisnah. Weinheim/ Basel: Beltz Verlag.

Roth G (2006). Was sagt die Gehirnforschung? Wie funktioniert Intelligenz, Kreativität und Motivation?. In: Zimmerli WC, Wolf S (Hrsg.): Spurenwechsel – Wirtschaft weiter denken. Hamburg: Murmann Verlag, S. 13–48.

Rugulies R, Aust B, Syme SL (2007). Soziale Ungleichverteilung von Gesundheit und Krankheit: Kann psychologische Forschung zu einem besseren Verständnis sozialepidemiologischer Befunde beitragen?. In: Lengerke Th v (Hrsg.): Public Health-psychologie: Individuum und Bevölkerung zwischen Verhältnissen und Verhalten. Weinheim/München: Juventa Verlag, S. 45–58.

Rüsch N (2014). Prävention psychischer Störungen: Konzepte und Umsetzungen. In: Rössler W, Ajdacic-Gross V (Hrsg.): Prävention psychischer Erkrankungen – Konzepte und Umsetzungen. Stuttgart: Kohlhammer GmbH, S. 19–28.

Rust R, Amber T, Carpenter G, Kumar V, Srivastava R (2004). Measuring Marketing Productivity – Current Knowledge and Future Directions. In: Journal of Marketing, Vol. 68, S. 76–89.

Ruter, RX, Häfele M (2007). Public Corporate Governance Kodex – Herausforderung für die öffentliche Hand. In: Brüggemeier M, Schauer R, Schedler K (Hrsg.): Controlling und Performance Management im Öffentlichen Sektor. Ein Handbuch. Bern: Haupt Verlag, S. 355–362.

Rüth R, Haag P (2015). Strategien des Auslandsmarkteintritts für kleine und mittlere Unternehmen. In: Haag P, Rüth R (Hrsg.): Management für kleine und mittlere Unternehmen. Berlin/Boston: Walter de Gruyter, S. 73–96.

Sacher W (2000). Schulische Medienarbeit im Computerzeitalter: Grundlagen, Konzepte und Perspektiven. Bad Heilbrunn: Klinkhardt.

Schade C, Schott E (1993). Kontraktgüter im Marketing. In: Marketing – Zeitschrift für Forschung und Praxis. 15. Jg., Nr. 1, S. 15–25.

Schaefer I, Kolip P (2010). Unterstützung der Qualitätsentwicklung mit Goal Attainment Scaling (GAS) - Erfahrungen mit der Anwendung von Zielerreichungsskalen in der Gesundheitsförderung, In: Prävention 03/2010, S 66–69.

Schaefer I, Kolip P (2015). Goal Attainment Scaling (Zielerreichungsskalen), aktualisierte Fassung April 2015. URL: http://www.uni-bielefeld.de/gesundhw/ag4/GAS_Leitfaden.pdf, [Stand 18.06.2017].

Schanz. G. (1991). Motivationale Grundlagen der Gestaltung von Anreizsystemen. In: Schanz G (Hrsg.): Handbuch Anreizsysteme in Wirtschaft und Verwaltung. Stuttgart: Carl Ernst Poeschel Verlag, S. 3–30.

Schauer R (2015). Öffentliche Betriebswirtschaftslehre – Public Management: Grundzüge betriebswirtschaftlichen Denkens und Handelns öffentlicher Einrichtungen, 3. Auflage. Wien: Linde Verlag.

Scheffer D, Heckhausen H (2006). Eigenschaftstheorien der Motivation. In: Heckhausen J, Heckhausen H (Hrsg.): Motivation und Handeln. 3. Auflage, Heidelberg: Springer Medizin Verlag, S. 45–72.

Scheier C (2008). Neuromarketing – Über den Mehrwert der Hirnforschung für das Marketing. In: Kreutzer RT, Merkle W (Hrsg.): Die neue Macht des Marketing. Wiesbaden: Gabler Verlag, S. 305–323.

Scheier C, Held D (2006). Wie Werbung wirkt – Erkenntnisse des Neuromarketing. München: Haufe Verlag.

Scheier C, Held D (2007). Die Neurologik der Markenkommunikation. In: Häusel HG (Hrsg.): Neuromarketing. München: Haufe Verlag, S. 87–123.

Scherenberg V (2011). Nachhaltigkeit in der Gesundheitsvorsorge: Wie Krankenkassen Marketing und Prävention erfolgreich verbinden. Heidelberg: Springer Verlag.

Scherenberg V (2014). Unterschiedliche Bevölkerungsgruppen und das deutsche Gesundheitssystem: Erfahrungen, Zufriedenheit und Erwartungen. In: Gesundheitsmonitor 2014. Bertelsmann Stiftung, S. 158–175.

Scherenberg V (2015). Qualität bei Gesundheits-Apps: Die Nutzersicht im Fokus. In: Health&Care Management. 6. Jahrgang, Ausgabe 11/2015, S. 28–29.

Scherenberg V (2016). Gesundheitsökonomische Evaluationen kompakt – Für Studium, Prüfung und Beruf. Bremen: APOLLON University Press Verlag.

Scherenberg V, Glaeske G (2010). Die Wirkung von Lust und Angst – Erkenntnisse der Hirnforschung für Gesundheitskampagnen nutzen. In: Dr. med. Mabuse, Ausgabe 186, S. 44–46.

Scherenberg V, Greiner W (2008a). Präventive Bonusprogramme – Auf dem Weg zur Überwindung des Präventionsdilemmas. Bern et al.: Hans Huber Verlag.

Scherenberg V, Liegmann K (2016). Neue Wunderwaffe Raucher-Apps: Nie wieder süchtig? Zur potenziellen Wirksamkeit von Nichtraucher-Apps, in: Dr. med. Mabuse, Mai/Juni Ausgabe 221, S. 46–48.

Schierl D (2016). Celebrity Placement – Die medienökonomischen Konsequenzen des Einsatzes von Prominenten als kommunikatives Marketinginstrument in den Massenmedien. In: Schierl T (Hrsg.): Prominente in den Medien – Zur Genese und Verwertung von Prominenten in Sport, Wirtschaft und Kultur, 2. Auflage, Köln: Halem Verlag. S. 164–183.

Schlaud M, Atzpodien K, Thierfelder W (2007). Allergische Erkrankungen. Ergebnisse aus dem Kinder und Jugendgesundheitssurvey (KiGGS). Bundesgesundheitsblatt Gesundheitsforschung Gesundheitsschutz. 2007, 50, S. 701–10.

Schmalt HD (1998). Motiv. In: Häcker H, Stapf KJ (Hrsg.): Dorsch Psychologisches Wörterbuch. 13. Auflage, Bern, Göttingen, Toronto und Seattle: Hans Huber Verlag, S. 549–550.

Schnaars SP (1986). When Entering Growth Markets, Are Pioneers Better Than Poachers?" In: Business Horizons. Volume 29, Issue 2, S 27–36.

Schnabel E (2006). Gesundheit fördern und Krankheit prävenieren: Besonderheiten, Leistungen und Potenziale aktueller Konzepte vorbeugenden Vorsorgungshandelns. Weinheim/ München: Juventa Verlag.

Schnoor A (2000). Kundenorientiertes Qualitäts-Signaling. Eine Übertragung auf Signaling in Produkt- Vorankündigungen. Wiesbaden: DUV Deutscher Universitäts-Verlag.

Schranz M (2007). Wirtschaft und Moral – Die gesellschaftliche Verantwortung von Unternehmen im Rahmen der öffentlichen Kommunikation. Wiesbaden: VS Verlag für Sozialwissenschaften.

Schrappe M (2001). Indikatoren. In: Lauterbach M, Schrappe KW (Hrsg.): Gesundheitsökonomie, Qualitätsmanagement und Evidence-based Medicine – Eine systematische Einführung. Stuttgart: Schattauer GmbH, S. 387–398.

Schreiner P (2004). Gestaltung kundenorientierter Dienstleistungsprozesse. Wiesbaden: Deutscher Universitäts-Verlag / GWV Fachverlag GmbH.

Schüz B, Möller A (2006). Prävention. In: Renneberg B, Hammelstein P (Hrsg.): Gesundheitspsychologie. Heidelberg: Springer Medizin Verlag, S.143–155.

Schwalbach J (2003). Unternehmensreputation als Erfolgsfaktor. In: Rese M, Söllner A, Utzig BP (Hrsg.): Relationship Marketing: Standortbestimmung und Perspektiven. Berlin: Springer Verlag, S. 225–240.

Schwartz FW (2003). Public Health – Zugang zur Gesundheit und Krankheit der Bevölkerung, Analysen für effektive und effiziente Lösungsansätze. In: Schwartz FW, Badura B, Busse R, Leidl R, Raspe H, Siegrist J, Walter U (Hrsg.): Das Public Health Buch – Gesundheit und Gesundheitswesen. München und Jena: Urban & Fischer Verlag.

Schweiger G, Schrattenecker G (2017). Werbung: Eine Einführung. 9. Auflage, Konstanz und München: UVK Verlagsgesellschaft.

Sepehr P (2013). Die Entwicklung der Marketingdisziplin – Wandel der marktorientierten Unternehmensführung. Wiesbaden: Springer Verlag.

Siegel M, Doner L (2004). Marketing Public Health (Strategies to Promote Social Change). Boston, Toronto, London und Signapore: Jones and Bratlett Publishers Inc..

Simon H, Fassnacht M (2016). Preismanagement: Strategie – Analyse – Entscheidung – Umsetzung. 4. Auflage, Wiesbaden: Springer Verlag.

Sokolowski K, Heckhausen H (2006). Soziale Bindung: Anschlussmotivation und Intimitätsmotivation. In: Heckhausen J und Heckhausen H (Hrsg.): Motivation und Handeln. 3. Auflage, Heidelberg: Springer Medizin Verlag, S. 193–210.

Spitzer M (2002). Lernen. Gehirnforschung und die Schule des Lebens. Heidelberg/ Berlin: Spektrum Akademischer Verlag.

Statistisches Bundesamt (2010). Gesundheit – Krankheitskosten 2004, 2006 und 2008. URL: https://www.destatis.de/DE/Publikationen/Thematisch/ Gesundheit/Krankheitskosten/Krankheitskosten2120720089004.pdf, [Stand 18.06.2017].

Stauss B (2002). Kundenbeziehungen ausbauen statt zerstören. In: CallCenter Profi. Nr. 9, S. 26–28.

Storch M (2006). Hausaufgaben! Oder lieber nicht? Wie mit somatischen Markern Selbststeuerungskompetenz gelernt werden kann. In: Herrmann U (Hrsg.): Neurodidaktik – Grundlagen und Vorschläge für ein gehirngerechtes Lehren und Lernen. Weinheim: Beltz Verlag, S. 161–180.

Strauss B (2000). Perspektivenwechsel: Vom Produkt-Lebenszyklus zum Kundenbeziehungs-Lebenszyklus. In: Thesis Fachzeitschrift für Marketing (der Universität St. Gallen), 17. Jg., Heft Nr. 2, S. 15–18.

Strauss B (2006). Grundlagen und Phasen der Kundenbeziehung: Der Kundenbeziehungs-Lebenzyklus. In: Hippner H und Wilde KD (Hrsg.): Grundlagen des CRM - Konzept und Gestaltung. 2. Auflage, Wiesbaden: Gabler Verlag, S. 421–442.

Strebinger A (2008). Markenarchitektur. Wiesbaden: DUV Deutscher Universitäts-Verlag.

Stuppardt R (2008). Stärkung der Primärprävention und Gesundheitsförderung durch unbürokratische Organisation und aufgabengerechte Finanzierung-Position der Gesetzlichen Krankenversicherung. In: Kirch W, Badura B, Pfaff H (Hrsg): Prävention und Versorgungsforschung. Ausgewählte Beiträge des 2. Nationalen Präventionskongresses und 6. Deutschen Kongresses für Versorgungsforschung Dresden, 24. bis 27. Oktober 2007. Heidelberg: Springer Medizin Verlage, S. 435–450.

SVRG (1995). Gesundheitsversorgung und Krankenversicherung 2000 – Mehr Ergebnisorientierung, mehr Qualität und mehr Wirtschaftlichkeit. Baden-Baden: Nomos Verlag.

SVRG (2001). Bedarfsgerechtigkeit und Wirtschaftlichkeit. Band 1: Zielbildung, Prävention, Nutzerorientierung und Partizipation, BT-Drs. 14–5660.

URL: http://www.svrgesundheit.de/fileadmin/user_upload/Gutachten/2000-2001/kurzf-de00.pdf, [Stand 18.06.2017].

SVRG (2005). Koordination und Qualität im Gesundheitswesen (Band 1/2), BT-Drs.15-5670. URL: http://dip21.bundestag.de/dip21/btd/15/056/1505670.pdf, [Stand 18.06.2017].

Thomas RK (2006). Health communication. New York: Springer Science+ Business Media, Inc.

Thaler RC, Sunstein CR (2008). Nudge. Improving desicions about health, wealth and happiness. London: Penguin.

Tomczak T (1989). Situative Marketingstrategien. Berlin/New York (NY).

Tomczak T, Kuß A, Reinecke S (2014). Marketingplanung – Einführung in die marktorientierte Unternehmens- und Geschäftsfeldplanung. Wiesbaden: Springer Verlag.

Töpfer A (2006). Beschwerdemanagement. In: *Hippner H, Wilde KD (Hrsg.)*: Grundlagen des CRM – Konzept und Gestaltung. 2. Auflage, Wiesbaden: Gabler Verlag, S. 541–582.

Tophoven Ch (1998). Gesundheitsziele – zur möglichen Renaissance eines Steuerungskonzeptes. In: *Sozialer Fortschritt*. Nr. 47, S. 92–96.

Tretter F (2012). Suchtmedizin kompakt. Suchtkrankheiten in Klinik und Praxis, 2. Auflage. Stuttgart: Schattauer Verlag.

Tröster H (2009). Früherkennung im Kindes- und Jugendalter: Strategien bei Entwicklungs-, Lern- und Verhaltensstörungen. Göttingen et al.: Hogrefe Verlag.

Trommsdorff V (2004). Konsumentenverhalten. Stuttgart: Kohlhammer GmbH.

Tudor-Locke C, Bassett DR (2004). How many steps/day are enough? Preliminary pedometer indices for public health. In: Sports medicine, Jahrgang 34, Nr. 1, S. 1–8.

Tudor-Locke C, Craig CL, Aoyagi Y, Bell RC, Croteau KA, De Bourdeaudhuij I, Ewald B, Gardner AW, Hatano Y, Lutes LD, Matsudo SM, Ramirez-Marrero FA, Rogers LQ, Rowe DA, Schmidt MD, Tully MA, Blair SN (2011). How many steps/day are enough? For older adults and special populations. In: International Journal of Behavioral Nutrition and Physical Activity 2011, 8:80 URL: http://www.ijbnpa.org/content/8/1/80, [Stand 18.06.2017].

Verbraucherzentrale (2005). Stichprobe bei Verbraucherforen im Internet: Mangelhafte Meinungen, Pressemitteilung der Verbraucherzentrale Nordrhein-Westfalen vom 27.07.2005. URL: http://www.vz-nrw.de/UNIQ124353748203746/link197201A.html, [Stand 18.06.2017].

Wallace LS, Dhingra LK (2014). A systematic review of smartphone applications for chronic pain available for download in the United States. Journal of Opioid Management, 10 (1), S. 63–68.

Walter U, Robra BP, Schwartz FW (2012). Prävention, in: Schwartz FW, Badura B, Busse R, Leidl R, Raspe H, Siegrist J, Walter U (Hrsg.), Public Health - Gesundheit und Gesundheitswesen, München/Jena: Urban & Fischer Verlag, S. 196–222.

Walter U, Schwartz FW, Robra BP, Schmidt T (2008). Prävention, in: Schwartz FW, Badura B, Busse R, Leidl R, Raspe H, Siegrist J, Walter U (Hrsg.), Public Health - Gesundheit und Gesundheitswesen, München/Jena: Urban & Fischer Verlag, S. 189–214.

Wasem J, Matusiewicz D, Staudt S et al. (2013). Akteure des Gesundheitssystems in Deutschland. In: Wasem J, Staudt S, Matusiewicz D (Hrsg.): Medizinmanagement. Berlin: MWV, S. 49–116.

Weber J, Schäffer U (2006). Einführung in das Controlling - Wege zu einer rationalen Unternehmensführung, 11. Auflage. Stuttgart: Schäffer-Poeschel Verlag.

Wegmann Ch (2002). Der E-Services Marketingmix. In: Bruhn M und Strauss B (Hrsg.): Electronic Services – Dienstleistungsmanagement 2002. Wiesbaden: Gabler Verlag, S. 243–262.

Weiber R, Adler J (1995). Der Einsatz von Unsicherheitsreduktionsstrategien im Kaufprozess: Eine informationsökonomische Analyse. In: Zeitschrift für betriebswirtschaftliche Forschung, Sonderheft 35, S. 61–77.

Weiber R, Kollmann T, Pohl A (1999). Das Managementtechnologischer Innovationen. In: Kleinaltenkamp M, Plinke W (Hrsg.). Markt- und Produktmanagement. Berlin/Heidelberg: Springer Verlag, S. 79–179.

Weis HC, Steinmetz P (2008). Marktforschung. 7. Auflage, Ludwigshafen: Kiehl, Friedrich, Verlag GmbH.

Weitkunat R, Moretti M (2007). Gesundheit und Verhalten. In: Kerr J, Weitkunat R, Moretti M (Hrsg.): ABC der Verhaltensänderung (Leitfaden für erfolgreiche Prävention und Gesundheitsförderung). München: Elservier GmbH, S. 17–29.

WHO (1986). Ottawa-Charter zur Gesundheitsförderung. URL: http://www.euro.who.int/__data/assets/pdf_file/0006/129534/Ottawa_Charter_G.pdf?ua=1, [Stand 18.06.2017].

WHO (1997). Die Jakarta Erklärung zur Gesundheitsförderung für das 21. Jahrhundert. URL: http://www.who.int/healthpromotion/conferences/previous/jakarta/en/hpr_jakarta_declaration_german.pdf, [Stand 18.06.2017].

WHO (2006a). Constitution oft the World Health Organization. URL: http://www.who.int/governance/eb/who_constitution_en.pdf, [Stand 18.06.2017].

WHO (2006b). Zugewinn an Gesundheit: Die Europäische Strategie zur Prävention und Bekämpfung nichtübertragbarer Krankheiten – Abschließender Ent-

wurf. URL: http://www.euro.who.int/__data/assets/pdf_file/
0009/76527/E89306G.pdf?ua=1, [Stand 18.06.2017].

Wiedmann KP, Raffée H (1995). Konzeptionelle Grundlagen und Gestaltungsper-
spektiven des Social Marketing. In: Marktforschung & Management, 39. Jg.,
Heft 1, S. 4–9.

Wiesner K (2005). Internationales Management. Wirtschafts- und Sozialwissen-
schaftliches Repetitorium. München/Wien: Oldenbourg Wissenschaftsverlag.

Wilke T, Timmersmanns S (2015). HIV/STI, Vulnerabilität und sexuelle Vielfalt,
in: Huch S, Lücke M (Hrsg): Sexuelle Vielfalt im Handlungsfeld Schule: Konzepte aus Erziehungswissenschaft und Fachdidaktik. Bielefeld: transcript Verlag, S. 257–274.

Wilkinson RG (1996). Unhealthy Societies: The Afflictions of Inequality. London: Routledge.

Wilson TD (2002). Gestatten mein Name ist Ich: Das adaptive Unterbewusste –
eine psychologische Entdeckungsreise. München: Pendo Verlag.

Wilson TD, Schooler JW (1991). Thinking too much: Introspection can reduce the
quality of preferences and decisions. In: Journal of Personality and Social Psychology, No. 60, S. 181–192.

Winkelmann P (2006). Marketing und Vertrieb. 5. Auflage, München/Wien:
Oldenbourg Wissenschaftsverlag.

Wirtz BW (2003). Mergers & Acquisitions: Strategie und Organisation von Un-
ternehmenszusammenschlüssen. Prozesse. Wiesbaden: Gabler Verlag.

Wirtz BW (2005). Interaktives Direktmarketing: Grundlagen - Instrumente –
Prozesse. Wiesbaden: Gabler Verlag.

Wirtz BW, Blockus MO (2006). Der ganzheitliche Direktmarketing-Prozess -
Planung, Implementierung und Controlling des Direktmarketings. In: Wirtz
BW, Burmann C (Hrsg.): Ganzheitliches Direktmarketing. Wiesbaden: Gabler
Verlag.

Wolf C (2003). Soziale Ungleichheit, Krankheit und Gesundheit, Abschlussbe-
richt an die Deutsche Forschungsgemeinschaft. URL: http://www.uni-
koeln.de/wiso-fak/fisoz/Forschung/SUKUG/SUKUG %20Endbericht.pdf,
[Stand 18.06.2017].

Wolter DK (2011). Sucht im Alter – Altern und Sucht: Grundlagen, Klinik, Verlauf und Therapie. Stuttgart: Kohlhammer GmbH.

Woywode M (2004). Wege aus der Erfolgslosigkeit der Erfolgsfaktorenforschung.
In: KfW Bankengruppe (Hrsg.): Was erfolgreiche Unternehmen ausmacht – Erkenntnisse aus Wissenschaft und Praxis. Heidelberg: Physica Verlag, S. 15–41.

Wriggers S (2007). Markterfolg im Mobile Commerce: Faktoren der Adoption und Akzeptanz von M-Commerce-Diensten. Wiesbaden: Deutscher Universitätsverlag/GWV Fachverlag.

Yig GS (1982). Barriers to Entry: A Corporate-Strategy Perspective. Lexington: Lexington Books.

Zaltman G (2003). How customers think: Essential insights into the mind of the market. Boston: Harvard Business School Press.

Zaltman G, Duncan R, Holbeck J (1973). Innovations and organizations. New York: John Wiley & Sons.

Zentrale Prüfstelle Prävention (2016a). Informationen für Anbieter von Präventionskursen im E-Format/interaktive Selbstlernprogramme nach § 20 SGB V. URL: https://www.zentrale-pruefstelle-praevention.de/admin/download.php?dl=pruefung_online_angebote, [Stand 18.06.2017].

Zentrale Prüfstelle Prävention (2016b). Informationen zur Prüfung von Präventionsangeboten (Fassung vom 31. Mai 2016). URL: https://www.zentrale-pruefstelle-praevention.de/admin/download.php?dl=zpp_infoblatt_ pruefprozess, [Stand 18.06.2017].

Zimmermann R (2006). Neuromarketing und Markenwirkung – Was das Marketing von der modernen Hirnforschung lernen kann. Saarbrücken: VDM Verlag Dr. Müller.

Ziouziou S (2010). Bau-Marketing: Grundlagen, Anwendung, Beispiel. München: Oldenburg Wissenschaftsverlag.

Zollondz HD (2004). Marketing-Mix – Die sieben P's des Marketings. Berlin: Cornelsen Verlag.

Stichwortverzeichnis